Keine Bibel

Christian Nürnberger (Jahrgang 1951) ist ein hochkarätiger Autor. Der Journalist studierte Theologie, arbeitete als Reporter bei der Frankfurter Rundschau, als Redakteur bei Capital, und als Textchef bei Hightech. Seit 1990 arbeitet er als freier Autor. Für »Mutige Menschen - Widerstand im Dritten Reich« wurde er mit dem Deutschen Jugendliteraturpreis 2010 ausgezeichnet. Seine Luther-Biografie »Der rebellische Mönch, die entlaufene Nonne und der größte Bestseller aller Zeiten« stand monatelang auf der Spiegel-Bestsellerliste.

www.christian-nuernberger.de

Weitere Titel von Christian Nürnberger:
Das Christentum – für Einsteiger und Insider
Mutige Menschen – Für Frieden, Freiheit und Menschenrechte
Mutige Menschen – Widerstand im Dritten Reich

Mehr über unsere Bücher, Autor:innen und Illustrator:innen auf:
www.thienemann.de

Keine Bibel

Christian Nürnberger

INHALT

Eva verführt Adam, Kain erschlägt seinen Bruder Abel, Noah baut eine Arche. David besiegt mit nur einer Steinschleuder einen bis an die Zähne bewaffneten Krieger. Ein Kind wird geboren in einem Stall, wächst heran, stirbt qualvoll am Kreuz, kehrt nach drei Tagen unter die Lebenden zurück, fährt auf in den Himmel.

Solche Geschichten vom Anfang der Welt bis zu deren Ende erzählt die Bibel. Sie werden hier nacherzählt und eingeordnet. Nicht alle, aber alle wichtigen, kurz und knapp, auf den Punkt.

Es ist:

Keine Bibel

für Insider, kein Buch für Menschen, die alles bis ins Detail wissen wollen, sondern für Einsteiger, also die wachsende Zahl derer, die noch nie eine Bibel in der Hand hatten, aber endlich einmal wissen möchten, was eigentlich drinsteht. Ebenso ist es ein Buch für Wieder-Einsteiger, also für einst christlich Sozialisierte, die aber heute Mühe hätten, auch nur eine einzige biblische Geschichte lückenlos nachzuerzählen. Geschrieben wurde es ebenso für die Aussteiger, die mit der Bibel, Gott, Kirche, der Religion überhaupt schon vor langer Zeit abgeschlossen haben und seitdem meinen, damit nun endgültig und für immer »fertig« zu sein. Man sollte solch endgültige Beschlüsse ab und zu überprüfen, und dieses Buch ist auch ein leiser Appell, sich diesem Wagnis doch einmal zu stellen. Zu guter Letzt wendet sich dieses Buch auch an die gar nicht so geringe Zahl derer, die nach dem Versuch, die Bibel einmal ganz zu lesen, vorzeitig aufgegeben haben.

Es ist gar nicht so einfach, mit der altertümlichen Sprache der Bibel, ihren vielen Wiederholungen, dem Durcheinander aus Erzählung, Predigt, Gesetzestext, Dichtung, Stammbäumen zurechtzukommen. Ohne ein Minimum an Hintergrundwissen wird man die Bibel nicht verstehen und den roten Faden, der das ganze Buch zusammenhält, nicht finden. Dieses notwendige Minimum an Hintergrundwissen wird hier mitgeliefert, der rote Faden sichtbar gemacht.

Aber im Mittelpunkt stehen die biblischen Geschichten selbst. Es sind die Geschichten eines Gottes mit seinem Volk. Es wird erzählt, warum Gott überhaupt ein Volk braucht.

Einzelne Mitglieder dieses Volkes treten hervor mit Namen, die wir noch heute tragen – manche vielleicht, ohne zu wissen, dass ihr Name aus der Bibel kommt. Abraham und Sarah, Josef und Maria, Anna, Benjamin, David, Elisabeth, Hanna, Jakob, Johannes, Jonas, Lea, Lukas, Lydia, Markus, Matthias, Michael, Mirjam, Noah, Paul, Peter, Philipp, Ruth, Thomas, Tobias ... Solche und viele weitere, hier nicht genannten Namen sind heute in aller Welt unter Juden, Christen und Muslimen verbreitet.

Vielen dieser Namen werden wir in diesem Buch begegnen. Sie sind verbunden mit fast allem, was das Leben und das Menschsein in allen Zeiten und Kulturen ausmacht: Geschichten von Gier, Macht, Sex, Neid, List, Hass, Glück, Gnade, Wunder, Rettung, Vergebung und Barmherzigkeit.

Es sind Geschichten, die Geschichte gemacht haben. Sie sind unserer Kultur eingebrannt und mehr als ein Jahrtausend lang als historische Tatsachenberichte gelesen worden. Sie schufen das christliche Welt- und Menschenbild. Sie legitimierten die Herrschaft der Kaiser und Könige »von Gottes Gnaden«. Sie verliehen der Kirche eine ungeheure Macht, die sie mal zum Guten nutzte, mal zum Bösen missbrauchte.

Biblische Geschichten lieferten die Baupläne für die Kirche, staatliche Ordnungen und Institutionen. Sie definierten das Verhältnis von Mann und Frau, Eltern und Kindern und das Verständnis von Ehe und Familie. An ihnen orientierten sich Architekten und Baumeister bei der Gestaltung von Städten, Kirchen, Klöstern und weltlichen Gebäuden.

Feiertage, der Kalender, die ganze christliche Zeitrechnung wurzeln in der Bibel. Ihre Geschichten liefern den Grundstoff für Taufen, Firmungen, Konfirmationen, christliche Hochzeiten und Begräbnisse.

Figuren und Szenen aus der Bibel dienten als Motive für Dichter, Maler, Bildhauer, Holzschnitzer, Komponisten. Noch heute ist die Kunst durchtränkt mit biblischen Elementen. Selbst Satiren – man denke nur an Monty Pythons »Leben des Brian« – und atheistische Texte spielen oft auf biblische Erzählungen und Motive an.

Daher lässt sich behaupten: Die Bibel ist die Grundlage von fast allem, was unsere Kultur- und Geistesgeschichte ausmacht. Sie ist das Buch, ohne das man nichts versteht. In diesem Buch geht es um ein erstes Kennenlernen dieser Grundlage.

Altes Testament

VORGESCHICHTE: VON DER ERSCHAFFUNG DER WELT ZUR BABYLONISCHEN SPRACHVERWIRRUNG

Als aus dem Nichts eine ganze Welt samt Mann und Frau entstand

1 › Am Anfang, vor aller Zeit, als es die Zeit noch gar nicht gab, schuf Gott den Himmel und die Erde. Und danach alles, was dazu gehört, das Wasser, das Licht, die Luft, das Land.

› Zuerst knipste er das Licht an, denn noch war es finster auf der Erde. Es werde Licht, sprach er, und es wurde hell. Der erste Morgen, die erste Nacht, der erste Tag der Weltgeschichte war vollendet.

› Am zweiten Tag trennt Gott das Wasser vom Land, am dritten lässt er Pflanzen aus der Erde wachsen. Am vierten hängt er Leuchten in den Himmel, die Sonne für den Tag, den Mond und die Sterne für die Nacht. Die Zeit ist nun da und kann in Tagen, Monaten und Jahren gemessen werden.

› Am fünften Tag schwimmen Fische, Delfine, Wale, Pinguine und Robben im Wasser. Falken, Adler, Tauben, Spatzen und Schwalben fliegen durch die Luft.

› Am sechsten Tag springen Hasen, Rehe und Hirsche über das Land. Bären, Wölfe, Löwen und Tiger gehen auf die Jagd. Es wimmelt von Leben auf der Welt.

› Aber etwas fehlt noch, ein krönender Abschluss: ein Geschöpf, zu dem Gott eine persönliche Beziehung entwickeln kann, das ihn neugierig machen wird und ihn überraschen kann. Ein freies Wesen, das ihm ähnlich ist, will er nun erschaffen.

› Und so erschafft Gott den Menschen, den Mann, die Frau. Als sein eigenes Ebenbild hat er sie erschaffen. Mit Verstand und einem freien Willen.

› Ihnen gibt er den Auftrag, sich zu vermehren und über die Erde zu herrschen.

› Am siebten Tag ruht Gott sich aus, segnet diesen Tag und erklärt ihn für heilig. Der Ruhetag war erschaffen, die Schöpfung vollendet.

Zwischenruf: Aber was ist mit Adams Rippe, aus der Eva gemacht wurde?

Die Schöpfung vollendet? Das soll schon die ganze Geschichte gewesen sein? Heißt es nicht, Gott habe Adam aus einem Erdenkloß geformt und ihm den göttlichen Odem eingeblasen? Und wird nicht erzählt, Gott habe Eva aus Adams Rippe geschnitten?

Doch, ja, hat er. Aber warum kommt das in dieser Geschichte nicht vor? Ganz einfach: Weil es noch eine zweite Schöpfungsgeschichte gibt, eine ältere. Die jüngere und modernere Geschichte ist soeben erzählt worden. In ihr hält sich Gott auf fast schon wissenschaftliche Weise an die »richtige Reihenfolge«: zuerst die unbelebte Materie, also Erde, Wasser, Licht und Luft. Dann erst können Pflanzen wachsen, danach die Tiere, und ganz zum Schluss die Menschen, und zwar gleich als »Doppelpack« in Form von Mann und Frau, also irgendwie gleichzeitig und gleichberechtigt. Aber Namen haben die Menschen in dieser Version noch nicht.

Die bekommen sie in der zweiten Version, der älteren und anschaulicheren, auf die sich die Maler gestürzt haben. Wer die Bibel zum ersten Mal liest und den Schöpfungsbericht hinter sich gelassen hat, ist nun gespannt, wie es weitergeht. Und wird verwirrt, denn die Bibel fängt wieder von vorne an, erzählt die gleiche Geschichte noch einmal, nur ganz anders.

Gott stiftet eine ewige Beziehung

2 › Die Geschichte beginnt zwar auch mit der Zeit, in der Gott Himmel und Erde machte. Aber dann macht er, als ob er es nicht erwarten könnte, gleich den Menschen. Es gibt noch keine Pflanze, kein Tier, keinen Wechsel von Tag und Nacht. Es hat noch nicht einmal geregnet. Nur Dunst steigt auf und befeuchtet die Erde. Und schon macht sich Gott ans Werk, um den Menschen zu erschaffen.

› Er macht es nicht durchs bloße Wort, wie im ersten Schöpfungsbericht, sondern mit Material – wie ein Handwerker. Und so nimmt er nun Staub von der Erde, formt daraus den Menschen und bläst ihm den *Atem des Lebens* ein. Der erste Mensch der Weltgeschichte erblickt das Licht der Welt. Es ist ein Mann.

› Und jetzt erst nimmt Gott sich Zeit für alles andere. Extra für sein erstes Geschöpf, den Menschen, pflanzt Gott jetzt einen Garten in Eden, bewässert von vier Strömen: Pischon, Gihon, Tigris, Euphrat. Es ist ein schöner Garten, ein »paradiesischer Garten«, wie wir heute sagen würden, voller Leben, voller Schönheit, mit Bäumen, Sträuchern, Pflanzen, Gräsern, die den in ihn hineingesetzten Menschen nicht nur ernähren, sondern auch seine Sinne erfreuen und seine Seele streicheln sollen.

› In diesen Garten setzt Gott den Menschen, damit er ihn bebaue und bewahre. Was soviel heißt wie: Du, Mensch, bist ab sofort für diese Welt selbst verantwortlich. In deiner Hand liegt es, was du daraus machst, ob du deinen Garten pflegst und seine Schönheit und Fruchtbarkeit erhältst, oder ob du ihn verwahrlosen und verkommen lässt, gar ruinierst.

› Mitten in diesem Garten stehen zwei Bäume, mit denen es eine besondere Bewandtnis hat: Der eine ist der Baum des Lebens. Der andere ist der Baum der Erkenntnis des Guten und Bösen. Er trägt verbotene Früchte.

› Von den Früchten aller Bäume darfst du essen, sagt Gott dem Menschen, aber von den Früchten dieses einen Baumes nicht. Wenn du es dennoch tun solltest, würdest du des Todes sterben.

› Zum ersten Mal erleben wir Gott fordernd, verbietend und drohend. Aber gleich danach ist er wieder der gütige Vater, der sich um sein Geschöpf sorgt. Dem soll es doch wohlergehen in seinem Garten. Es soll ihm an nichts fehlen. Daher denkt Gott: *Es ist nicht gut, dass der Mensch allein sei.*

› Darum erschafft Gott jetzt die Tiere, formt auch sie aus Erde wie ein Töpfer und bringt sie zum Menschen, um zu sehen, wie er sie nennen würde. Wie ein Vater, der seinem Sohn ein Spielzeug schnitzt und nun neugierig beobachtet, was er damit wohl machen wird, wartet Gott nun, was passieren wird. Wie der Mensch auf die Tiere reagieren, welche Namen er sich für sie einfallen lassen wird.

› Dem gefällt das zunächst, dieses Benennen der Tiere, aber dann merkt Gott, dass dem Menschen der schöne Garten und all die Tiere wohl doch nicht genügen. Dass ihm noch etwas fehlt, etwas entscheidend Wichtiges. Und Gott weiß, was ihm fehlt.

› Also versetzt er den Menschen in einen tiefen Schlaf, nimmt eine seiner Rippen heraus und macht daraus eine Frau. Als der Mensch wieder erwacht und die Frau sieht, ist der Mann begeistert und ruft voller Freude: »Endlich! Sie ist's! Eine wie ich! Sie gehört zu mir.«

› Und wie es der Herr von der Benennung der Tiere schon gewohnt ist, wendet er sein Gewohnheitsrecht gleich auch auf seine »Neuerwerbung« an, die ihm doch ebenbürtig sein soll, und gibt ihr einen Namen, mit der er sie definiert, wenn auch mit Begründung: »*Die soll Männin heißen; denn sie ist dem Mann entnommen!*«

› Die Namen Adam und Eva sind noch nicht eingeführt. Wohl aber wurde damit unausgesprochen etwas anderes eingeführt: Die jahrtausendealte Benachteiligung der Frau. Denn der Mann ist in dieser Geschichte derjenige, der als Erster da war, der alles benennt, und aus dessen Rippe die Frau als vom Mann abgeleitetes Wesen erschaffen wurde.

› Dann heißt es in der Bibel: *Deshalb verlässt ein Mann Vater und Mutter, um mit seiner Frau zu leben.* Die zwei sind eins. Damit ist die Ehe gestiftet zwischen Mann und Frau.

› Die Erzählung endet mit der seltsam erscheinenden Mitteilung, dass beide nackt waren, aber sich nicht voreinander geschämt haben. Womit die biblischen Erzähler ausdrücken: Sie sind noch im Stande der Unschuld. Noch frei von

Sünde. Darum wird ihnen gar nicht bewusst, dass sie nackt sind. Das kommt erst später.

› Das erste Paar der Weltgeschichte tritt ins Dasein und wird über Jahrtausende die Fantasie von Malern und Dichtern beschäftigen und dazu verführen, aus jedem einzelnen Wort »Erkenntnisse« über das Verhältnis von Mann und Frau, das Wesen des Menschen, die Ordnung der Welt und die Ordnung der Dinge herauszulesen.

› Noch etwas anderes wird unausgesprochen mit beiden Schöpfungsberichten eingeführt: Eine Beziehung ist gestiftet worden, eine Beziehung zwischen Gott und den Menschen, und zwischen Gott und der Welt, und zwar eine, die halten wird vom Anfang bis zum Ende der Welt.

› Dieser Gott interessiert sich für das Schicksal der Menschen. Er nimmt persönlich Anteil an deren Leben.

› Dieser Gott ist daher etwas ganz anderes als die Götter der Ägypter, Griechen, Römer. Die interessieren sich kaum für die Menschen. Die sind sich selbst genug und interessieren sich vor allem für ihresgleichen.

› Der Schöpfergott der Bibel dagegen hat von Anfang an ein persönliches Verhältnis zu seinen Geschöpfen. Und dieses Verhältnis wird im Lauf der Zeit immer enger.

Zwischenruf: Warum zwei widersprüchliche Versionen derselben Geschichte?

Zwei ziemlich verschiedene Versionen derselben Geschichte – das wird vielleicht viele wundern, die davon zum ersten Mal hören. Aber für Eingeweihte ist das nichts Überraschendes. Sie wissen: Die Bibel ist kein Buch aus einem Guss von einem einzigen Verfasser, sondern ein Buch aus vielen Büchern, von vielen Verfassern, die zu verschiedenen Zeiten anfingen, mündlich erzählte Geschichten zu sammeln und aufzuschreiben. Daher das Wort »Bibel«. Das kommt aus dem griechischen »biblia«, Bücher.

Diese Bücher enthalten nicht nur Erzählungen, sondern auch Gedichte, Lieder, Gebete, Gesetzestexte, Chroniken, Stammbäume, aber kaum einer dieser Texte hat einen benennbaren Autor. Allenfalls einen Aufschreiber. Einen, der all die Geschichten, die immer nur mündlich erzählt und von Generation zu Generation weitergegeben worden sind, einfach einmal aufgeschrieben hat, damit sie nicht verloren gehen.

Jede aufgeschriebene Geschichte hat also schon eine lange Erzählgeschichte hinter sich. Wer sich daranmachte, sie aufzuschreiben, musste sie sammeln, auswählen, vergleichen und alles zu einem Ganzen verdichten, sodass es klang, als spräche ein einziger Erzähler. In Wahrheit spricht aber ein ganzes Volk zu uns, das Volk der Juden, das Volk Gottes, unter dem all diese Geschichten lange Zeit nur mündlich kursierten, in zahlreichen Varianten.

Waren die Unterschiede zwischen ihnen so groß, dass sie sich nicht zu einer einzigen, widerspruchsfreien Geschichte komponieren ließen, wurde eben, wie im Fall der Schöpfung, entschieden: Wir nehmen beide, denn sie sind beide gleichermaßen wichtig und gut und betonen unterschiedliche Aspekte. So ist die erste und jüngere Version der Schöpfungsgeschichte vor allem an Gott, dem Schöpfer interessiert. Durchs bloße Wort erschafft er die ganze Welt. Und am Ende, als Krönung, die Menschen, und zwar gleich als Mann und als Frau.

In der älteren und anschaulicheren Version dagegen steht die Erschaffung des Menschen im Mittelpunkt des Interesses. Mit ihm beginnt die Schöpfung. Und: Mit einem Mann. Die Frau folgt später als vom Mann abgeleitetes Wesen. Mit lange anhaltenden Folgen, von denen sich zu befreien die Frauen gerade erst begonnen haben.

Aber: Beide Versionen erzählen von der Beziehung des Geschöpfs zu seinem Schöpfer. Gott hat Interesse an seinen Geschöpfen und kümmert sich um sie wie ein liebender, fürsorglicher Vater.

Alles war gut, aber dann …

3 › *Und Gott sah, dass es gut war.* Fünfmal, an jedem Ende jedes Schöpfungstags, steht dieses Wort vom guten Gelingen. Am sechsten Tag, nach der Erschaffung des Menschen, heißt es sogar: *Und Gott sah an alles, was er gemacht hatte, und siehe, es war sehr gut.*

› Auch für die beiden Menschen ist es gut. Sie leben im Paradies. Sie sind Gott nahe, der jeden Tag in der Abendkühle im Garten spazieren geht. Sie müssen sich um nichts kümmern. Ihre Nahrung wächst von selbst. Keine Krankheit, kein Schmerz, kein Leid, keine Furcht, keine Sorge um das Morgen trübt ihre Tage. Sie ernähren sich von Pflanzen. Kein Tier muss sterben, daher sind die Tiere zutraulich, fliehen nicht, wenn sich die Menschen nähern.

› Aber dann kommt plötzlich diese Schlange aus dem Unterholz gekrochen. Sie kann sprechen, sieht die Frau durch den Garten streifen und verwickelt sie in ein kurzes, folgenschweres Gespräch, will wissen: »Hat Gott wirklich gesagt, dass ihr von diesen Bäumen nicht essen dürft?«

› »Nein«, antwortet sie, »von allen Bäumen dürfen wir essen, nur von diesem einen nicht, sonst werden wir sterben müssen.«

› »Stimmt überhaupt nicht«, sagt die Schlange. »Gar nichts wird euch geschehen, wenn ihr von diesem Baum esst. Vielmehr werdet ihr danach sein wie Gott. Dann werdet ihr wissen, was gut und böse ist.«

› Die Frau sagt nichts, hält nur einen kurzen Moment inne, schaut auf den Baum, schaut auf die verbotene Frucht – und greift zu, isst, und gibt auch ihrem Mann davon, der bei ihr steht. Er hätte sagen können: »Nein, das dürfen wir doch nicht. Das hat Gott uns doch ausdrücklich verboten.« Aber schweigend nimmt er und isst von der Frucht.

› In Sekundenschnelle hat das Gift der Schlange seine Wirkung entfaltet, aber: Die Schlange hatte recht. Sie haben die Frucht gegessen und sind nicht tot umgefallen. Doch etwas anderes geschieht: Sie merken plötzlich, dass sie nackt sind. Und schämen sich voreinander. Sie haben ihre Unschuld verloren. Daher binden sie sich nun Feigenblätter um.

› Es wird Abend. Sie hören Gott kommen, fürchten sich, denn sie wissen, dass sie etwas getan haben, was sie nicht hätten tun sollen. Sie verstecken sich. Und jetzt, in dieser für die beiden Menschen heiklen Situation, in der sie sich plötzlich für ihr Tun verantworten sollen, wird der Mann erstmals beim Namen genannt in der Bibel. Jetzt ruft Gott den Mann: *Adam, wo bist du?* Adam heißt Erdling. Der Name verweist darauf, dass er aus Erde gemacht worden ist.

› Und Adam antwortet: »Ich habe mich versteckt, weil ich nackt bin« – die erste Ausrede der Weltgeschichte. Die natürlich nichts hilft, denn nun fragt Gott: »Wer hat dir gesagt, dass du nackt bist? Hast du etwa von der verbotenen Frucht gegessen?«

› Adams Antwort macht alles noch schlimmer, denn sie enthält eine doppelte und unfaire Schuldzuweisung: »Das Weib an meiner Seite, das ich dir zu verdanken habe, hat die Frucht gepflückt. Sie gab mir die Frucht zum Probieren.«

› Also: Du bist schuld und sie ist schuld, und ich bin nur euer Opfer.

› Gott fragt Eva: »Warum hast du das getan?« Sie schiebt es auf die Schlange.

› Die Schlange schweigt. Sie hat niemanden mehr, auf den sie die Schuld schieben könnte. Das hat nun Konsequenzen. Für alle drei.

› Zur Schlange sagt Gott: »Verflucht seist du, auf deinem Bauche sollst du kriechen und Erde essen dein Leben lang. Feindschaft soll herrschen zwischen dir und den Menschen. Sie werden dir den Kopf zertreten und du wirst sie in die Ferse stechen.«

› Der Frau sagt er: »Unter Schmerzen sollst du deine Kinder gebären. Und der Mann, den du begehrst, soll dein Herr sein.«

› Zu Adam: »Dornen und Disteln werden auf deinem Acker wachsen. Aus Mühe, Not und schwerer Arbeit wird dein Leben bestehen. Und eines Tages wirst du sterben und wieder zu dem Staub zerfallen, aus dem du gemacht bist.«

› Nach diesem dreifachen Schuldspruch gibt Adam seiner Frau den Namen Eva, Mutter alles Lebendigen. Und der soeben noch zornige Gott, der ein hartes Urteil gesprochen hat, entdeckt nun wieder seine fürsorgliche Seite: Er macht Adam und seiner Frau Röcke von Fellen und kleidet sie, aber nur, damit sie draußen in der Welt, jenseits des Gartens, zurechtkommen und nicht frieren.

› Denn Gott wirft sie hinaus. Die Tür fällt hinter ihnen zu und wird verschlossen. Ein Zurück ins Paradies gibt es nicht. Mehrere, nicht näher beschriebene himmlische Wächter mit flammenden Schwertern bewachen die Tür.

Mord in erster Generation und gleich ein Brudermord

4 › Nun sind sie draußen in der unwirtlichen Welt, müssen sich ernähren, also arbeiten. Sie müssen sich schützen vor Kälte und Hitze, also sich Kleider machen, eine Hütte bauen, schattige Bäume pflanzen und hoffen, dass Hitze, Kälte, Dürre, Stürme und Unwetter die Früchte ihrer mühseligen Arbeit nicht zerstören. Es ist alles, wie Gott es ihnen prophezeit hatte.

› Und sie vermehren sich, wie Gott es ihnen aufgetragen hatte. Eva bekommt ihr erstes Kind, einen Sohn, und nennt ihn Kain. Sie gebiert einen zweiten und nennt ihn Abel. Der wurde ein Schäfer, während Kain ein Ackerbauer wurde. Sie bekommt auch noch einen dritten Sohn, Seth.

› Nun würde man gern erfahren, wie es so zuging in dieser ersten Familie der Weltgeschichte. Aber davon lesen wir kein Wort. Die nächste Geschichte stößt gleich zum Wesentlichen vor, zu dem Thema, das sich durch die ganze Bibel zieht, zu dem, was das Zusammenleben der Menschen auf diesem Planeten bis auf den heutigen Tag bestimmt: Gewalt.

› Daher beginnt die Geschichte der Menschheit mit einem Mord, keinem »normalen« Mord, sondern einem Brudermord, und gleich in der ersten Generation. Das wird ganz kurz erzählt, knapp und lapidar, fast wie eine Zeitungsmeldung.

› Eines Tages bringen Kain und Abel Gott ein Opfer. Kain, der Bauer, opfert von den Früchten seines Feldes. Abel, der Schäfer, opfert ein Schaf.

› Doch nur Abels Opfer findet Gottes Wohlgefallen, Kains Opfer nicht. Und Kain verhält sich nun so, wie es nach ihm noch die meisten Menschen tun werden und heute noch tun, wie es »normal« ist, könnte man sagen: Sein Blick verfinstert sich. Er wird wütend. Neid auf den Bruder bestimmt plötzlich sein Denken und seine Gefühle.

› Gott bemerkt das natürlich und

ermahnt Kain, sich zu beherrschen. Der hört nicht darauf, schweigt und wartet, von Neid und Rachsucht zerfressen, auf einen günstigen Augenblick. Als der gekommen ist, erschlägt Kain seinen Bruder Abel auf dem Feld.

› Sogleich fragt Gott: »*Wo ist dein Bruder Abel?*« Kain weicht der Frage aus, antwortet trotzig: »Was weiß ich? Soll ich der Aufpasser meines Bruders sein?«

› »Was hast du getan?«, fragt Gott. »Verflucht sollst du sein, du Mörder. Ab jetzt wirst du immer auf der Flucht sein. Rastlos und angstvoll wirst du künftig leben.«

› Erst jetzt kommt Kain halbwegs zur Besinnung, zeigt zwar keine Reue, aber immerhin Einsicht in die Schwere seiner Tat. Sie sei wohl größer, als dass sie mir vergeben werden könnte, sagt Kain. Um sich sogleich – wie es viele Täter tun bis auf den heutigen Tag – selbst zu bemitleiden: Für den Rest seines Lebens werde er sich nun vor Gott und den Menschen verstecken müssen, sagt er. Totschlagen werde man ihn, wenn man ihn finde. Die Sorge um sich selbst ist größer als die Trauer über die Tat, das Mitleid mit dem Bruder.

› Aber Gott ist gnädig mit dem Mörder. »Nein«, sagt Gott, »niemand darf dich totschlagen, und wenn doch, dann soll das siebenfach gerächt werden.« Darum macht Gott ein Zeichen an Kain, damit ihn niemand erschlage – das Kainsmal. Der Mann mit dem Kainsmal darf am Leben bleiben.

Zwischenruf: Warum soll man diese alten Geschichten heute noch lesen?

Eigentlich hätte man gern erfahren, warum Gott die beiden Brüder so unterschiedlich behandelt. Aber diese Erwartung wird enttäuscht. Auch kein Wort davon, dass Gott durch seine Ungleichbehandlung der beiden Brüder ja wohl irgendwie mitschuldig ist an der schlimmen Tat.

Nichts davon steht in der Bibel, denn darum geht es nicht. Vielmehr geht es um die menschliche Grunderfahrung, dass der eine mehr Glück hat im Leben als der andere. Und es ist ganz gleichgültig, warum das so ist, ob das Glück des einen selbst erarbeitet und das Pech des anderen selbst verschuldet ist, oder beides sich nur zufällig ergeben hat.

Wichtig ist nur, wie der Einzelne sich dazu verhält, wie er damit umgeht. Ob er sein Schicksal annimmt und versucht, das Beste daraus zu machen, oder ob er damit hadert, ungute Gedanken entwickelt, die in böse Taten münden.

Mit der Geschichte von Kain und Abel ist der Ton angeschlagen für alles, was nun noch kommen wird. Es geht um die erschreckende Erkenntnis, dass einer des anderen Feind ist und die Menschen es nicht schaffen, das zu ändern. Alle sagen, dass sie lieber in Frieden mit den anderen leben möchten. Aber es gelingt nicht. Die Gewalt unter den Menschen ist so etwas wie eine Grundkonstante.

Und: Nicht einmal Blutsbande können verhindern, dass Menschen einander Gewalt antun. Im Gegenteil: In der Familie kann sich keiner vor den anderen verstecken. Jeder Fehler, jede Schwäche, jede Bosheit, jede Bevorzugung, jede Benachteiligung wird offensichtlich. Hass auf den anderen erwächst aus intimster Kenntnis über ihn.

Daher ist es kein Zufall, dass der erste Mord der Weltgeschichte ein Brudermord ist.

Und der ist ja erst der Anfang. Dem Hass auf den Bruder folgt der Hass auf den Nachbarn, auf den Fremden, auf alles Andersartige, auf alle, die der Verwirklichung der eigenen Wünsche tatsächlich oder auch nur vermeintlich im Wege stehen.

Warum ist das so? Warum schaffen wir nicht, was doch alle wollen – Frieden? Woher kommt die Gewalt, woher das Böse? Wie ist es zu überwinden? Was sollen wir tun?

Solche Fragen begleiten die Menschen seit ihren Ursprüngen bis heute. Früh schon, gleich in den ersten Geschichten der Bibel, wird die Frage nach der Gewalt thematisiert. Und zieht sich durch das ganze Buch.

Von Anfang an erzählt die Bibel, wie Gott darunter leidet, dass sein wichtigstes Geschöpf offenbar unfähig zum Frieden ist, und wie Gott versucht, das Problem zu lösen. Wie er dabei immer wieder scheitert und trotzdem nie aufgibt, die Geschichte mit seinen Geschöpfen doch noch zu einem guten Ende zu bringen. Das erzählen nun alle nachfolgenden Geschichten – und erzählen damit immer auch etwas über das Wesen des Menschen, seiner Beziehung zu anderen Menschen und zu Gott.

Daraus entwickelt sich ein biblisches Gottes- und Menschenbild, das Philosophen, Psychologen, Soziologen, Naturwissenschaftler weiterdenken bis heute.

Eben deshalb soll man diese alten Geschichten heute noch lesen. Aus ihnen entfaltete sich alles Weitere, das wir kaum verstehen, wenn wir die Ursprünge nicht kennen.

Die Gewaltspirale beginnt

5 › Nach dem Mord an seinem Bruder Abel zieht Kain weg von zu Hause, in ein anderes Land, nach Nod, jenseits von Eden, nimmt sich eine Frau, zeugt mit ihr einen Sohn, baut eine Stadt, und hat viele Nachkommen. Sie werden aufgezählt bis zu Lamech, einem Kind der siebten Generation.

› Dieser Lamech sagt eines Tages zu seinen beiden Frauen, dass er einen Mann erschlagen habe, der ihn verwundet hat, und einen Jüngling, der ihm eine Beule zugefügt hat, denn: *»Kain soll siebenmal gerächt werden, aber Lamech siebenundsiebzigmal.«*

› Das bezieht sich auf die Aussage Gottes, die Kain schützen sollte: »Wenn dich jemand totschlägt, dann soll das siebenfach gerächt werden«. Scheinbar hat Gott damit die Blutrache eingeführt. Aber es war wohl eher so, dass sich dieses Gesetz von Tat und Vergeltung unter den Menschen eingebürgert hatte, und die biblischen Erzähler diesen Brauch Gott zuschrieben, weil sie noch unausgesprochen davon überzeugt waren, dass alles, was ist, von Gott so gewollt und erschaffen wurde. Dass Gott keineswegs die Blutrache guthieß, wird in einer späteren Geschichte erzählt.

› Aber jetzt geht es zunächst einmal nur um die Thematisierung der Gewalt. Dass Lamech begehrt, siebenundsiebzigmal gerächt zu werden, deutet die schreckliche Gewaltspirale an, die sich seit Kains Mord an seinem Bruder Abel in die Höhe geschraubt hat. Auf die Vergeltung einer bösen Tat folgt die Vergeltung der Vergeltung. Darauf die Vergeltung der Vergeltung der Vergeltung – und so fort.

› Warum? Woher kommt die Gewalt? Die Bibel weiß noch keine Antwort. Was könnte dagegen getan werden? Die ersten biblischen Geschichten können das Problem nur benennen, ohne eine Lösung dafür zu haben. Aber der Versuch, eine Lösung zu finden, wird sich ab jetzt wie ein roter Faden durch die ganze Bibel ziehen.

Ein zorniger Gott zerstört sein eigenes Werk

6 › Die Menschen auf der Erde vermehren sich. Und in dem Maß, in dem sie sich vermehren, nimmt das Hauen und Stechen unter ihnen zu. Tyrannen schwingen sich zu Herrschern über Menschen auf, knechten sie und beuten sie aus. Sie führen Kriege gegeneinander, und anstatt das Land zu bebauen und zu bewahren, wie es ihnen aufgetragen war, verwüsten sie es und tränken seine Erde mit Blut.

› Gottes Gedanken über seine Geschöpfe werden bitter und münden in ein vernichtendes Urteil: *Das Dichten und Trachten des menschlichen Herzens ist böse von Jugend auf.*

› Von dem Geist, den er Adam eingehaucht hatte, ist nichts mehr zu erkennen. Stattdessen scheint sich die Bosheit der Schlange unter den Menschen durchgesetzt zu haben.

› Daher beginnt Gott sein Schöpfungswerk zu bereuen. Und es reift der Plan in ihm, noch einmal von vorn zu beginnen, indem er die Menschheit ausrottet. Die Tiere will er am Leben lassen, die Menschen aber sollen von der Erde verschwinden – bis auf einen: Noah.

› Noah war der Einzige unter den Menschen, der so lebte, wie Gott es sich eigentlich vorgestellt hatte. Darum will er mit ihm einen Neustart versuchen. Ihm offenbart er seinen Plan: »Ich will die Menschheit auslöschen durch eine Sintflut. Ich will es auf der ganzen Erde so lange unaufhörlich regnen lassen, bis alle ertrunken sind. Nur du und deine Familie sollen überleben. Mit euch will ich einen Bund schließen, damit es nach der Sintflut besser werde auf Erden.«

› Und wie sollen Noah, dessen Familie und die Tiere die Katastrophe überleben? Mithilfe eines Schiffs, der Arche Noah. Ein geräumiger Kasten aus Holz soll das werden, sagt Gott und nennt Noah die genauen Maße: dreihundert Ellen lang, fünfzig Ellen breit und drei Stockwerke hoch. Das Schiff muss genug Platz haben für die Menschen, die Tiere und die Vorräte.

› Noah gehorcht und baut das Schiff. Als es fertig ist, führt er die Tiere hinein. Von jeder Art nimmt er ein Paar, auch von den Vögeln, sogar Würmer werden mitgenommen, denn die Vögel müssen ja etwas zu fressen haben. Nach der Sintflut sollen sie wieder an Land gehen und sich vermehren.

› Als in der langen Prozession der Tiere endlich das letzte Paar durch die Tür ins Schiff getreten ist, besteigt Noah und dessen Familie die Arche. Und verschließt die Tür.

› Kaum war das geschehen, begann es zu regnen. Überall. Unaufhörlich. Vierzig Tage lang. Das Wasser stieg und stieg. Sogar die höchsten Berge versanken unter den Fluten, und in ihnen starb alles Leben. Aber Noahs Arche schwamm auf dem Wasser, 150 Tage lang. Dann begann der Wasserspiegel allmählich zu sinken. Die ersten Berggipfel wurden wieder sichtbar und Noahs Arche strandete auf dem Berg Ararat.

Gott versucht einen Neustart mit Noah

7 › Auf dem Gipfel des Ararat hatte Noahs Schiffsbesatzung zwar wieder festen Boden unter den Füßen, aber unterhalb stand noch alles unter Wasser. Ans Aussteigen war erst zu denken, wenn auch die Täler wieder trocken sein würden.

› Um sich ein Bild von den Zuständen weiter unten zu machen, ließ Noah eine Taube ausfliegen. Da sie bald wieder zurückkam, schloss er, dass sie wohl noch keinen Baum gefunden haben dürfte, auf dem sie sich hätte niederlassen können.

› Sieben Tage später ließ er die

Taube erneut ausfliegen. Sie kam zurück und hatte den Zweig eines Olivenbaums im Schnabel. Das Wasser war also weiter gesunken. Aber um ganz sicher zu sein, wartete er noch einmal sieben Tage, bis er die Taube wieder ausfliegen ließ. Diesmal kam sie nicht zurück.

› Das war für Noah das Zeichen, die Tür seiner Arche zu öffnen. Die Tiere strömten hinaus und vermehrten sich wie geplant. Noah baute einen Altar und brachte Gott ein Dankopfer.

› Als Gott der Geruch des Opfers erreichte, ließ er am Himmel einen Regenbogen aufgehen als ein Zeichen des Bundes zwischen ihm und den Menschen. Und dachte bei sich: »Ich will so etwas künftig nicht mehr machen, egal was geschieht. Von jetzt an soll das Leben auf der Erde immer weitergehen. Saat und Ernte, Frost und Hitze, Sommer und Winter, Tag und Nacht sollen nicht mehr aufhören.

› Der Regenbogen als Zeichen des Friedens zwischen Gott und dem Menschen, als Verbindung zwischen Himmel und Erde, dazu das Versprechen, die Menschen künftig von sintflutartigen Strafaktionen zu verschonen – auf den ersten Blick sieht es so aus, als wäre nun wieder alles gut. Dass es keineswegs so ist, darauf deutet der Gedanke hin, den Gott vor der Sintflut ausgesprochen hat, und den er nun, nach der Sintflut, wiederholt: *»Das Dichten und Trachten des menschlichen Herzens ist böse von Jugend auf.«*

› Es ist ein zutiefst pessimistisches Menschenbild, das hier zum Ausdruck kommt. Eben darum dreht sich die ganze Bibel um die Frage: Wie kann die Welt dennoch wieder heil werden, obwohl der Mensch ist, wie er ist?

› Dass nichts wieder gut ist nach der Sintflut, wird auch daran deutlich, dass sich das Verhältnis zwischen Mensch und Tier geändert hat. Im Paradies lebten die Tiere ohne Scheu vor den Menschen, denn diese waren Vegetarier. Jetzt aber, nach der Sintflut, lassen die biblischen Erzähler Gott sagen: »Alles, was lebt, dürft ihr essen.«

› Das hat aber zur Folge, dass sich die Tiere ab jetzt vor den Menschen fürchten und darum vor ihnen fliehen und sich verstecken.

› Wenigstens sprachen die Menschen noch alle dieselbe Sprache, sodass alle einander verstanden. Aber auch das sollte sich ändern.

Die Unverbesserlichen werden größenwahnsinnig und verstehen einander plötzlich nicht mehr

8 › Nichts wurde wirklich besser nach Gottes Neustart mit Noah. Die Menschen wurden größenwahnsinnig. Plötzlich wollten sie sein wie Gott und kamen auf die Idee, eine Stadt mit einem Turm zu bauen, dessen Spitze bis in den Himmel reichen sollte.

› Und Gott? Sah von oben zu. Er wollte ja Menschen »nach seinem

Bilde«, aber Geschöpfe, die ihrem Schöpfer gleich werden und ihm seinen Rang streitig machen, das wollte er dann doch nicht. Also fuhr er herab, um die Rangordnung zwischen Schöpfer und Geschöpf wiederherzustellen.

› Deshalb verwirrte er ihre Sprache, sodass sie einander nicht mehr verstanden. Und weil sie sich nun nicht mehr verständigen konnten, konnten sie auch die Stadt und den Turm nicht mehr weiterbauen. Sie verließen die Bauruine und zerstreuten sich in alle Winde.

› Die Stadt heißt seitdem Babel oder Babylon, denn »Babel« bedeutet im Hebräischen so viel wie Verwirrung. Seitdem spricht man bis heute vom Turmbau zu Babel und der babylonischen Sprachverwirrung.

› Und damit endet der erste Akt des Dramas zwischen Gott und Mensch. Was so verheißungsvoll begonnen hatte, dass Gott sich dazu hinreißen ließ, immer wieder zu sagen, wie gut alles geworden war – und nach der Erschaffung des Menschen sogar sehr gut – wurde schlecht.

› Der Sündenfall im Paradies, Kains Mord an seinem Bruder Abel und die daraus entstehende Gewaltspirale, das Scheitern des Neustarts mit Noah und der Größenwahn der Turmbauer von Babel machen aus dem Anfang der Bibel eine Verfallsgeschichte. Aus einem guten Anfang entwickelt sich ein böses Ende.

› Aber dabei soll es nicht bleiben. Gott gibt nicht auf. Er probiert etwas Neues. Er will, dass das, was er begonnen hat, doch noch gut endet.

ERZELTERNGESCHICHTE: GOTTES NÄCHSTER GROSSER VERSUCH MIT ABRAHAM, AUS DEM EIN VOLK WERDEN SOLL

Wozu braucht Gott eigentlich ein eigenes Volk?

1› Nach der Sintflut geht das menschliche Leben auf der Erde weiter wie gehabt – fern von Gott. So fern, dass die Menschen vergessen, wer sie und diese Welt erschaffen hat. Fremde Götter beten sie nun an, gründen Reiche und Großreiche, entwickeln sich zu Hochkulturen und verschwinden wieder, als ob sie nie existiert hätten. Und immer fließt Blut. Viel Blut. Die normale Weltgeschichte.

› Diesen normalen Lauf der Welt will Gott nun ändern, aber ohne direktes Eingreifen. Seine Geschöpfe sollen das selbst tun. Sie sollen aus freien Stücken sich und die Welt so verändern, dass dieses endlose Kriegführen und übereinander Herrschenwollen aufhört. Wie aber soll das gehen?

› Mithilfe eines Volkes. Seines Volkes. Das ist Gottes Antwort auf die Lösung des Gewaltproblems und aller übrigen Probleme. Das ist die Antwort auf eine Frage, die viel zu selten gestellt wird in der Kirche und in der Christenheit: Wozu braucht Gott eigentlich ein eigenes Volk?

› Die Frage wird nicht einmal in der Bibel so gestellt, daher gibt es auch keine ausdrückliche Antwort darauf. Unausgesprochen steht die Antwort aber nun in jeder Geschichte, die von Gott und seinem Volk handelt. Unausgesprochen lautet diese Antwort: Gott braucht etwas, wodurch er in der Welt handeln kann, und das ist ein eigenes, auf ihn hörendes Volk, das seinen Willen tut, freiwillig, aus Einsicht.

› Tun sie es, werden sie die Erfahrung machen, dass das Leben aller gelingt, die Güter dieser Erde gerecht verteilt werden, Herrscherwillkür keine Chance hat, die Spaltung in Arm und Reich aufhört, Neid, Hass und Gewalt verschwinden, Frieden einkehrt unter den Menschen. Das wird Aufsehen erregen. Das wird in die Welt ausstrahlen. Die anderen Völker werden staunen über dieses eine Volk und von ihm lernen wollen, wie man leben muss, damit das Leben aller gelingt. Das ist der Plan.

› Die Frage ist nur: Woher soll Gott so ein Volk nehmen? Er kann es ja schlecht einfach so aus dem Ärmel schütteln und es dann vom Himmel auf die Erde werfen.

› Er könnte es natürlich mit einem der existierenden Völker probieren, den Ägyptern, Griechen oder Römern etwa, allesamt tüchtige Völker. Nur: Er braucht kein tüchtiges, sondern ein gehorsames, auf ihn hörendes Volk. Kurz: Er braucht Menschen, die es noch nirgendwo gibt auf der Welt.

› Eigentlich bleibt ihm nur die Möglichkeit, sich einen einzelnen Menschen auszusuchen, der versteht, worum es geht und entsprechend denkt, handelt und lebt. Und dafür sorgt, dass es auch seine Ehefrau, seine Kinder, Enkel und Urenkel und alle weiteren Nachkommen tun. So lange, bis daraus tatsächlich ein Volk erwachsen ist, das groß genug ist, um auf die Welt auszustrahlen.

› Bis heute nennt man das: Utopie. Was so viel heißt wie: zu schön, um wahr zu werden. Aber bis heute, seit 3.000 Jahren, sagt Gott den Menschen: Es ist keine Utopie. Es kann wahr werden. Ihr müsst es nur wollen. Und dann tun.

› Der erste Mensch, dem Gott das sagte, war Abraham. Der wollte es. Mit ihm begann die Geschichte eines Volkes mit seinem Gott.

Abraham – Ein Viehhirt macht Weltgeschichte

2 › Abraham also. Stammvater dreier Weltreligionen. 13 Millionen Juden, 2,3 Milliarden Christen und 1,5 Milliarden Muslime erinnern und berufen sich noch heute auf ihn, rund vier Milliarden Anhänger auf der ganzen Welt.

› Bevor so einer eingeführt wird in einer Geschichte, müssten eigentlich Trompeten und Fanfaren erklingen, das Publikum auf Abraham vorbereitet werden und gesagt bekommen: Achtung, gleich werden wir euch eine Riesengeschichte erzählen.

› So jedenfalls müsste unsereins, der moderne Mensch, dessen Lese-, Hör- und Sehgewohnheiten von Hollywood geprägt sind, abgeholt werden. Für eine mitreißende Hollywood-Geschichte gilt die Regel: Mit einem Erdbeben anfangen und dann ganz langsam steigern.

› Und wie fangen die biblischen Erzähler an? Gott spricht zu Abraham: »Verlasse deine Heimat, deine Freunde, Verwandten und Bekannten, das Haus deines Vaters und gehe in ein Land, das ich dir zeigen werde.«

› Null Dramaturgie. Aber das empfinden nur wir heute so. Als diese Geschichten aufgeschrieben wurden, hatten die Schreiber an ihre Kinder, Enkel, Urenkel und vielleicht noch an ihre Ururenkel gedacht, jedoch nicht an uns. Dass ihre Familiengeschichten noch zweieinhalb Jahrtausende später gelesen und erzählt werden und sich tatsächlich Milliarden Menschen als Abrahams Nachkommen verstehen würden – das lag außerhalb ihres Vorstellungsvermögens. Obwohl es ja von Anfang so versprochen war: Nachkommen, so viele wie Sterne am Himmel.

› Aber wer den Mut hat, von einem göttlichen Plan zu berichten, tut vielleicht besser daran, ganz nüchtern und zurückhaltend zu formulieren, um nicht in den zweifelhaften Ruf eines orientalischen Märchenerzählers zu kommen. Deshalb fehlt in der Erzählung über den kleinen Anfang jede Ausschmückung, jegliche Dramaturgie.

› Nur das Wesentliche wird mitgeteilt, und darum geht es so knapp weiter, wie es begonnen hat, nun allerdings mit einer Ansage, die man wegen des lapidaren Stils leicht überhört. Gott teilt Abraham mit, dass aus ihm ein großes Volk erwachsen soll, das den anderen Völkern dieser Welt zum Segen werden soll.

› Und das ist nun allerdings doch ein hollywoodesker Plan, denn größer geht's eigentlich nicht: Ein einfacher, halb sesshafter, halb nomadisierender Viehhirt soll als Teil eines göttlichen Plans Weltgeschichte machen. Und diese Geschichte wird nun tatsächlich erzählt.

Zwischenruf: Wie seltsam ist das denn?

So wie die Quelle eines großen Stromes quasi aus dem Nichts auftaucht, so erscheint plötzlich Abraham wie aus dem Nichts. Erwähnt wird nur in kargen Worten, dass er in der sumerischen Hauptstadt Ur in Chaldäa im heutigen Irak geboren wurde. Sein Vater zieht von dort mit der ganzen Familie eines Tages weg nach Haran in der heutigen Türkei, wo er stirbt und seinen Besitz an Abraham vererbt. Über die Gründe des Umzugs erfahren wir nichts.

Der Besitz besteht aus einer nicht unbeträchtlichen Zahl von Schafen, Ziegen, Rindern. Die müssen von Weide zu Weide getrieben werden. Knechte erledigen diese Arbeit. Abraham selbst wohnt zwar in der Stadt, lebt aber meistens außerhalb der Stadtmauern, um seine Knechte zu kontrollieren und die Herdenwirtschaft zu organisieren.

Wir wüssten jetzt gern: Was hat Abraham eigentlich gesagt, als ihm der göttliche Plan eröffnet wurde? Hat er nicht gefragt: Wie kommst du ausgerechnet auf mich, einen kleinen unbekannten, unbedeutenden Halbnomaden? Und wieso ist es nötig, irgendwohin in die Fremde zu ziehen? Und wie soll ich das meiner Familie erklären? Und was soll ich ihr sagen, wenn sie fragt, mit wem ich überhaupt gesprochen habe?

Nein, Abraham hatte keine Frage. Hat schweigend zugehört. Und tut, was Gott von ihm verlangt. Bricht auf mit der ganzen Familie, seinen Knechten, Mägden und seinem Vieh. Es ist alles sehr seltsam. Und seltsam geht es weiter.

Gott versucht sich als Gründer eines eigenen Volkes – mit einer unfruchtbaren Frau

3 › Abraham und die Seinen sind nun unterwegs. Mit ungewissem Ziel. Ziehen hierhin und dorthin. Abraham errichtet seinem Gott mal hier, mal da einen Altar. Aber vor allem wartet er. Auf die Lösung seines größten Problems. Sarah, seine Frau, scheint unfruchtbar zu sein. Schon längst hätte sie ein Kind bekommen müssen, aber sie bekommt keins.

› Wenn aus Abraham, wie von diesem neuen unbekannten Gott versprochen, wirklich ein großes Volk werden soll, müsste es jetzt eigentlich mal losgehen. Viel Zeit ist nicht mehr. Bald wird Sarah in jenen Jahren sein, in denen sie keine Kinder mehr bekommen kann.

› Gott weiß das und verspricht daher Abraham Nachkommen, so viele, wie Sterne am Himmel sind. Nur: Ein Nachkomme ist nicht in Sicht.

› Die Jahre vergehen und Gott erfüllt sein Versprechen nicht. Sarah wird älter und älter und sagt schließlich zu Abraham: »Du brauchst einen Erben. Nimm Hagar, unsere Magd, als zweite Frau, und zeuge mit ihr ein Kind.«

› Das war damals nichts Ungewöhnliches. Die Vielehe war noch eine erlaubte Form des Zusammenlebens. Abraham lässt sich auf Sarahs pragmatischen Vorschlag ein und schläft mit Hagar, der Magd. Offenbar hat er also den Glauben an Gottes Versprechen verloren. Vielleicht war das ja auch alles nur ein Irrtum, ein Hirngespinst.

› Sarahs Plan dagegen hatte Hand und Fuß, denn er geht auf. Hagar wird schwanger.

› Jedoch: Die schwangere Magd wird plötzlich hochnäsig gegenüber Sarah. Das Kind in Hagars Bauch verleiht ihr Macht und Überlegenheit und das lässt sie Sarah spüren. Was unklug war. Denn Sarah ist noch immer die Herrin. Und bleibt es. Das wiederum lässt sie Hagar spüren, so deutlich und so aggressiv, dass Hagar es mit der Angst zu tun bekommt und hochschwanger in die Wüste flieht.

› Was wird Abraham tun? Was Gott?

› Abraham hält sich raus. Tut nichts für die schwangere Magd und nichts gegen die unfruchtbare Sarah. Lässt die Dinge geschehen.

› Gott ist es, der jetzt was tut. Er sieht die hochschwangere Hagar in der Wüste in Lebensgefahr und schickt ihr einen Engel. Der fordert sie auf, zurückzukehren. Sie soll Abraham einen Sohn gebären und ihn Ismael nennen. Er wird ein wilder Mensch sein, lässt Gott Hagar ausrichten, aber sie soll sich keine Sorgen machen. Ismaels Name wird für immer mit Gottes Namen verbunden sein, und aus Ismael soll ein großes Volk hervorgehen.

› Hagar kehrte zurück und gebar Ismael. Abraham war 86 Jahre alt.

Das Schweigen der Männer – Funkstille zwischen Gott und Abraham

4› Zwischen Abraham und Gott herrscht so etwas wie das Schweigen der Männer. Ismael ist schon 13 Jahre alt und Abraham 99, als er wieder etwas von Gott hört. Man kann daher folgern: Es muss einen sehr wichtigen Grund geben, wenn Gott nach so langem Schweigen wieder zu Abraham spricht. Und tatsächlich hat Gott einen wichtigen Grund, den wichtigsten, folgenreichsten, einschneidensten überhaupt: Einen Bund will er nun mit Abraham schließen, so, wie er einst schon mit Noah einen Bund geschlossen hatte.

› Aber diesmal belässt er es nicht damit, dass er einen hübschen Regenbogen über die Erde spannt. Diesmal soll diese einschneidende Änderung im Verhältnis zwischen Gott und Mensch auch durch ein einschneidendes Ritual besiegelt werden: Abraham soll bei sich und allen männlichen Mitgliedern seines Hauses die Vorhaut beschneiden. Und damit dieser Bund auch für all die vielen Nachkommen, die noch geboren werden sollen, gültig bleibt, verlangt Gott, künftig jeden neugeborenen Knaben spätestens am achten Tag nach seiner Geburt zu beschneiden.

› Die Beschneidung wird so zum Zeichen der Zugehörigkeit zu Gottes eigenem Volk und ist das erste Gesetz, das diesem Volk von Gott gegeben wird – ein Ritus, an den jüdische und muslimische Männer bis heute ihre Identität knüpfen. Dass sie an Säuglingen vollzogen wird, signalisiert: Die Zugehörigkeit zum Volk Gottes ist nicht etwas, das allein dem eigenen Willen unterliegt, sondern etwas Tieferes, ein Schicksal, ein Hineingeborenwerden in eine Gemeinschaft mit Gott und allen Menschen seines Volkes.

› Mit seinem Beschneidungsgebot kommt Gott zugleich auf sein altes Versprechen zurück. Er verheißt Abraham einen Sohn, den soll er Isaak nennen. Sarah, die das Gespräch belauscht, lacht, als sie das hört. Längst ist sie in dem Alter, in dem eine Frau keine Kinder mehr bekommen kann. Sie glaubt Gottes Versprechungen nicht mehr.

› Aber: Ein Jahr später bekam Sarah einen Sohn. Vorher jedoch passierte noch etwas anderes.

Abraham feilscht mit Gott

5› Jahrzehntelang dominierte Schweigen das Verhältnis zwischen Gott und Abraham. Jetzt auf einmal, nachdem Abraham Gottes Beschneidungsgebot befolgt hatte, wich die Fremdheit. Plötzlich treten sie einander gegenüber wie zwei alte Freunde, fast auf Augenhöhe. Das erkennt man daran, dass Gott Abraham in seine Pläne einbezieht. Und Abraham ihm die Pläne auszureden versucht, als wäre er sein oberster Berater. Gott nimmt den Menschen nun tatsächlich ernst, führt mit ihm ein Gespräch auf Augenhöhe.

› Es geht um die berühmt-berüchtigten Städte Sodom und Gomorrha, in denen Lüge, Betrug, Laster und Gewalt die Oberhand gewonnen haben. Gott gerät darüber so in Zorn, dass er schon wieder Vernichtungsfantasien hegt.

› Immerhin ist es nicht mehr die ganze Welt, die er vernichten will. Diesmal sind es nur zwei sündige Städte, die Gott »verderben« will, wie es in der Bibel heißt. Und diesmal läuft es anders als in der Vergangenheit. Gott bespricht sein Vorhaben mit Abraham und hört sich dessen Meinung an.

› Der erweist sich als ebenbürtiger Gesprächspartner. Diplomatisch klug wie ein Vermittler will er Gott von seinen Vernichtungsplänen abbringen und appelliert an dessen Gerechtigkeitssinn: »Willst du denn mit den Bösen auch die Guten umbringen? Bestimmt sind nicht alle böse in der Stadt, es wird doch auch Gute geben, und die sollen unschuldig sterben? Wenn es, sagen wir, 50 Gerechte gäbe in der Stadt, würdest du sie dann trotzdem vernichten?«

› »Hm«, überlegt Gott, »wenn es wirklich 50 Gerechte gäbe, dann würde ich mir das noch einmal überlegen.«

› Damit könnte Abraham sich eigentlich zufriedengeben. Aber nein, jetzt beginnt Abraham Gott immer weiter herunterzuhandeln, und er fängt klein an: »Und wenn es statt 50 nur 45 wären, würdest du dann Sodom und Gomorrha verschonen?«

› Gott: »Finde ich darin fünfundvierzig, sollen sie am Leben bleiben.«

› Abraham: »Und wenn's nur 40 wären?«

› Gott: »Ich will ihnen nichts tun.«

› Abraham feilscht immer weiter, 30, 20, am Ende ist er bei 10. Und Gott willigt ein. Gott will Sodom und Gomorrha verschonen, wenn sich dort nur zehn Gerechte finden unter den Bürgern.

› Aber gibt es sie, die zehn?

Zwei Städte, die bis heute für Unrecht, Gesetzlosigkeit und Gewalt stehen: Sodom und Gomorrha

6 › Es gibt sie nicht. Es gibt keine zehn Gerechten in Sodom und Gomorrha. Also müssen Sodom und Gomorrha untergehen.

› Aber Abrahams Neffe Lot wohnt in Sodom. Wenigstens der soll gerettet werden. Deshalb schickt Gott zwei Engel, die Lot warnen und ihn samt seiner Familie herausführen sollen, bevor es Feuer und Schwefel regnen wird.

› Als Lot die beiden sieht, erkennt er sie nicht als Engel, sondern hält sie für Fremde. Das Gebot der Gastfreundschaft verlangt, die beiden Männer in sein Haus zu bitten und sie zum Essen einzuladen. Nachdem sie gegessen und getrunken haben, wollen sie sich schlafen legen, aber da poltert jemand gegen die Tür, heftig und laut.

› Eine Horde von Männern steht vor Lots Haus und verlangt nach dessen Gästen. Ganz offen, ohne jede Scham, sagen sie, was sie wollen: Sex. Vergewaltigen wollen sie Lots Gäste.

› Natürlich widersetzt Lot sich dem Verlangen dieser Menschen, aber sie rücken ihm so aggressiv auf den Leib, dass Lot ihnen in seiner Not seine Töchter anbietet. Die Schändung seiner Gäste erscheint ihm in diesem Moment als noch ungeheuerlicher als die Schändung seiner jungfräulichen Töchter.

› Niemand kommt ihm zu Hilfe. Niemand aus der Nachbarschaft ruft die Polizei. Die Nachbarn sind vielleicht sogar selbst Teil der Meute. Gibt es keine Polizei? Warum kommt sie nicht? Ist sie korrupt? Schaut sie untätig zu? Die öffentliche Ordnung in dieser Stadt ist offenbar zusammengebrochen. Es gilt das Recht des Stärkeren. Dem beugt sich Lot, indem er seine Töchter anbietet.

› Die interessieren die Vergewaltiger nicht. Auf die Männer haben sie es abgesehen. Die ersten versuchen schon, die Tür aufzubrechen. Da erscheinen die beiden Engel, ziehen Lot ins Haus, verrammeln die Tür, während die Meute draußen plötzlich blind wird und die Tür nicht mehr findet. Ein Wunder war die letzte Rettung.

› Jetzt reden die zwei Gottesboten Klartext, sagen Lot, dass die Stadt gleich vernichtet wird, und sie gekommen sind, um ihn und seine Familie herauszuholen, sofort. Auf der Stelle soll er Haus und Hof verlassen und mit seiner Familie aus der dem Untergang geweihten Stadt fliehen.

› Aber Lot reagiert, wie Menschen noch heute reagieren, wenn ihnen gesagt wird: Raus hier, sofort, eine tödliche Gefahr droht, ein Erdbeben, ein Vulkanausbruch, eine Flut, ein Waldbrand – was auch immer. Die Menschen wollen ihre Häuser nicht verlassen, haben Angst, dass Plünderer kommen und alles rauben, wollen nicht glauben, dass die Gefahr so tödlich ist, wie ihnen gesagt wird. Sie zögern und fliehen erst, wenn es zu spät ist.

› Auch Lot zögert, möchte lieber bleiben. Daher bugsieren die Engel Lot samt seiner Frau und den zwei Töchtern energisch aus dem Haus, aus der Stadt und sagen noch: »Nicht zurückblicken, nicht umdrehen.«

› Schon hören sie es hinter sich krachen, Feuer und Schwefel regnen auf die Stadt. Und was macht Lots Frau? Sie dreht sich um, blickt auf die Stadt. Und erstarrt zur Salzsäule.

› Warum? Es wird nicht erklärt. Es ist einfach nur ein altes Bild für etwas, was Menschen zu allen Zeiten im Angesicht einer überraschend hereinbrechenden Katastrophe häufig widerfahren ist, und heute als traumatische Erfahrung bezeichnet wird. Von einer Minute zur anderen ist Lots Frau aus ihrem vertrauten Leben und ihrer gewohnten Umgebung gerissen worden, weg von ihren Freunden in der Stadt, heraus aus allen sozialen Beziehungen, weg von dem Ort, der ihr Leben war und mit so vielen Erinnerungen verbunden ist. Fast wie unter Zwang dreht sie sich noch einmal um, vielleicht, um Abschied zu nehmen, und sieht aber nun, was Menschen immer sehen bei schrecklichen Katastrophen: das Grauen.

› Kriegsflüchtlinge, Zeugen bestialischer Gewalt, Opfer von Naturkatastrophen kennen dieses Grauen. Sie reagieren darauf mit Schockstarre. Wie betäubt funktionieren sie weiter, und es dauert oft jahrelang, bis sich die Erstarrung löst. Bei manchen sitzt der Schock so tief, dass sie für den Rest ihres Lebens als erstarrte Salzsäulen weiterexistieren und nicht darüber sprechen können.

› Naturkatastrophen, Krieg und den blitzartigen Umschlag von Ordnung ins Chaos als Strafgericht Gottes zu deuten, lag für den antiken Menschen nahe. Heute wissen wir es besser. Wir selbst sind die Verursacher von Chaos und Leid. Man muss keine Häuser unterhalb eines Vulkans bauen. Man muss nicht an den Ufern von Flüssen wohnen, die bei Hochwasser regelmäßig das Land überschwemmen. Man muss nicht in Erdbebengebieten leben, aber wenn, sollte man erdbebensichere Häuser bauen. Wenn man Atomkraftwerke in Küstennähe errichtet, sollten sie einem Tsunami standhalten. Gegen Krieg hilft Friedenspolitik, gegen Feuer Brandschutzvorschriften und gegen Verbrechen helfen Bildung, Erziehung, Sozialpolitik und eine funktionierende Justiz.

› Die Erde bebauen und bewahren, so lautete Gottes Auftrag an die Menschen. Sie sind verantwortlich für das, was auf dieser Welt geschieht. Handeln sie unverantwortlich, wird das Folgen haben für sie. Falsches Denken und Handeln richten sich selbst. Es bedarf dazu keines göttlichen Strafgerichts. Aber für den antiken Menschen war es einleuchtend, Katastrophen als Gottes Strafe zu deuten.

› Nachdem Sodom und Gomorrha zerstört waren, hören wir von Lot und seiner Familie nichts mehr. Die Geschichte geht weiter mit Abraham.

Endlich, ein Sohn!

7› Als Abraham und Sarah es aufgegeben hatten, weiter auf einen Sohn zu hoffen, geschieht, was Gott unter dem Gelächter von Sarah versprochen hatte: Sie wird schwanger, bekommt einen Sohn. Da war Abraham hundert Jahre alt.

› Sie können ihr Glück kaum fassen, danken Gott und gehorchen ihm, indem sie ihrem Sohn den Namen Isaak geben, wie Gott es verlangt hatte. Und am achten Tag wird er beschnitten, wie Gott es verlangt hatte.

› Ein großes, zukunftsfrohes, beschwingtes Fest wird gefeiert, denn

Isaak, Jizchak, das heißt so viel wie »Kind, das das Lachen brachte«. Ja, jetzt kann Sarah befreit auflachen, denn nach Jahrzehnten des Leids und der Schmach ist die Last der Unfruchtbarkeit von ihr genommen worden. Und auch Abraham kann wieder lachen, denn er hat nun seinen legitimen Erben.

› Aber was ist nun mit Ismael? Der ist inzwischen 14 Jahre alt und lacht auch, aber auf andere Weise. Er sei ein Spötter, heißt es in der Bibel. Er lacht über Isaak, verlacht ihn, spottet über ihn.

› Aber ist das nicht normal, wenn ein Kind, das 14 Jahre als künftiger Erbe geachtet wurde, plötzlich entthront und zurückgesetzt wird? Nicht mehr so geliebt und nicht mehr so geachtet wird wie in all den Jahren davor? Ist es nicht normal, dass ein 14-jähriger Junge sich wehrt, wenn er plötzlich erlebt, dass ihm ein Rivale erwachsen ist, noch dazu einer, gegen den er nie eine Chance haben wird?

› Ja, das ist normal. Genauso normal wie die Reaktion Sarahs, als sie mitbekommt, wie der große starke Ismael ihren kleinen schwachen Isaak verspottet. Sie reagiert darauf so natürlich, wie jede Mutter reagieren würde, die sieht, wie ihrem vergötterten Prinzen unrecht getan wird: voll mütterlicher Wut. In ihrer maßlosen Wut verlangt sie von Abraham, Hagar samt Ismael vom Hof zu jagen. Sie waren ihr schon immer ein Dorn im Auge. Nun, da ihr Problem gelöst ist, will sie die beiden nicht mehr sehen. Sie sollen aus ihrem Leben verschwinden.

› Abraham, wenn er ein Kerl wäre, würde sich dem widersetzen und Sarah zur Ordnung rufen. Aber er ist kein Kerl. Daher fragt er hilflos, ratlos seinen Gott: »Was soll ich tun?«

› Der sagt: »Tu, was Sarah dir sagt. Und mach dir keine Sorgen um Hagar und Ismael, ich werde mich kümmern.«

› Gott gibt also Abraham die Erlaubnis, Hagar und Ismael in die Wüste zu schicken. Er akzeptiert dieses unanständige Verhalten, weil er sieht: So sind sie nun mal, meine Geschöpfe. Deshalb ist die Welt, wie sie ist.

› Aber so soll sie ja nicht bleiben. Wenn ich erst mal mein eigenes Volk habe, dann werde ich ihm dieses erwartbare Verhalten abgewöhnen. Sie werden lernen, sich »umzuprogrammieren«. Über dieses Volk sollen sich die anderen Völker so wundern wie über eine unfruchtbare Frau, die jenseits ihrer Wechseljahre ein Kind zur Welt bringt.

Abrahams Kinder

8 › Abraham jagt Hagar und Ismael fort, gibt ihnen noch Wasser und Brot mit auf den Weg und sieht zu, wie sie in die Wüste gehen. Nach menschlichem Ermessen würden sie dort umkommen, aber Gott hatte ja gesagt, dass er sich kümmern werde.

› Zunächst jedoch sieht es so aus, als ob die zwei nie wieder lebend aus der Wüste herauskämen. Als der Wasserschlauch schon lange leer und Ismael am Verdursten ist, schreit er nach Wasser. Hagar erträgt das Schreien nicht, mag nicht mit ansehen, wie ihr Sohn stirbt, legt ihn unter einen Strauch, entfernt sich, lässt sich einen Bogenschuss weit entfernt nieder und macht sich bereit zum Sterben.

› »Ismael« bedeutet »Gott hört«. Hört Gott seine Schreie nicht?

› Doch. Vom Himmel herunter ruft es: »Hagar, ich habe das Schreien deines Sohnes gehört. Er wird leben. Steh auf, nimm ihn und halte ihn fest. Ein großes Volk wird aus ihm geboren werden.«

› Und da sieht Hagar einen Brunnen. Sie füllt den Schlauch, gibt Ismael zu trinken. So schaffen sie es durch die Wüste.

› *»Und Gott war mit dem Knaben«*, heißt es in der Bibel. Der wuchs heran, wohnte in der Wüste und wurde ein guter Schütze. Seine Mutter suchte ihm eine Frau aus Ägypten.

› Ismael, Isaaks Halbbruder, Abrahams erstgeborener Sohn, verschwindet nun aus der Bibel, aber bleibt einer, auf dem der Segen Abrahams ruht.

› Auf ihn werden sich viele Jahrhunderte später die Muslime berufen. Auch sie erzählen die Geschichten von Abraham, Sarah, Hagar, Ismael und Isaak, jedoch ein wenig anders.

› Von einer Vertreibung Hagars und Ismaels wegen Sarahs Eifersucht wissen sie nichts. Sie erzählen, Gott habe Abraham befohlen, mit Hagar und Ismael nach Mekka zu gehen. Dort lässt er die beiden zurück und bittet Gott, sich um sie zu kümmern. Danach kehrt er zu Sarah zurück. Von Zeit zu Zeit sei Abraham nach Mekka gereist, um nach Hagar und Ismael zu sehen. Bei einem dieser Besuche habe Abraham Ismael aufgefordert, mit ihm die Fundamente der Kaaba zu legen.

› Isaak und Ismael. Die beiden gehören zusammen. Sie sind Kinder desselben Vaters.

Gottes rätselhaftes, skandalöses, schockierendes Verlangen

9 › Endlich ein Erbe. Sarah ist ihre Nebenbuhlerin Hagar los. Die lebt nun mit Ismael weit weg, aber in Sicherheit. Gott sorgt für sie. Also könnte das Projekt »Volk Gottes« jetzt doch langsam mal Fahrt aufnehmen. Nur: Bis jetzt existiert nur ein einziger Sohn und Abraham verfügt weder über einen festen Wohnsitz noch über eigenes Land.

› Wo sollen die verheißenen Nachkommen eigentlich herkommen und wo leben? Daher erwartet man, dass Gott jetzt Abraham mit dem Nötigen versorgt: einem dauerhaften Wohnort mit reichlich Land. Und, wie verheißen, mit vielen Nachkommen.

› Aber etwas anderes geschieht, etwas ganz und gar Unbegreifliches, das uns erschaudern lässt und ratlos macht: Um Abrahams Gehorsam zu testen, verlangt Gott von ihm das Ungeheuerlichste, das man von einem Vater verlangen kann: »Ich will ein Opfer. Deinen Sohn. Gehe mit ihm in das Land Morija auf einen Berg, den ich dir sagen werde. Dort sollst du mir Isaak als Brandopfer darbringen.«

› Und von Abraham kein Wort des Widerspruchs. Eben erst haben wir ihn noch erlebt als einen Kerl, der mit Gott wegen Sodom und Gomorrha feilscht und um das Leben der dort wohnenden Menschen kämpft. Jetzt, da es um seinen einzigen Sohn geht, hat er nicht einmal eine Frage an Gott, auch nicht die Bitte, Gott möge ihm erklären, was das soll. Wollte er nicht ein Volk entstehen lassen? Wie soll das gehen, wenn der junge Hoffnungsträger geopfert wird?

› Jeder normale Mensch würde auf Gottes Ansinnen antworten: Du kannst nicht Gott sein. Wer so etwas von mir verlangt, muss der Teufel sein.

› Nichts dergleichen tut Abraham. Er gehorcht. Stumm. Schon am nächsten Morgen trifft er die notwendigen Vorbereitungen und sagt seiner Familie, dass er Gott ein Opfer bringen wolle. Dass das Opfer Isaak sein wird, sagt er nicht.

› Schweigend spaltet er Holz fürs Brandopfer, belädt den Esel, macht sich mit Isaak und zwei Knechten auf den Weg, sieht nach drei Tagen den Berg und sagt zu den Knechten: »Bleibt ihr hier mit dem Esel. Isaak und ich erledigen das mit dem Brandopfer allein.«

› Der Vater trägt ein Messer und das Feuer bei sich. Das Holz bindet er dem Sohn auf den Rücken. So besteigen sie den Berg. Plötzlich fragt Isaak: »Ich sehe das Feuer, ich sehe das Holz und ich sehe das Messer. Aber wo ist das zu opfernde Schaf?«

› Abraham antwortet: »Lass das Gottes Sorge sein. Oben am Berg wird sich das Opfer zeigen.«

› Als sie ankommen, baut Abraham einen Altar, legt das Holz drauf – und statt eines Schafs Isaak. Abraham bindet ihn ans Holz. Isaak sagt kein Wort. Abraham zückt das Messer, und da, im letzten Moment, erscheint ein Engel und ruft: »Genug! Lass ab von deinem Sohn.« Probe bestanden.

› Aus der Hecke kommt ein Widder. Den nimmt Abraham nun als Brandopfer. Aus dem Mund des Engels hört er noch die Verheißung, die er nun schon oft gehört hat: Nachkommen, so viele wie Sterne am Himmel.

› Abraham und Isaak steigen vom Berg, kehren zu den Knechten zurück, ziehen nach Beer-Seba, wo sie nun wohnen werden. Noch immer ohne eigenes Land. Und wir erfahren nicht, ob Isaak auf dem Heimweg Fragen hatte an seinen Vater.

Zwischenruf: Was soll diese abstruse Geschichte?

Wer diese Geschichte zum ersten Mal liest, ist geschockt. Hat danach viele Fragen. Und bleibt damit allein. Was haben Abraham und Isaak miteinander geredet auf dem Heimweg? Hatte Isaak gefragt, was das denn jetzt gewesen sei? Fühlte Abraham den Zwang, Isaak zu erklären, wie das Vorgefallene zu verstehen sei? Haben sie die ganze Zeit geschwiegen? Warum hat Gott das getan? Hatte er keine andere Möglichkeit, Abraham zu prüfen?

Das sind moderne Fragen. Antike Menschen hatten solche Fragen anscheinend nicht.

Für uns aber ist und bleibt das eine schreckliche Geschichte. Zugleich ist es die gefährlichste der ganzen Bibel, die später zutiefst missverstanden und grausam missbraucht wurde. Das Bild eines unbegreiflichen, sadistischen Willkürherrschers und seines Knechts mit dem Kadavergehorsam hatte eine verheerende Wirkung. Über viele Jahrhunderte hatten sich eifernde Fromme, die in ihrer Eitelkeit wie Abraham sein wollten, Verstand und Gefühl ab- und unbarmherzige Härte antrainiert und diese erbarmungslose Härte auch gegenüber ihren Mitmenschen gezeigt. Religion wurde menschenfeindlich.

Aber: Ist dieses Bild eines sadistischen Gottes denn falsch? Gibt es den gnadenlos Frommen nicht recht?

So, wie die Geschichte dasteht, scheint sie tatsächlich jede Grausamkeit im Namen Gottes zu rechtfertigen – wenn man sie isoliert betrachtet, sie aus dem Gesamtzusammenhang reißt und vergisst, dass die Geschichte kein historisches Ereignis erzählt. Sie ist eine theologische Konstruktion. Ein Lehrbeispiel für das, was Glauben heißt. Was es eigentlich lehren will, wird erst erkennbar, wenn man die ganze Bibel gelesen und den gesamten Zusammenhang erkannt hat.

Im Licht dieses Zusammenhangs ist die Geschichte von Isaaks Beinahe-Opferung keine Anleitung zu unbarmherziger Härte und religiöser Grausamkeit, sondern zunächst eine Geschichte, die zeigt, vor welchem Problem Gott gestanden hat. Er hatte sich Abraham als jenen »archimedischen Punkt« ausgeguckt, von dem aus er die Welt aus den Angeln heben will. Damit dieses ungeheure Vorhaben wirklich gelingt, muss er sich blind auf Abraham verlassen können.

Aber auch dieser muss Gott blind vertrauen können, muss glauben, dass das, was Gott fordert, einen Sinn hat, auch wenn er diesen Sinn nicht durchschaut. Möglicherweise war sich Abraham von Anfang an sicher, dass er am Ende seinen Sohn nicht opfern muss. Aber um das herauszufinden, musste er sich darauf einlassen. Was aber, wenn nicht im letzten Moment ein Engel erschienen wäre? Dann wäre das ganze Unternehmen möglicherweise abgebrochen worden und die Geschichte von einem Gott und seinem Volk an dieser Stelle zu Ende gewesen, denn Abraham hätte dann gewusst: Diesem Gott kann ich nicht trauen.

Damit sagt diese Geschichte vor allem etwas über das Wesen des Glaubens aus, über die Abgründe, in die Menschen geführt werden können, wenn sie ihren Glauben wirklich radikal ernst nehmen. Glaubenserfahrungen macht nur, wer sich darauf einlässt, den Weg des Glaubens geht.

Das Tückische daran ist, dass der feste Glaube Abrahams an seinen wahren Gott dem fanatischen Glauben fundamentalistischer Sektierer täuschend ähnlich sieht. Es ist die größte Gefahr aller Religionen, und für viele Gläubige ist es oft nicht einfach, das eine vom anderen zu unterscheiden.

Man muss schon sehr genau hinsehen, aber wer das tut, wird dann auch schnell lernen, zwischen zwei fundamental verschiedenen Arten von Opfern zu unterscheiden: Das eine sind die Opfer, die wir dauernd bringen, Gott aber gar nicht will, das andere sind die Opfer, die nur wenige bringen, aber von Zeit zu Zeit um Gottes willen gebracht werden müssen.

Ein typisches Opfer der ersten Sorte ist eines, das Männer über Jahrtausende immer wieder gebracht haben, teils freiwillig, teils unter Zwang: das Opfer des eigenen Lebens im Krieg, der Heldentod. In den Jahren 1813/14, ein Jahrzehnt nach Kants Tod, wurde in Deutschland zum ersten Mal in den so genannten Befreiungskriegen von Napoleons Herrschaft der Soldatentod auf dem »Feld der Ehre« gepriesen. Noch im Zweiten Weltkrieg galt es als süß, fürs Vaterland zu sterben. Erst heute scheint die Zeit der Opfer auf dem »Feld der Ehre« vorbei zu sein, zumindest in Europa.

Dafür haben wir heute andere Opfer. Manager opfern sich selbst und ihre Mitarbeiter im Kampf um Marktanteile, opfern auch ihre Familie und ihre Freunde, wenn sie sich mit Haut und Haar ihrem Unternehmen und ihrer Karriere verschrieben haben. Leistungssportler opfern ihre Jugend, manchmal sogar die Kindheit, oft ihre Gesundheit – für eine Goldmedaille bei Olympischen Spielen, für Werbeverträge und materiellen Reichtum. Und nicht selten sind es die ehrgeizigen Eltern, die ihr Kind Monat für Monat ins Training treiben für den vagen Traum von Ruhm und Geld und den Wunsch, die eigenen unerfüllten Sehnsüchte zu befriedigen.

Wir opfern die Umwelt für unseren Wohlstand, ein artgerechtes Tierleben für unseren Geiz, die Privatsphäre für unsere Bequemlichkeit. All diesen Opfern ist eines gemeinsam: Wir bringen sie nicht für Gott. Wir opfern heidnischen Göttern, die da heißen Macht, Ruhm, Ehre, Geltung, Geld, Sex.

Opfer, zu denen man aus Gehorsam gegenüber Gott genötigt sein kann, sind von anderer Art. Im Widerstand gegen Hitler das eigene Leben zu riskieren, war so ein Opfer, das Zehntausende von Menschen gebracht hatten. Nicht alle waren Christen. Kommunisten waren darunter, Sozialdemokraten, Gewerkschaften, Liberale und Nationalkonservative. Aber sie alle einte der Glaube, dass es so etwas wie ein göttliches oder moralisches Gesetz gibt, das unbedingt gelten muss, und koste es das eigene Leben.

Die Frauen der meisten Verschwörer des 20. Juli waren eingeweiht, trugen den Widerstand ihrer Ehemänner mit, nahmen die Gefahr für sich und ihre Familien in Kauf. Sie verhielten sich wie Isaak, der sich nicht wehrte, nicht schrie. Wie Isaak ans Holz gebunden wurde, so hatten sich die Widerstandskämpfer an unbedingte Werte gebunden, oder einfach, wie etwa Dietrich Bonhoeffer, an Gott.

Deutschland mit seiner Geschichte steht unter den Völkern dieser Welt recht armselig da. Wie arm aber wären wir, wenn es nicht einige Zehntausend Deutsche gegeben hätte, die bereit gewesen waren, sich selbst und das Liebste, was sie hatten, zu opfern.

Glücklich das Land, das keine Helden braucht, dichtete Brecht. Und eben das ist die eigentliche Pointe der Geschichte von Isaaks Beinahe-Opferung. So wenig wie Gott Abrahams Opfer wollte, so wenig will er Helden, die für ihren Glauben sterben. Was er dagegen will, sind Verhältnisse, in denen es gar nicht erst so weit kommt, dass sich Helden opfern müssen. Und diese Verhältnisse stellen sich ein, wenn die Menschen bereit sind, sich so unter Gottes Willen zu begeben wie Abraham und Isaak. Das letzte Opfer ist gar nicht nötig, wenn wir bereit sind, uns Gottes Willen zu fügen.

Das ist die Botschaft Abrahams und Isaaks, eine provokante Botschaft, eine heilsame Provokation, eine für den modernen Menschen fast unakzeptable Bedingung. Sie anzunehmen, erfordert einen starken Glauben, führt dann aber auch zu einer interessanten Erfahrung: Je enger sich einer an Gott bindet, desto ungebundener steht er der Welt gegenüber. Erst die Fremdbestimmung durch Gott im Himmel ermöglicht die Selbstbestimmung des Menschen auf Erden. Gottes freie Diener sind von keiner Macht mehr zu steuern und müssen weder Tod noch Teufel fürchten. Nichts fürchten die Gewaltherrscher dieser Welt mehr als solche freien Menschen.

So einen freien Diener hat Gott jetzt in Abraham gefunden. Aus solchem Holz muss das ganze Volk geschnitzt sein, das nun entstehen soll, denn nur mit so einem Volk, das genau auf Gottes Willen hört und ihn tut, kann Gott die kaputten Strukturen dieser Welt heilen.

Isaak und Rebekka

10 › Abraham und Sarah sind jetzt sehr alt. Sie wissen, dass sie bald sterben müssen, und Sarah ist die Erste, die geht, im biblischen Alter von 127 Jahren. Aber Abraham hat noch nicht einmal ein Grab für sie. Also kauft er einen Acker im immer noch fremden Land und errichtet darauf ein Grab, in das Sarah gelegt wird.

› Abraham ahnt, dass auch ihm nicht mehr viel Zeit bleibt und er daher Vorsorge treffen muss für die Zukunft. Das Wichtigste ist: Sein Sohn Isaak braucht eine Frau und Nachkommen.

› Abraham will, dass die Frau für Isaak nicht aus dem heidnischen Kanaan kommt, sondern aus seiner ursprünglichen Heimat. Es soll eine aus seiner weitläufigen Verwandtschaft sein. Deshalb schickt er einen Knecht mit Geld, zehn Kamelen und wertvollen Geschenken nach Haran in Mesopotamien, also in die Stadt, aus der Abraham einst ausgezogen ist.

› Der Knecht wird fündig. Rebekka heißt die Auserwählte. Sie ist eine Enkelin des Abraham-Bruders Nahor. Ohne Isaak je gesehen zu haben, willigt sie ein, mit dem Knecht nach Kanaan zu ziehen, um Isaak zu heiraten. Verwandtenehen, arrangierte Ehen, Brautkauf – das alles waren damals durchaus übliche Sitten.

› Zu Hause wartet Isaak, noch in Trauer um seine Mutter. In Gedanken bei dem Knecht, dem Brautwerber. Wird er ihm eine Frau mitbringen?

› In der Ferne sieht er Kamele. Das werden sie sein. Sie kommen näher. Als sie in Sichtweite sind, sieht Rebekka Isaak und fragt: »Wer ist das?«

› »Das ist mein Herr, Isaak, dein künftiger Mann«, antwortet der Knecht.

› Dann spricht er mit Isaak, erzählt ihm, was er erlebt hat, warum er Rebekka ausgesucht hat, aus welcher Familie sie kommt.

› Das alles überzeugt Isaak. Er geht auf Rebekka zu, führt sie ins Haus seiner Mutter, nimmt sie an als seine Frau und gewinnt sie lieb.

Gottes Angriff auf die natürliche Ordnung der Welt

11 › Abraham stirbt alt und lebenssatt im Alter von 175 Jahren. Sie begraben ihn neben Sarah in dem Acker, den er erst vor Kurzem erworben hatte. Der Mann, dem Nachkommen verheißen wurden, so viele wie Sterne am Himmel, hinterlässt einen einzigen Sohn. Das ihm versprochene Land besteht aus einem einzigen Acker, teuer erkauft. Am Grab des Gründers dreier Weltreligionen stehen Isaak, Rebekka und ein paar Mägde und Knechte.

› Nun muss es auch bei Isaaks Kindern wieder gelingen, und bei dessen Enkeln, und so fort. Kann so etwas tatsächlich gelingen? Dazu wäre es zuallererst nötig, dass Isaak und Rebekka Kinder bekommen. Aber: Auch Rebekka ist unfruchtbar. Wieder muss Gott eingreifen. Offenbar soll damit gesagt werden: Eine neue Welt aus Frieden und Freiheit – das ist nichts, was der Mensch aus eigener Kraft erschaffen kann, dazu bedarf es der Hilfe Gottes und seltsamer Geschichten.

› Schon in Rebekkas Bauch beginnt so eine seltsame Geschichte. Sie spürt heftige Stöße, erschrickt darüber und fragt Gott, was das zu bedeuten habe. Der antwortet rätselhaft: *»In deinem Bauch sind zwei Völker, ein Volk wird dem anderen überlegen sein und der Ältere wird dem Jüngeren dienen.«*

› Der Ältere wird dem Jüngeren dienen – das ist gegen alles Recht und alle Gewohnheit und gegen die natürliche Ordnung der Welt. Rebekka versteht das nicht, und auch der Bibelleser wird erst im weiteren Verlauf merken, dass es Gott genau darum geht: den Umsturz jener alten Ordnung, die dem gesunden Menschenverstand der Heiden als natürlich und von den Göttern gewollt erscheint. Eine grundlegende Verschiedenheit zwischen der Welt Gottes und der Welt der Götter kündigt sich hier bereits in Rebekkas Bauch an.

› Sie wird zwei sehr unterschiedliche Zwillinge gebären, Jakob und Esau. Bei der Geburt sind sie ineinander verkeilt. Esau ist als Erster da, aber seine Ferse wird von Jakobs Hand umklammert, so, als hätten sie darum gekämpft, wer als Erster geboren wird und das Erstgeburtsrecht erwirbt.

› Esau kommt rötlich und behaart

auf die Welt, Jakob dagegen wirkt wohl wie ein normales Baby, denn darüber schweigt die Bibel. Aus Esau wird ein Jäger, ein kräftiger Naturbursche, und Isaaks Liebling. Jakob dagegen ist einer, der sich lieber im Haus zu schaffen macht, sich mit seiner Mutter Rebekka gut versteht und darum ihr Lieblingssohn wird. Erwächst daraus eine Rivalität wie zwischen Kain und Abel?

Jakob und Esau – wie ein Betrüger zu einem Stammvater des Glaubens wird

12 › Die Bibel will erzählen, was es heißt zu glauben. Und mit jeder Geschichte mehr wird immer deutlicher, dass ein Glaubender weder besonders fromm noch ein moralischer »Hochleister« sein muss, auch kein gebildeter Schriftgelehrter oder religiös Hochbegabter. Gott kommt sehr gut mit ganz gewöhnlichen Durchschnittsmenschen aus.

› Man gewinnt sogar im weiteren Verlauf zunehmend den Eindruck, dass er sich mit Menschen von eher zweifelhaftem Charakter leichter tut als mit den Edelcharakteren. Gott scheint es vorrangig auf eine einzige Sache anzukommen: Dass ein Mensch kapiert, wozu Gott ein Volk braucht und sich dafür in Dienst nehmen lässt, um jene Ordnung zu errichten, die Gott will.

› Wenn Gott so einen Menschen findet, dann arbeitet er mit ihm, auch dann, wenn der Charakter dieses Menschen eher zweifelhaft ist. Davon erzählt die Geschichte von Jakob und Esau. Diese Ordnung funktioniert dann unabhängig vom Charakter jedes Einzelnen.

› Sie beginnt damit, dass Esau eines Tages müde und mit einem Bärenhunger von der Jagd zurückkehrt. Schon draußen vor dem Haus steigen ihm köstliche Gerüche in die Nase, die seinen Heißhunger ins Unermessliche steigern. In der Küche, aus der die Düfte kommen, kocht Jakob Linsen. Esau stürmt herein und will sofort etwas zu essen haben.

› Der listige Jakob kennt die Schwächen seines Bruders und nutzt sie sofort aus, indem er ihm sagt: »Du bekommst von mir zu essen, aber nur, wenn du mir dein Erstgeburtsrecht überlässt.« Und Esau lässt sich tatsächlich darauf ein. Für ein Linsengericht!

› Erstgeburtsrecht, das bedeutet, dass der Erstgeborene doppelt so viel erbt wie jeder seiner Brüder. Dieses Privileg bedeutet Esau in jenem Moment des Hungers nichts, daher verkauft er es nun billig an seinen jüngeren Bruder. Jakob wird der künftige Haupterbe sein.

› Allerdings muss dafür noch eine große Hürde überwunden werden: Isaak. Der würde niemals dulden, dass der Zweitgeborene den Erstgeborenen überlistet. Der Alte erfährt auch nichts davon. Aber als er im Sterben liegt, müsste die Sache eigentlich auffliegen, denn bevor der Vater stirbt, muss er dem Erstgeborenen den Segen erteilen, erst danach hat er alle Rechte.

› Aber Jakob und Rebekka tricksen Isaak und dessen Lieblingssohn aus. Rebekka hört mit, wie der alte, blinde, im Sterben liegende Isaak Esau bittet, ein Tier zu erlegen, um ein letztes Mal ein Wildgericht zu essen. Danach will er ihm den väterlichen Segen erteilen.

› Als Esau fortgeht zur Jagd, stiftet Rebekka Jakob an, zwei Ziegenböcklein zu schlachten. Davon wolle sie Isaak ein schmackhaftes Gericht zubereiten. Jakob solle es auftischen und sich als Esau ausgeben, damit der blinde Isaak ihn, Jakob, segne.

› Jakob wendet ein, Isaak brauche ihn nur zu berühren, dann werde er an Jakobs glatter Haut erkennen, wen er vor sich habe, und er werde verflucht werden. Gewiss könne Isaak auch riechen, dass etwas nicht stimmt. Doch dies hat Rebekka längst bedacht. Sie streift Jakob, als das Essen fertig ist, Esaus Kleider über, und dort, wo Jakobs glatte Haut zum Vorschein kommt, am Hals und an den Händen, befestigt sie Teile des Fells der Ziegenböcklein.

› So geschieht es. Jakob trägt das Essen in Isaaks Sterbezimmer. Aber der alte Isaak scheint etwas zu ahnen, ist von Anfang an misstrauisch, fragt: »Wer bist du?« Und Jakob behauptet, er sei Esau. Verwundert fragt Isaak, wie er so schnell ein Wild erlegen konnte? Und geradezu gotteslästerlich lügt Jakob: »Der Herr, dein Gott, ließ es mir begegnen.«

› Noch immer traut Isaak der Sache nicht, verlangt, seinen Sohn zu betasten, berührt das Ziegenfell und sagt verwundert: »Die Stimme ist Jakobs Stimme, aber die Hände sind Esaus Hände.« Jetzt will er an seinem Sohn riechen und bittet ihn näher zu kommen, damit er ihn küssen kann.

› Und als Jakob sich über Isaak beugt, und dieser Esaus Kleider riecht, ist Isaak überzeugt, dass er es mit Esau zu tun hat. Darum spricht er jetzt seinen väterlichen Segen. Über Jakob, der sich für Esau ausgegeben hat.

› Jakob ist am Ziel. Zum Erstgeburtsrecht hat er nun auch noch den väterlichen Segen.

› Doch dann kehrt Esau von der Jagd zurück und der ganze Schwindel fliegt auf. Esau ist außer sich, bedrängt seinen Vater, auch ihn zu segnen, aber Isaak muss betrübt ablehnen. Das geht nicht. Zu spät. Jeder Vater hat nur einen Segen.

› Nun hegt Esau Mord- und Rachegedanken, Rebekka erfährt davon und lässt Jakob sofort vom Feld holen. Sie schickt ihn zu ihrem Bruder Laban, weit weg von zu Hause. Dort soll Jakob bleiben, bis sich Esaus Zorn gelegt hat und er vergisst, was Jakob ihm angetan hat.

› Der Plan geht tatsächlich auf. Jakob flieht zu Laban. Es ist eine mehrtägige Reise. Unterwegs, als er sich nachts schlafen legt, träumt er von einer Leiter, die von der Erde bis in den Himmel reicht. Auf ihr steigen die Engel Gottes auf und nieder, und ganz oben steht Gott und sagt zu Jakob: »Ich bin der Gott

Abrahams und Isaaks. Und ich verspreche dir: Das Land, auf dem du gerade liegst, wird dein sein. Und du wirst unzählige Nachkommen haben, die ein Segen sein werden für die ganze Welt.«

› Statt Jakob für seine Hinterlist zu rügen, wird er von Gott gelobt. Jakob, der Lügner und Betrüger, ein Muttersöhnchen und ein kleiner Ganove, wird der dritte Stammvater Israels und der Kirche. Weil es eben nicht auf Anständigkeit und Moral ankommt, sondern darauf, dass einer sich einspannen lässt für Gottes Plan. Jakob hat diesen Plan verstanden.

› Den Plan verstehen und sich dafür in Dienst nehmen lassen bedeutet aber auch, dass der Mensch sich verändert. Daher bereut Jakob jetzt seine Machenschaften, bittet Esau um Vergebung, bietet ihm Entschädigung an. Esau erweist sich als großzügig und nicht nachtragend. Die Brüder versöhnen sich.

› Das ist vielleicht die wichtigste Botschaft der Geschichte: Es macht nichts, wenn du einen zwielichtigen Charakter hast und schon manch krummes Ding im Leben gedreht hast. Aber wenn du dich einreihst in jene Menschenkette, die mit Abraham begann, wird sich dein Charakter und dein ganzes Wesen wie von selbst so verändern, dass du nicht mehr der kleine Ganove bleibst, der du gewesen bist.

› Aber der Segen liegt auf Jakob. Mit ihm geht die Geschichte weiter. Esau tritt aus ihr aus. Künftig wird es von Gott heißen, er sei der Gott Abrahams, Isaaks und Jakobs. Und dabei bleibt es. Es kommt kein vierter Stammvater mehr hinzu.

Drei Erzeltern, zwölf Stämme und das übliche Menscheln unter Gottes Bodenpersonal

13 › Die Begriffe »Stammväter« und »Vätergeschichte« verlieren heute an Bedeutung, denn zurecht wird inzwischen gefragt: Haben die Väter ihre Söhne allein geboren, brauchten sie keine Frauen dazu? Daher spricht man heute lieber von Stamm-Eltern oder Erzeltern, also von Abraham und Sarah, Isaak und Rebekka und von Jakob, Lea und Rahel.

› Mit Jakob macht die Geschichte einen großen Sprung vorwärts in die von Anfang angekündigte Verheißung: zahlreiche Nachkommen. Tatsächlich bringt es Jakob auf die stattliche Zahl von zwölf Söhnen, aus denen später die zwölf Stämme Israels hervorgehen werden. Jedoch geht auch das nicht ohne menschliche Verwicklungen und Querelen, und er braucht dazu zwei Frauen: eben Rahel und Lea.

› Bei allen Stamm-Müttern spielt Unfruchtbarkeit eine große Rolle, auch bei Jakobs zwei Frauen: Rahel und Lea. Und wie es dabei wieder menschelt, bringt den Urahnen des Volkes Gottes abermals keine Ehre.

› Jakob verliebte sich in Rahel, die wollte er haben, und die wird ihm von Laban, seinem Schwiegervater, auch versprochen. Sie feiern eine große Hochzeit. In der Hochzeitsnacht führt der angetrunkene Jakob seine verschleierte Braut ins Ehegemach. Als er am Morgen aufwacht, ist es nicht Rahel, die in seinen Armen liegt, sondern deren ältere Schwester Lea.

› Laban, der listige Schwiegervater, hatte seine Töchter einfach ausgetauscht und dem vor Zorn rasenden Jakob ganz ruhig gesagt: »Weißt du, bei uns ist es Sitte, dass zuerst die Ältere aus dem Haus geht. Aber wenn du willst, gebe ich dir die Jüngere obendrein.«

› Jakob, der einst Esau betrog, ist nun selbst betrogen worden. Dem betrogenen Betrüger bleibt nichts anderes übrig, als beide Frauen mit nach Hause zu nehmen, die eine, die er liebt, die andere, die er nicht liebt. Und bevor er beide mitnehmen kann, muss er zweimal sieben Jahre arbeiten für den gerissenen Laban.

› Natürlich möchte er Kinder von Rahel, der Frau, die er liebt. Leider ist sie unfruchtbar. Dann also mit Lea. Die ist auch unfruchtbar. Also muss wieder Gott eingreifen.

› Darum geht es ja: Begreiflich zu machen, dass Gott keine Kraftprotze und Muttertiere braucht, die in allen anderen Völkern höchstes Ansehen genießen, sondern dass er Menschen braucht, die sich von ihm führen lassen, und die erleben, dass dieses Sich-auf-Gott-Einlassen letztlich den Erfolglosen zum Erfolg verhilft.

› Und so ist es die ungeliebte, unfruchtbare Lea, die zuerst Kinder bekommt, vier Söhne, Ruben, Simeon, Levi und Juda. Rahel sieht es mit Neid. Und verfällt auf die Hagar-Lösung: Mit Bilha, Rahels Magd, soll Jakob Kinder zeugen in ihrem Namen. Und der tut es. Zwei Söhne sind das Ergebnis, Dan und Naftali.

› Nur zwei, aber schon diese beiden sind Lea zu viel. Sie müht sich, Jakob weitere Söhne zu schenken. Gelingt aber nicht mehr. Also muss auch für sie die Magd einspringen. Zwei weitere Söhne kann sich Lea dank ihrer Magd Silpa »gutschreiben«: Gad und Asser. Es steht sechs zu zwei für Lea. Und bald danach acht zu zwei, denn sie bekommt noch Issaschar und Sebulon, und zu guter Letzt noch eine Tochter, Dina.

› Endlich erbarmt sich Gott auch Jakobs geliebter Rahel. Josef wird geboren – acht zu drei. Zuletzt noch ein Nachzügler, das Nesthäkchen Benjamin, bei dessen Geburt Rahel stirbt, unglücklich vermutlich, denn sie hat ja den »Gebärwettbewerb« verloren. Aber ist Lea glücklicher? Vermutlich nicht, denn von allen zwölf Söhnen, die Jakob nun hat, liebt er nur zwei wirklich: Josef und Benjamin, die Söhne Rahels, der Frau, die er von Anfang an liebte.

› Aber trotz allem: Jakob kann nun auf eine stattliche Schar von zwölf Söhnen blicken. Zwölf Söhne aus einer Familie, wie sich schon bald herausstellen wird. die man wahrlich nicht als vorbildlich, ruhmreich oder gar als heilig bezeichnen kann. Aber eben das ist die Pointe der Geschichte: Gott ist es, der aus krummem Holz Gerades machen kann.

› Das wird er noch oft tun müssen, denn die Rivalität zwischen den Schwestern Rahel und Lea setzt sich fort unter den Brüdern und bringt dramatische Ereignisse hervor.

DAS FAMILIENDRAMA IM HAUSE JAKOB

Josef, Vaters eitler Lieblingssohn, den Brüdern verhasst

1› Dass ein Vater oder eine Mutter eines ihrer Kinder mehr liebt als die anderen, das gibt es. Spüren lassen sollten sie das ihre Kinder aber nicht. Ein Kind so zu bevorzugen, dass die anderen es merken, zeugt von großer Dummheit und auch mangelnder Verantwortung für seine Kinder.

› Jakob ist leider genauso dumm, wie es seine Eltern waren. Die hatten es ja auch nicht geschafft, ihre Liebe gerecht zu verteilen auf ihre zwei Kinder. Isaak bevorzugte Esau, Rebekka zog Jakob vor. Und der macht diesen Fehler jetzt bei Josef. All die Liebe und Zuneigung, die er für seine früh verstorbene Rahel empfand, schenkt er deren Sohn Josef, der mit seinen Brüdern das Vieh hütet. Zum 17. Geburtstag lässt Jakob seinem Lieblingssohn ein Prunkgewand schneidern, das ihn nun auch äußerlich sichtbar aus seinen Brüdern hervorhebt. Natürlich begannen die Brüder, Josef zu hassen.

› Und leider war auch Josef nicht mit besonderer sozialer Intelligenz gesegnet, sonst hätte er versucht, die Sympathien seiner Brüder zu gewinnen. Stattdessen erzählt er von seinen eitlen Träumen: »Wir standen auf dem Feld, mähten das Korn, banden die Halme zu Garben, meine Garbe richtete sich auf und stand. Eure Garben neigten sich vor meiner Garbe.«

› Die Brüder hassten Josef noch mehr.

› Trotzdem berichtet er, der doch auch nur ein Ziegenhirt ist wie seine Brüder, ihnen brühwarm auch von seinem zweiten, noch größenwahnsinnigeren Traum: »Die Sonne, der Mond und elf Sterne neigten sich vor mir.«

› Die Brüder entwickeln Mordgedanken.

› Man kann sie fast verstehen, jedenfalls besser als Jakob und Josef, aber der Clou ist, dass sich Josefs Träume später als prophetisch erweisen werden – und dass das ein Glück ist für die Brüder und ihren Vater Jakob. Und dass dies ein Beispiel dafür ist, wie Gott aus krummem Holz gerade Sachen macht und beharrlich seinen Plan in die Tat umsetzt, obwohl ihm seine Geschöpfe dauernd dazwischenpfuschen.

› Eines Tages macht sich Jakob Sorgen um seine Söhne, von denen er schon länger nichts mehr gehört hat. Irgendwo, weit draußen, weiden sie das Vieh und übernachten dort auch. Josef, der beim Vater geblieben ist, soll sie suchen und nachsehen, ob alles in Ordnung ist.

› Er sucht lange. Als er sie in der Ferne erkennt und sich nähert, erkennen sie auch ihn, sehen den Prunkrock. Und sagen sich: Jetzt oder nie. Sie beschließen, ihn zu erschlagen, in eine Grube zu werfen und dem Vater zu erzählen, ein wildes Tier habe ihn gerissen.

› Einer der elf, Ruben, der Älteste,

will Josef retten, weiß aber, dass er allein sich nicht gegen die anderen durchsetzen kann, deshalb sagt er: »Lasst uns kein Blut vergießen. »Werfen wir ihn doch einfach in diese Grube, aus der er nicht mehr herauskommen wird.«

› So wollte er Josefs Überleben sichern und ihm später aus der Grube helfen. Die anderen lassen sich auf den Vorschlag ein. Das erspart ihnen das Töten. Die Natur wird ihnen die Arbeit abnehmen und Josef an Hunger, Durst und Hitze sterben lassen.

› Kaum ist Josef da, fallen sie über ihn her, reißen ihm sein Prunkgewand vom Leib und werfen ihn in die Grube. Danach essen sie einen Steinwurf weit entfernt ihr Brot, beachten Josefs Rufe aus der Grube nicht.

› Ruben steht auf und geht Holz holen fürs Lagerfeuer und überlegt, wie er einerseits Josef retten und anderseits vor seinen Brüdern bestehen kann. Währenddessen nähert sich plötzlich eine Karawane, die nach Ägypten zieht.

› Die Karawane bringt einen der Brüder, Juda, auf eine Idee: »Lasst uns doch Josef als Sklave an die Ismaeliter verkaufen. Dann sind wir ihn für immer los und bekommen auch noch Geld dafür.«

› Gesagt, getan. Sie ziehen Josef aus der Grube. Der denkt schon, die Brüder hätten sich seiner erbarmt. Aber nein, sie verkaufen ihn. Für zwanzig Silberlinge. Die Karawane zieht weiter. Mit Josef. Nach Ägypten.

› Als Ruben zurückkommt und zur Grube geht, um nach Josef zu sehen, sieht er, dass Josef weg ist. Vor Kummer und Wut zerreißt er sein Kleid, aber ein verräterisches Wort fährt ihm aus dem Mund: »Was soll aus mir werden?« Er sorgt sich also vor allem um sich selbst.

› Dazu muss man wissen, dass Ruben, der Erstgeborene, fürchtete, sein Erstgeburtsrecht verwirkt zu haben, denn er hatte, als Jakob einmal verreist war, mit dessen Nebenfrau Bilha geschlafen. Jakob kam das zu Ohren.

› Vielleicht war es Ruben also gar nicht um Josef gegangen, als er seine Brüder vom Mord an Josef abhielt, sondern um Rettung des Erstgeburtsrechts. Aber nun war es zu spät. Josef ist weg und Ruben muss nun mitspielen im Plan der Brüder.

› Die zerfetzen Josefs Rock, tränken ihn im Blut eines geschlachteten Ziegenböckleins und spielen ihrem Vater ein Schmierentheater vor: »Sieh, was wir gefunden haben, ist das nicht Josefs Rock ...?«

› Einst hatte Jakob seinen Vater Isaak mit Esaus Kleidern betrogen, jetzt wird er betrogen mit den Kleidern seines Sohnes Josef.

› Er glaubt die Geschichte, weint, tobt, ist nicht mehr zu trösten, und wenn die Brüder gehofft haben sollten, dass ihr Vater nun endlich sie in sein Herz schließen werde, so wurde die Hoffnung enttäuscht.

› Zurück bleibt ein unglücklicher Vater mit elf unglücklichen Söhnen und Leas Tochter Dina.

› Und Josef? Wurde von den Ismaeliten in Ägypten an Potifar verkauft, einen ranghohen Beamten am Hof des Pharao.

Josef in Ägypten

2 › Unglücklich, verhärtet und scheinbar gottverlassen bewältigen Jakob und seine Söhne ihren Alltag. Unglücklich und scheinbar gottverlassen gelangt der verratene, misshandelte, als Sklave verkaufte Josef an den Königshof von Ägypten, wo er als Hausknecht dienen sollte.

› Aber eben nur scheinbar. Denn in Ägypten wendet sich das Schicksal. Oder genauer: Gott wendet das Schicksal, denn *»der Herr war mit Josef«*, heißt es in der Bibel, und damit indirekt auch mit dessen Vater und Brüdern, wie sich noch herausstellen wird.

› Der Herr war mit Josef, das heißt: Er fällt auf. Diesmal aber nicht wegen eines teuren Prunkrocks und nicht durch maßlose Eitelkeit, sondern durch Persönlichkeit. Allen fällt auf, dass dieser hübsche Jüngling Talent hat, sympathisch ist, zuverlässig, ehrlich, freundlich, höflich. Rasch steigt er daher auf in der Königshof-Hierarchie, wird Potifars rechte Hand.

› Es wäre nur eine Frage der Zeit gewesen, bis Josef ganz nach oben gelobt worden wäre, wenn da nicht Potifars Frau dazwischengekommen wäre. Auch ihr war der hübsche Jüngling aufgefallen. Sie bekam Lust auf ihn, versuchte ihn zu verführen, aber er hielt der Versuchung stand, wehrte sie ab.

› Ein zweites Mal probiert sie es und auch ein drittes und viertes Mal, zuletzt fast täglich. An den Ungehorsam eines Sklaven nicht gewöhnt, wird sie eines Tages übergriffig, packt ihn am Rock, zieht ihn zu sich, will ihn umarmen und küssen, aber Josef reißt sich los und flieht. Ein Kleidungsstück bleibt in ihrer Hand.

› Damit wird die in ihrem Stolz verletzte, zurückgewiesene Frau des Potifar sich an Josef rächen. »Hilfe«, ruft sie durch das Haus, »dieser Josef wollte mich vergewaltigen.«

› Potifar, wütend und enttäuscht über den treulosen Diener, auf den er so große Stücke gehalten hat, lässt Josef ins Gefängnis werfen. Josef aber hatte standgehalten, Josef hatte die ganze Zeit nur an diesen Gott Jakobs, Isaaks und Abrahams gedacht. Und darum war Gott auch mit Josef im Gefängnis.

› Wieder fällt er positiv auf. Diesmal dem Gefängnisleiter, dem Amtmann, der Josef immer mehr seiner Aufgaben überträgt, die er alle zur Zufriedenheit des Amtmanns erfüllt. Auch den Gefangenen fällt er auf. Zweien von ihnen deutet er die Träume, die sich später tatsächlich erfüllen. Einer der beiden wird, wie von Josef vorhergesagt, gehenkt, der andere, ehemals oberster Mundschenk des Pharao, wird wie vorhergesagt freigelassen und wieder in sein altes Amt gesetzt.

› Daran erinnert sich der Mundschenk zwei Jahre später, als der Pharao Träume hat, die sämtliche Wahrsager des Landes nicht zu deuten wissen. Da sagt der Mundschenk, ich kenne da einen, der kann es. Er sitzt im Gefängnis.

› Also lässt der Pharao Josef holen und erzählt ihm seine Träume: »Ich stand am Ufer des Nils, und plötzlich sehe ich sieben schöne, fette Kühe aus dem Wasser steigen. Sie gingen zum Ufer und weideten auf der Wiese. Aber danach sah ich sieben hässliche, magere Kühe aus dem Wasser steigen. Ich habe im ganzen Land noch nicht so hässliche gesehen, und diese hässlichmageren Kühe fraßen die schönen fetten auf. Sie verschwanden in deren Bäuchen, trotzdem blieben sie hässlich und mager. Was hat das zu bedeuten?«

› Noch einen Traum hatte der Pharao, der ihn beunruhigt, und den ihm keiner seiner besten Wahrsager deuten konnte: »Von einem Getreidehalm träumte ich, an dem hingen sieben volle und gute Ähren. Aber gleich darauf träumte ich von einem Halm mit sieben, dürren, vertrockneten Ähren. Was soll das?«

› Josef antwortet: »Deine Träume bedeuten, dass sieben fette Jahre auf uns zukommen, Jahre des Überflusses und des Reichtums. Danach aber werden sieben magere Jahre kommen, Jahre des Hungers und der Not, die den ganzen Überfluss aufzehren und danach noch lange bleiben werden. Aber so muss es nicht kommen. Der Traum soll dir nur eine Warnung sein, damit du Vorkehrungen triffst für die mageren Jahre. Darum: Suche dir einen tüchtigen Beamten, der dafür sorgt, dass während der fetten Jahre Vorräte angelegt werden, die reichen, um die mageren Jahre zu überstehen.«

› Der Pharao, tief beeindruckt von dieser Deutung seiner Träume, antwortete: »Den tüchtigen Beamten habe ich schon. Du, Josef, wirst dieser weise Mann sein. Dich setze ich darum ein als den zweithöchsten Mann in meinem Reich. Über dir soll nur noch ich sein. Alle anderen haben dir zu gehorchen.«

› So machte Josef eine beispiellose Karriere in Ägypten. Als die dürren Jahre kamen, hatte man in Ägypten dank Josefs Vorsorge genügend Korn, um alle zu ernähren. Man konnte sogar an Fremde noch Korn verkaufen. Und bald schon sollten sich auch noch Josefs eitle Träume erfüllen, die ihm den tödlichen Hass seiner Brüder eingebracht hatten.

Josefs Wiedersehen mit seinen Brüdern am Königshof

3 › Jakob und seine Söhne in der Heimat hatten nicht vorgesorgt. Sie wurden von der Hungersnot so überrascht wie alle anderen, aber hatten gehört, dass man in Ägypten Korn kaufen könne.

› Also schickt Jakob zehn seiner Söhne nach Ägypten zum Einkauf. Benjamin, den Jüngsten, behält Jakob bei sich.

› Wie wird das ausgehen, wenn Josef, der zweithöchste Mann im ganzen ägyptischen Reich, die Bande wiedersieht, die ihn einst in der Grube verhungern und verdursten lassen wollte, ihn dann aber nach

Ägypten verkauft und dem Vater scheinheilige Lügen erzählt hatte? Wird er sie mit Schimpf und Schande davonjagen? Sie einsperren lassen? Sich grausam rächen? Sie genüsslich an die Träume erinnern, die er ihnen erzählt hatte, und die sich nun erfüllen?

› Er erkennt sie sofort, als sie sich nähern. Sie aber nicht ihn. Sie halten respektvoll Abstand und verneigen sich tief vor ihm – wie damals im Traum von den Garben. Und dass sie ihn nicht erkennen, liegt daran, dass er prachtvoll gekleidet und von einem Hofstaat umgeben ist wie die Sonne vom Mond und den Sternen – wie damals im Traum.

› Aber er denkt nicht daran, zu triumphieren, sondern fragt sich, während sie vor ihm knien: Wo ist Benjamin? Ob wohl mein Vater noch lebt? Wie geht es ihm?

› Schon ist er versucht, sich zu erkennen zu geben, aber etwas hält ihn zurück, etwas reizt ihn, erst mal ein Spiel zu spielen mit seinen Brüdern. Er will etwas herausfinden, darum verstellt er sich, tut so, als verstünde er ihre Sprache nicht und lässt einen Dolmetscher kommen. Und verdächtigt sie in barschem Ton der Spionage. »Ihr seid gar nicht wegen des Korns gekommen, sondern weil ihr unser Land auskundschaften wollt.«

› »Nein«, widersprechen sie, »wir sind zwölf Brüder eines Mannes in Kanaan, der jüngste ist bei seinem Vater geblieben, ein anderer nicht mehr vorhanden.«

› Aha, denkt er bei sich, der Vater lebt also noch, und Benjamin ist bei ihm. Aber zu den Brüdern sagt er: »Ich glaube euch nicht. Spione seid ihr.«

› »Nein, sind wir nicht.«

› »Gut, dann beweist es mir. Einer von euch soll zurückgehen und den jüngsten Bruder holen. Die anderen kommen hier nicht weg, bevor ihr mir euren jüngsten Bruder bringt.«

› Aber jetzt lässt er sie erst einmal alle zusammen ins Gefängnis werfen. Drei Tage lang. Danach geht er zu ihnen und sagt, dass er es sich anders überlegt habe. Nur einer soll hierbleiben, die anderen können zurückgehen. Korn können sie auch mitnehmen. Aber er will den jüngsten Bruder sehen.

› Es bleibt ihnen keine andere Wahl. Untereinander mutmaßen sie, ob das vielleicht die Strafe für ihr Verbrechen an Josef ist? Ruben empört sich: »Ich hatte es euch ja gesagt, aber ihr hattet nicht auf mich hören wollen.«

› Sie ahnen nicht, dass Josef versteht, was sie besprechen. Und es fällt ihnen nicht auf, dass er sein Gesicht abwendet, weil er weint. Danach lässt er Simeon festnehmen und schickt die anderen zur Korn-Ausgabe. Die Lagerarbeiter weist er an, die Säcke der Männer gut zu füllen, und das Geld, mit dem sie das Korn bezahlten, mit in die Säcke zu packen. Und sie sollen ihnen etwas zu essen für unterwegs mitgeben.

› Die neun Brüder Josefs bepacken ihre Esel und verlassen das Land in Richtung Heimat. Unterwegs in der Herberge öffnet einer einen Sack, um den Eseln Futter zu geben, und entdeckt das Geld. Es ist ihnen nicht wohl dabei.

› Zu Hause angekommen erzählen

sie Jakob alles und der ist untröstlich. Er will Benjamin nicht ziehen lassen. Er will nicht auch noch den zweiten Sohn seiner geliebten Rahel verlieren.

› Als sie die Säcke öffnen, sehen sie, dass in jedem Sack das Geld liegt, mit dem sie bezahlt hatten. Und erschrecken. Was hat das zu bedeuten? Ihr Gewissen ist zu belastet, als dass sie an einen glücklichen Zufall oder an irgendetwas Gutes, Verheißungsvolles glauben können.

› Und dann ist da noch die Frage: Sollen wir mit Benjamin nach Ägypten ziehen? Was, wenn nicht? Was wird dann aus Simeon?

› Jakob weigert sich strikt, Benjamin nach Ägypten zu schicken. Wer weiß, was die Ägypter dort mit ihm anstellen, und ob er ihn jemals wiedersehen wird.

› Aber als alle Kornvorräte aufgebraucht sind und noch immer Hunger herrscht, schickt er seine Söhne schließlich doch. Mit Benjamin. Und mit Geschenken und der doppelten Summe Geldes, das in den Säcken war.

Der Bruder-Test

4 › Josef lässt die verängstigten Brüder in sein Haus führen, als sie sich zurückmelden. Das verheißt nichts Gutes, denken sie. Wahrscheinlich ist es wegen dem Geld in unseren Säcken. Sie werden uns des Diebstahls bezichtigen und uns zu ihren Sklaven machen.

› Daher versuchen sie dem Hofmeister zu erklären, dass sie das Geld dabeihaben und sich nicht erklären können, wie es in ihre Säcke gelangt ist. »Schon in Ordnung«, antwortet der Hofmeister, »macht euch keine Sorgen, darum geht es nicht.« Noch immer ängstlich folgen sie dem Hofmeister ins Haus, setzen sich an den für sie vorbereiteten Tisch und erwarten Josef.

› Als er kommt, stehen sie auf, fallen vor ihm nieder, überreichen ihm ihre Geschenke, aber Josef hat nur Augen für Benjamin. »Ist er das, euer Bruder Benjamin, euer Jüngster?«

› »Ja, das ist er.«

› Josef möchte ihn am liebsten umarmen, aber er beherrscht sich, verlässt den Raum, um allein seinen Tränen freien Lauf zu lassen. Er wischt sie ab, wäscht sich, kehrt zurück und lässt das Essen auftragen. Benjamin wird fünfmal mehr aufgetragen als den anderen, aber auch sie kommen nicht zu kurz. Der Wein fließt reichlich. Die Stimmung lockert sich. Ihre Mienen hellen sich auf. Sie werden fröhlich und fassen neue Zuversicht.

› Josef hatte unterdessen angeordnet, die Säcke wieder zu füllen, wieder das Geld mit hineinzulegen, in den Sack des Jüngsten aber Josefs silbernen Becher hineinzupacken.

› Am nächsten Morgen lässt man die elf Brüder mit ihren voll bepackten Eseln ziehen. Sie sind noch nicht sehr weit gekommen, als Josef seinem Hofmeister befiehlt, ihnen mit seinen Leuten nachzujagen, ihre Säcke zu öffnen und seinen silbernen Becher zu suchen.

› Die Brüder sind völlig perplex, als sie hören, dass man sie des Diebstahls bezichtigt. »Das muss ein Irrtum sein. Bitte, durchsucht unsere Kleider, öffnet unsere Säcke, und überzeugt euch, dass wir nichts gestohlen haben.«

› Der Hofmeister öffnet die Säcke, fängt mit dem des Ältesten an und öffnet zuletzt Benjamins Sack, wo er den Becher findet. Die Brüder fassen es nicht. Sie werden wieder zurückgebracht zu Josef. Der spielt den Wütenden: »Wieso habt ihr mich bestohlen? Der Mann, bei dem der Becher gefunden wurde, muss hierbleiben und mir als Knecht dienen. Die anderen können zurückkehren zu ihrem Vater.«

› Nun ist Josef gespannt, wie sie reagieren werden. Werden sie sagen, na gut, dann bleibt Benjamin eben hier, ein weiterer Liebling des Vaters weniger. Er wird heftig weinen, aber vielleicht irgendwann auch mal froh darüber sein, dass er wenigstens uns noch hat.

› Nein, so reagieren sie nicht. Juda tritt hervor und sagt: »Bitte nicht. Bitte nicht Benjamin. Sein Vater wird vor Kummer sterben, wenn wir ohne ihn zurückkehren. Nimm mich an seiner Stelle. Ich will hierbleiben und dir als Knecht dienen, aber Benjamin lass bitte zu seinem Vater zurückkehren.«

› Da hält es Josef nicht mehr aus. Er schickt seine Bediensteten hinaus, damit er mit seinen Brüdern allein ist. Dann sagt er: »Erkennt ihr mich denn noch immer nicht? Ich bin Josef, euer Bruder, den ihr nach Ägypten verkauft habt. Aber ich trage euch das nicht nach, weil ich erkannt habe, dass dies notwendig war, um euch zu retten. Es war Gott, der mich nach Ägypten geführt und euch nur als Werkzeug benutzt hat. Dies ist das zweite Jahr der Hungersnot und es stehen noch fünf weitere Jahre des Hungers bevor. Ich musste nach Ägypten kommen, damit ihr nicht verhungert. Darum geht jetzt heim zu unserem Vater, erzählt ihm alles, und dann kommt mit ihm und der ganzen Verwandtschaft zu mir, um hier eine neue Heimat zu finden.«

› Der Pharao, der das hörte, war damit einverstanden und versprach, Josefs Familie das Land Gosen zu geben. Und so geschieht es. Die ganze Familie, insgesamt 70 Menschen, zieht nach Ägypten, wird dort freundlich vom Pharao empfangen, bekommt das Land Gosen und lebt dort sicher und geborgen in großem Wohlstand.

› Der alte Jakob, der fühlt, dass es bald zu Ende geht, hat noch eine Bitte an Josef: »Wenn ich sterbe, möchte ich nicht in Ägypten begraben werden, sondern bei meinen Vätern liegen.« Josef schwört, ihm diese Bitte zu erfüllen. Und so geschieht es auch, als Jakob stirbt und seine Söhne segnet.

› Die zwölf Stämme Israels leben nun in Ägypten, vermehren sich, bleiben dort auch, als Josef stirbt, aber leben abgesondert von den Ägyptern, denn sie beten den Gott ihrer Väter an und nicht die fremden Götter Ägyptens. Ungefähr 400 Jahre lang ging das so, dann änderten sich die Zeiten.

EXODUS – URGESCHICHTE ALLER BEFREIUNGSBEWEGUNGEN UND GRÜNDUNGSMYTHOS DES VOLKES ISRAEL

Ein neuer Pharao versklavt das Volk Gottes

1 › Die ägyptischen Pharaonen regierten ihr Land. Ihre Namen und Persönlichkeiten wechselten, aber keiner nahm Anstoß, dass da mitten in ihrem eigenen Land, in Gosen, ein Volk lebte, das einen eigenen Gott anbetete, eigene Bräuche hatte, und sich nicht mit den Ägyptern vermischte. 400 Jahre lang lebten Abrahams, Jakobs, Isaaks und Josefs Nachkommen in Frieden mit den Ägyptern und wuchsen dort zu einem großen Volk heran – zu einem zu großen Volk, wie ein neuer ägyptischer König plötzlich dachte, der nichts mehr wusste von Josef. Dem Neuen wurde dieses fremde Volk, das da mitten in seinem Land lebte und sich vermehrte, plötzlich unheimlich. Was ist, wenn sie sich immer weiter vermehren und uns verdrängen? Was ist, wenn ein Krieg ausbricht, und sie schlagen sich auf die Seite des Feindes?

› Diese Fragen hatten den neuen Pharao so beunruhigt, dass er die 400-jährige ägyptische Toleranzpolitik von einem Tag auf den anderen grundlegend änderte. Ich muss dieses Volk klein halten, dachte er, und ordnete an, Josefs Nachkommen zu Sklavendiensten heranzuziehen. Also wurden sie als Zwangsarbeiter für den Bau der Städte Pithon und Ramses abkommandiert. Die schwere Arbeit, die dort zu verrichten war, wird die Fruchtbarkeit dieses Volkes senken, dachte der Pharao.

› Aber er irrte sich. Das Volk wuchs weiter. Der Pharao erhöhte den Druck. Immer schwerere Arbeit auf dem Bau und auf den Feldern bürdete er ihm auf, immer weniger Pausen gönnte er ihm, aber es nützte alles nichts. Das Volk wuchs weiter.

› Der Pharao ließ zwei israelitische Hebammen rufen, Siphra und Pua, und befahl ihnen, die neugeborenen Söhne der Israeliten zu töten. Nur die Mädchen durften am Leben bleiben. Aber die Hebammen sabotierten dieses Vorhaben und redeten sich vor dem Pharao damit heraus, dass die Israeliten »harte Weiber« seien. Ehe eine Hebamme zu ihnen kommt, haben sie schon geboren.

› Da erließ der Pharao ein Gesetz, das besagte, dass alle neugeborenen Söhne Israels ins Wasser geworfen werden müssen. Und ordnete an, dass die strikte Einhaltung des Gesetzes von seinen Beamten zu überwachen sei.

Die Rettung des künftigen Retters Mose

2 › Ägypten, das Land, das einst die Rettung des Volkes Israel bedeutete, ist plötzlich zu einer lebensbedrohenden Gefahr geworden. Die Knechtschaft war hart, aber zu bewältigen. Dass aber jeder neugeborene Sohn von den Ägyptern in den Nil geworfen wurde, das war unerträglich, das bedeutete auf längere Sicht die Auslöschung des noch jungen Gottesvolkes.

› In dieser ausweglosen Lage keimte erstmals so etwas wie Widerstand auf. Eine Israelitin, die einen Sohn gebar, wollte sich nicht damit abfinden, dass man ihr Kind umbringt, und versteckte es daher vor den ägyptischen Kindstötern. Drei Monate lang.

› Dann wurde ihr klar, dass sie es nicht auf Dauer vor den Ägyptern verbergen konnte. Auch musste sie damit rechnen, dass andere Mütter, deren Kinder ermordet wurden, es nicht ertragen können, dass da eine ihr Kind zu retten versucht und damit vielleicht alle anderen in Gefahr bringt. Man kennt ja die Willkür und Grausamkeit des ägyptischen Herrschers. Was wird er tun, wenn er merkt, dass sich eine Frau aus diesem Volk seinen Anordnungen widersetzt?

› Aber was soll die Mutter tun, die in diesen drei Monaten ihr Kind lieb gewonnen hat. Es jetzt den Mördern ausliefern? Unvorstellbar. Also baut sie in ihrer Verzweiflung ein Körbchen aus Schilf und Pech, legt das Kind hinein und setzt es im Nil aus, hoffend, dass es in seinem Körbchen mit der Strömung des Flusses irgendwohin getragen wird, wo es jemand findet und sich seiner erbarmt.

› Die ältere Schwester dieses Kindes schaut aus einer gewissen Entfernung auf das Körbchen, um zu sehen, wie es vom Strom fortgetragen wird, wohin es treibt. Und sieht die Tochter des Pharaos kommen, die mit ihren Zofen im Fluss baden will. Sie hören etwas, gehen dem Geräusch nach und entdecken ein Körbchen mit einem weinenden Kind.

› Die Pharaonentochter erkennt sofort, dass es ein israelitisches Kind ist, aber ist gerührt und voller Mitleid. Während sie noch überlegt, ob ihr Vater ihr erlauben würde, das Kind zu sich zu nehmen, fasst sich die aus der Ferne zusehende Schwester ein Herz, geht zur Pharaonentochter und bietet an, eine Amme zu holen, die das Kind stillen könnte.

› »Ja, mach das«, sagt die Pharaonentochter hocherfreut. Und so geschieht es. Die Schwester rennt zurück zu ihrer Mutter und rennt mit ihr wieder hin zur Pharaonentochter und sagt: »Hier, diese Frau kann das Kind eine Weile stillen, bis es entwöhnt ist.«

› So werden der Mutter und ihrem Kind noch ein paar weitere gemeinsame Monate geschenkt, aber danach muss sie das Kind an die Pharaonentochter abgeben, schweren Herzens, aber doch getröstet darüber, dass es leben wird.

› Der König war offenbar einverstanden, denn die Pharaonentochter adoptierte den kleinen Jungen. Sie nannte ihn Mose, was so viel heißt wie »Ich habe ihn aus dem Wasser gezogen.«

Ein Mann des gerechten Zorns

3 › Mose wächst nun am Königshof heran. Was er dort erlebt, wird nicht erzählt. Er wird wohl eine erstklassige Ausbildung und Erziehung bekommen haben. Aber davon schweigt die Bibel. Sie setzt erst wieder ein, als Mose erwachsen ist.

› Und da kommt sie mit einer sehr bemerkenswerten, ja höchst erstaunlichen Geschichte: Der zu einem kräftigen jungen Mann herangereifte Mose sieht, wie ein Ägypter einen »seiner Brüder« schlägt. Mose weiß also offenbar, dass er kein Ägypter, sondern ein Israelit ist. Und Mose gerät darüber so in Zorn, dass er den Ägypter erschlägt und ihn im Sand verscharrt.

› Kurz danach sieht Mose zwei Israeliten miteinander streiten und raufen und stellt den, der offenbar im Unrecht ist, zur Rede: »Warum schlägst du deinen Nächsten?« Und erhält zur Antwort: »Tust du das?« Und erhält zur Antwort: »Du spiel dich mal nicht so auf. An deiner Stelle würde ich vorsichtig sein. Oder willst du mich auch umbringen, wie du den Ägypter umgebracht hast?«

› Da wusste Mose: Ich bin gesehen worden. Wer weiß, wer es noch gesehen hat? Wer weiß, ob es sich nicht schon herumgesprochen hat? Und tatsächlich: Der Pharao erfuhr davon und ließ nach Mose suchen.

› Daher flieht Mose und versteckt sich im Lande Midian in der Nähe eines Brunnens, wo die Frauen Wasser schöpfen und die Hirten ihr Vieh tränken. Dort wird Mose abermals Zeuge eines Vorfalls, der gegen seinen Gerechtigkeitssinn verstößt. Die sieben Töchter des Priesters von Midian kamen, um Wasser zu schöpfen und die Schafe ihres Vaters zu tränken, wurden aber von Hirten vertrieben, die es eilig hatten und ihr Vieh tränken wollten. Da griff Mose ein und half den Töchtern, die Schafe ihres Vaters zu tränken.

› Zu Hause erzählten die Frauen ihrem Vater von dem Vorfall, und der fragte tadelnd, warum sie den Mann, der ihnen geholfen hatte, nicht mit nach Hause gebracht und zum Essen eingeladen haben. Also holten sie ihn. Der Priester von Midian schloss Freundschaft mit Mose und gab ihm nach einiger Zeit seine Tochter Zippora zur Frau, die ihm einen Sohn gebar, den sie Gerschom nannten.

› Mose bleibt nun viele Jahre – es wird nicht gesagt, wie viele – in Midian und hütet die Schafe seines Schwiegervaters. Es ist bemerkenswert, dass Mose, der immerhin einen Ägypter erschlagen hat, in all den Jahren von niemand zur Rechenschaft gezogen wird. Und nicht einmal Gott stellt ihn zur Rede oder macht ihm Vorhaltungen.

› Unterdessen stirbt in Ägypten der König. Aber das Schicksal des Volkes Israel bessert sich nicht. Es leidet weiter unter der Sklaverei und schreit und klagt so laut, dass Gott es hört. Und darum wird es ab jetzt spannend, denn nun sollen Freiheit und Gerechtigkeit durchgesetzt werden gegen die scheinbar unumstößliche Allmacht des als Gottkönig verehrten ägyptischen Pharao. Mose soll das machen, ein Totschläger, im Auftrag und mit der Unterstützung des Gottes Abrahams, Isaaks und Jakobs.

› Der erste Sklavenaufstand, die erste Revolution der Weltgeschichte bahnt sich nun an. Und wie das bei Revolutionen so ist – es wird Blut fließen.

Die unheimliche Stimme aus dem brennenden Dornbusch

4 › Noch lebt Mose in Midian und hütet dort die Schafe. Aber dann ändert sich das ruhige, gleichförmige, ereignisarme Leben des Schafhirten von einem Tag zum andern. Nicht nur sein Leben ändert sich, kurz danach wird sich das Leben eines ganzen Volkes ändern und das wird Folgen haben für die ganze Welt.

› Mose ist mit seinen Schafen auf dem Berg Horeb unterwegs. Plötzlich sieht er ganz in seiner Nähe Feuer. Da brennt ein Dornbusch. Aber der verbrennt nicht. Mose geht näher an das seltsame Phänomen heran, um zu sehen, ob er sich vielleicht täuscht. Aber nein: Der Dornbusch bleibt tatsächlich einfach bestehen, während das Feuer immer weiter brennt.

› Die Sache ist ihm unheimlich und wird ihm noch unheimlicher, als er auch noch eine Stimme aus dem Feuer hört. Ein heftiger Schreck fährt ihm durch die Glieder.

› »Mose, Mose«, ruft die Stimme, »bleib stehen, zieh deine Schuhe aus, denn du stehst auf heiligem Land! Hör zu: Ich bin der Gott Abrahams, Isaaks und Jakobs.«

› Mose hält sich die Hände vors Gesicht, denn er fürchtet sich, Gott anzuschauen. Der redet weiter: »Ich habe gesehen, wie dein Volk in Ägypten leidet und gequält wird. Darum will ich ihm helfen. Ich will es herausführen aus Ägypten in ein gutes, weites Land, in dem Milch und Honig fließen.«

› Dann schickt Gott Mose zurück zu seinem Volk nach Ägypten. Dort soll er berichten, was Gott ihm gesagt hat, und er soll auch zum Pharao gehen und verlangen, dass er das Volk ziehen lässt.

› Gott hatte sich Mose offenbart als der Gott seines Volkes, der Gott seiner Väter Abraham, Isaak und Jakob. Deshalb bezeichnet man Judentum und Christentum als Offenbarungsreligion. Am Anfang geschieht etwas, was dann nie wieder geschehen wird. Gott selbst erscheint einem Menschen und offenbart sich ihm als Gott.

› Es ist ein Mythos, aber ein wirkmächtiger, wie wir heute wissen.

Mose hat Angst, Gottes Auftrag zu erfüllen

5 › Natürlich sagt Mose nun nicht einfach: Ja, ich werde tun, was du mir gesagt hast.

› Man stelle sich vor: Eine fremde Stimme aus einem Feuer spricht zu einem Ziegenhirten, erzählt ihm alles Mögliche und sagt ihm, er solle einen Aufstand anzetteln in dem Land, in dem er vielleicht noch immer als Mörder gesucht wird. Da denkt man zunächst automatisch: Ich? Warum gerade ich? Auf keinen Fall.

› Und überhaupt: Wie soll das gehen? Wie stellt dieser Gott sich das vor? Da kehrt einer, den kaum noch jemand kennt, zurück, und sagt: Ich komme im Auftrag eures Gottes und soll euch aus Ägypten führen. – Wie werden die reagieren? Da werden doch vermutlich als Erstes jene zwei Israeliten, die gesehen haben, wie ich den Ägypter erschlug, aufstehen und sagen, bist du nicht der, der den Ägypter erschlagen hat?

› Die anderen werden, wenn sie sehr gutwillig sind und mir nicht gleich den Vogel zeigen und mich davonjagen, zumindest fragen: Warum sollen wir dir das glauben?

› Genau an dieser Stelle beginnt das Gespräch zwischen Gott und Mose. Mose fragt völlig logisch: »Sie werden mir nicht glauben. Warum sollten sie?« Wahrscheinlich ist es sogar so, dass Mose selbst noch nicht ganz glaubt, was er gehört hat.

› Daher macht er nun Bekanntschaft mit diesem unheimlichen Gott. Der sagt ihm: »Was ist das, was du da in deiner Hand hast?«

› Mose antwortet: »Mein Hirtenstab.«

› Gott sagt: »Wirf ihn auf die Erde.«

› Mose wirft seinen Stab weg, und augenblicklich verwandelt er sich in eine Schlange, und Mose flieht vor ihr.

› Da sagt Gott: »Strecke deine Hand aus und pack die Schlange am Schwanz.«

› Mose tut es, und da wird die Schlange wieder zum Stab in seiner Hand.

› Nun sagt Gott, Mose solle seine Hand durch seine Hemdöffnung stecken und an seine Brust legen. Er tut es, und als er die Hand wieder herauszieht, ist sie von Geschwüren und eiternden Beulen überzogen.

› Gott sagt, er solle die Hand wieder an seine Brust legen. Mose tut es, und die Hand ist wieder gesund.

› Eigentlich sollte das reichen, sagt Gott. Wenn Mose dem Volk diese zwei Sachen zeige, werde es ihm glauben. Falls aber doch nicht, dann solle er Wasser aus dem Fluss nehmen und es auf das trockene Land gießen. Das Wasser werde dann zu Blut werden. Das sollte dann aber endgültig reichen, um das Volk zu überzeugen.

› Aber Mose ist diese Sache noch immer unheimlich. »Ich bin ein schlechter Redner«, sagt er, »ich stottere. Warum sollte das Volk auf einen Stotterer hören«?

› Jetzt wird Gott allmählich ungehalten und fragt: »Was glaubst du, wer dem Menschen den Mund geschaffen hat? Ich war das. Also vertrau mir endlich. Ich werde schon dafür sorgen, dass du das Richtige sagst, und dass du es gut und verständlich sagst.«

› Mose hört das, aber er glaubt es nicht. »Nimm, wen du willst, aber nicht mich«, antwortet Mose.

› Gott macht ihm ein Angebot: »Dein Bruder Aaron ist ein guter Redner. Er wird für dich sprechen. Sage ihm einfach, was er sagen soll, und er wird es tun.«

› Nun fallen Mose keine weiteren Ausflüchte mehr ein. Er spürt auch, dass er Gottes Geduld nicht überstrapazieren sollte. Also willigt er ein und kehrt zurück nach Ägypten. Dort macht er es, wie mit Gott abgesprochen: Mose lässt seinen Bruder Aaron für sich sprechen. Und zu seiner Beglaubigung demonstriert Mose die wundersamen Kunststücke, die ihm Gott beigebracht hatte. Mit Erfolg.

Der erste Sklavenaufstand der Weltgeschichte beginnt

6 › Was jetzt kommt und sich in der Bibel über viele Kapitel erstreckt, ist der erste Freiheitskampf von Unterdrückten und zugleich der erste Höhepunkt des ganzen Alten Testaments und der Bibel: Sklaven stellen die Sklavenfrage. Und die lautet: Wer sagt eigentlich, dass es Unterdrücker und Unterdrückte geben muss? Wo steht geschrieben, dass Sklaverei als etwas Naturgegebenes anzuerkennen sei? Zum ersten Mal weigern sich Sklaven, ihr Schicksal als etwas Unveränderliches hinzunehmen. Zum ersten Mal verlangen Sklaven etwas, wofür es noch keine Worte gibt: Freiheit. Gerechtigkeit. Gleichheit. Würde. Es wird noch lange dauern, bis die Worte dafür gefunden werden. Aber die Sache, die mit diesen Worten einst bezeichnet werden wird, die soll jetzt beginnen.

› Und sie beginnt klein, fast kläglich, ja jämmerlich, und das kann auch gar nicht anders sein, denn woher sollen Sklaven wissen, wie man sich Freiheit verschafft? Dafür fehlte dem Volk jede Erfahrung. Gott hat zwar gesagt, er wolle sein Volk aus Ägypten führen, aber noch glaubt nicht einmal Mose so richtig daran, denn er weiß: Niemals wird der Pharao so viele billige Arbeitskräfte einfach aus seinem Land ziehen lassen.

› Das hat es noch nie gegeben. Bisher ist schon auf jeden, der sich der Sklaverei entziehen wollte, die Peitsche niedergesaust. Besonders Widerspenstige wurden in ein dunkles Verlies geworfen, wo sie halb verdursteten und verhungerten, oder sie wurden gleich erschlagen.

› Was Mose sich daher im günstigsten Fall vorstellen kann, ist eine Linderung der Sklaverei. Mal drei Tage freihaben, um sich zu besprechen und so etwas wie einen Plan zu entwickeln. Auch das hat es noch nie gegeben. Aber Mose unternimmt jetzt zumindest einmal einen Versuch. Große Hoffnungen knüpft er nicht daran.

› Er geht also zum Pharao und bittet, mit seinem Volk drei Tage in der Wüste ein Fest zu Ehren seines Gottes feiern zu dürfen. Drei Tage nur, dann werde man zur Arbeit zurückkehren, eine Art Pausenregelung wird erbeten – nicht gerade eine unverschämte Bitte. Aber natürlich naiv.

› Der königliche Machtmensch kennt das alte Herrschermotto: Reichst du dem Volk den kleinen Finger, will es gleich die ganze Hand. Und darum: Abgelehnt. Ein Volk, das nicht von morgens bis abends unter Aufsicht steht und mit Arbeit geknechtet wird, kommt nur auf dumme Gedanken. Jeder Herrscher weiß das. Daher greift der Pharao zu einem bewährten Mittel der uralten Herrschaftstechnik: Aufmüpfigkeit im Keim ersticken. Daumenschrauben anziehen. Heißt: Verschärfung der Knechtschaft für Israel.

› Israel arbeitet auf dem Bau. Ziegel herstellen aus Stroh und Lehm, schwere Steine schleppen, Steine mit Hammer und Meißel bearbeiten. An jedem Tag von morgens bis abends. Alles unter der sengenden Sonne Ägyptens. Unter den Augen von Aufsehern, die vorschreiben, wie viele Ziegel pro Tag zu fertigen sind, und die die Peitsche schwingen, wenn die Erreichung des Ziels gefährdet erscheint.

› Das Stroh, das zur Fertigung der Lehmziegel benötigt wird, ist den Sklaven bisher von anderen Sklaven gebracht worden. Jetzt sollen die aufmüpfigen Arbeiter sich ihr Stroh selber holen. Aber dieselbe Zahl fertiger Ziegel pro Tag abliefern. Das Volk stöhnt auf, als ihm das erstmals abverlangt wird.

› Und es geschieht, was der Pharao längst einkalkuliert hat: Sie werden Mose die Schuld dafür geben.

› Genauso kommt es. Das Volk überschüttet Mose mit Vorwürfen. Das mit den drei freien Tagen, das war deine Idee. Eine blöde Idee. Nun zahlen wir dafür. War doch von Anfang an klar.

› Der gemeinsame Wille ist gebrochen, kaum dass er sich einmal gezeigt hat.

Die Machtprobe – ein Volk kämpft um seine Freiheit

7 › Was soll Mose tun, wenn sein wankelmütig-ängstliches Volk gleich bei der ersten Schwierigkeit resigniert und seine Aggression gegen ihn richtet, den Befreier, statt gegen den Unterdrücker?

› Mose geht zu Gott. Erzählt ihm alles.

› Aber der hat längst einen Plan. »Geh wieder zum Pharao«, sagt er Mose, »und jetzt verlange mehr. Nicht einfach nur drei freie Tage, sondern Freiheit.«

› »Aber was soll das?«, fragt der entgeisterte Mose. »Er hat schon auf die kleine Bitte um drei freie Tage mit drakonischen Maßnahmen regiert. Was wird er sich erst einfallen lassen, wenn ich ihm mit so einer Zumutung komme?«

› »Nun«, antwortet Gott, »wir haben auch unsere Mittel. Du wirst deinen Stab über den Nil ausstrecken, und der ganze Fluss wird sich in Blut verwandeln, auch seine Zuflüsse, die Bäche und Seen, das Wasser in den Sümpfen und das Wasser in Zisternen. Die Fische darin werden sterben. Blut und Fische werden verwesen unter der Sonne und das ganze Land mit Gestank erfüllen.«

› So geschah es. Sieben Tage lang war das ganze Land ohne Wasser. Sieben Tage lang war Ägypten erfüllt von bestialischem Gestank.

› Nur: Der Pharao zeigt sich unbeeindruckt. Das stehe ich durch, dachte er bei sich. Das werden wir ja sehen, wer den längeren Atem hat.

› »Ja genau, das werden wir sehen«, sagte Gott zu Mose. »Geh wieder zum Pharao und sage ihm, wenn er sich weiterhin weigert, dein Volk ziehen zu lassen, wird sein Gott Frösche regnen lassen auf Ägypten.«

› Mose tat, wie ihm befohlen. Der Pharao lehnte ab, natürlich. Nun streckte Aaron seinen Stab, und die Gewässer füllten sich mit Fröschen, die in die Häuser krochen. Sie füllten jedes Zimmer, krochen in die Backöfen und die Teige, über Lebensmittel und über die Ägypter und bedeckten das ganze Land.

› Da endlich zeigte sich der Pharao zum ersten Mal verhandlungsbereit, aber natürlich nur zum Schein, um Zeit zu gewinnen. Er bot an, dem Volk Israel drei Tage freizugeben, damit es seinem Gott opfere. Aber zuvor muss die Froschplage aufhören.

› Die Froschplage hörte auf. Die Frösche starben, wurden zu großen Haufen zusammengekehrt und verwesten. Abermals erfüllte bestialischer Gestank das ganze Land. Aber kaum hatte sich der Gestank verflüchtigt, änderte der Pharao seinen Sinn. Nichts da mit den freien Tagen. An die Arbeit!

› Die nächste Plage wurde fällig. Stechmücken. Zu Millionen befielen sie die Menschen und das Vieh. Aber der Pharao gab nicht nach.

› Noch einmal ließ Gott Menschen und Tiere unaufhörlich von stechenden Insekten plagen. Wieder ging der Pharao zum Schein auf die Forderung nach drei freien Tagen ein, und abermals brach er sein Wort, als die Stechmückeninvasion aufgehört hatte.

› Nun schlug Gott das Vieh der Ägypter mit einer Seuche. Die Pferde, die Kühe, die Schafe, die Esel und die Kamele wurden von ihr dahingerafft und starben. Das Vieh Israels dagegen wurde davon verschont, wie das Volk auch schon von den anderen Plagen verschont wurde.

› Nützte aber nichts. Der Pharao gab nicht nach. Also schickte Gott die Pocken. Alle Ägypter wurden davon befallen, und der Rest der Tiere, die die vorhergehenden Plagen überlebt hatten. Wieder lag der Gestank von Tod und Verwesung über dem Land. Aber der Pharao blieb hart.

› Gott ließ, es hageln, donnern und blitzen. Die ganze Ernte wurde vernichtet unter dem Hagel und die Blitze fuhren in Bäume, Häuser und Ställe und ließen sie brennen.

› Der Pharao ließ wieder mit sich

reden. Aber nur, bis das Unwetter vorbei war. Gott schickte Schwärme von Heuschrecken, so viele, dass es finster wurde mitten am Tag.

› Nützte nichts. Kaum waren die Heuschrecken verschwunden, fühlte sich der Pharao wieder obenauf, weigerte sich, Moses Volk ziehen zu lassen. Gott schickte drei Tage Finsternis. Ohne Erfolg.

› Die letzte, die zehnte Plage war fällig.

Showdown

8 › Die letzte, die zehnte Plage, die jetzt kommen muss, wird zur Abrechnung mit jenem Pharao, der einst angeordnet hatte, jeden männlichen Neugeborenen des Volkes Israel zu töten. Jetzt dreht Gott den Spieß um. Jetzt kommt die Nacht, in der sich das Schicksal der Sklaven wenden wird, die große Nacht des Volkes Israel, die ihm ins Gedächtnis eingraviert wurde, an die es sich seitdem in jedem Jahr erinnert, bis heute.

› Um Mitternacht will Gott durch Ägypten gehen, und alle Erstgeborenen sollen sterben, vom ersten Sohn des Pharao an bis zum ersten Sohn der Magd und dem ersten Sohn des Gefangenen im Gefängnis und alle Erstgeborenen unter dem Vieh.

› Damit aber die Erstlinge des Volkes Israel verschont werden, müssen sie ein Zeichen setzen. Jede Familie soll ein Lamm schlachten und mit dessen Blut die Türpfosten bestreichen am Eingang ihres Hauses. Dann sollen sie das Lamm essen, zusammen mit ungesäuertem Brot und mit bitteren Kräutern. Daraus ist das Passah-Fest hervorgegangen, das die Juden in aller Welt bis heute feiern.

› Ungesäuert mussten die Brote sein, weil man sie sofort backen kann. Ein Volk, das herausgerissen wird aus seinem Alltag, um aufzubrechen ins Ungewisse, hat keine Zeit mehr zu warten, bis Sauerteig den ganzen Teig durchzogen hat. Es muss alles stehen und liegen lassen, um dann, wenn die Stunde gekommen ist, das Alte abzuschütteln und das Neue zu wagen.

› Diese Stunde kam um Mitternacht. Da begann das große Sterben unter den Erstgeborenen der Ägypter. Auch den erstgeborenen Sohn des Pharao traf es, die Erstgeborenen seiner hohen Beamten bis hinunter zu den Erstgeborenen der Gefangenen in den Gefängnissen. Keine einzige ägyptische Familie wurde verschont und sogar die Erstgeburten der Rinder, Schafe und Ziegen fielen tot um in den Ställen.

› Nun erleben wir den Pharao zum ersten Mal erschüttert. Plötzlich hat er Angst. Denn erschüttert, aber vor allem zornig und verzweifelt sind auch seine Beamten und das ganze Volk. Deren Zorn richtet sich nun gegen ihn. Denen reicht es jetzt, und die Israeliten sind ihnen längst unheimlich geworden.

Es kommt zum Aufstand gegen den Pharao. Er wird aufgefordert, die Israeliten endlich ziehen zu lassen, noch heute, so schnell wie möglich, damit endlich wieder Ruhe einkehrt im Land.

› Der König lässt Mose und Aaron rufen und sagt endlich das ersehnte Wort: »Geht.«

› Und sie gingen. 600.000 Mann, Frauen und Kinder nicht gerechnet, verließen Ägypten. Mit ihrem Vieh und mit Kleidern, Gold und Silber von den Ägyptern, das diese ihnen freiwillig gaben, damit sie nur endlich das Land verlassen, zogen sie aus dem Land, in das die 70-köpfige Familie ihres Stammvaters Jakob 433 Jahre zuvor von Josef geholt worden war.

› Noch einmal legt Gott Mose und Aaron eindringlich ans Herz, dass sie diesen Tag nie vergessen sollen. Und wenn sie dann in dem Land, in das er das Volk nun führen wird, angekommen sein werden, sollen sie einmal im Jahr sieben Tage lang ungesäuertes Brot essen und ihren Kindern sagen, warum sie das tun: Weil der Herr uns mit mächtiger Hand aus der Knechtschaft, aus Ägypten geführt hat.

› Daraufhin zog der Befreier vor ihnen her, am Tag in einer Wolkensäule, in der Nacht in einer Feuersäule.

Die letzte Nervenprobe

9 › Kaum waren die Israeliten fort, reute es den Pharao, dass er sie hat ziehen lassen. Die Arbeitskraft dieses Volkes fehlt ihm nun. Ersatz wird nicht so schnell zu beschaffen sein. Also nahm er seinen Entschluss zurück. Jagt ihnen nach, befiehlt er seinen Generalen, treibt sie wieder zurück ins Land, zurück in ihre Häuser und an ihre Arbeitsplätze.

› Mit Ross und Wagen stürmte die Streitmacht des Pharao los. Bald schon kamen sie in die Nähe des Schilfmeers, des Ortes, wo das erschöpfte Volk lagerte. Als sie das Getrappel der Pferde hörten und die Truppen des Pharao in großem Tempo heranjagen sahen, brach Panik aus.

› Sofort meldeten sich die zu Wort, die von Anfang an Angst und Bedenken hatten und nur widerwillig aus Ägypten ausgezogen sind. »Warum hast du uns das angetan«, schrien sie Mose an, »hatten wir dir nicht gleich gesagt, dass das nicht gut gehen werde? Von Anfang an waren wir der Meinung, es sei besser, den Ägyptern zu dienen, als in der Wüste zu sterben. Und nun? Werden wir büßen müssen. Es wird uns schlimmer ergehen, als es uns jemals gegangen ist.«

› Mose bleibt nichts anderes übrig, als den Verzagten Mut zuzusprechen. Obwohl er selbst verzagt ist und Gott anruft. Der sagt Mose, was nun zu tun ist: »Halte deinen Stab übers Meer und es wird sich teilen. Ihr könnt trockenen Fußes durch die Wasserwände hindurchgehen.«

› So geschieht es. Das Meer teilt sich. Die Israeliten ziehen durch, aber als sie das rettende Ufer erreichen, stürmt auch schon die pharaonische Truppe heran, hinein in das geteilte Meer, auf dem trockenen Boden in Richtung Ufer, wo die Geflohenen die Reiter herankommen sehen und gleich wieder in Panik geraten.

› Da streckt Mose wieder seinen Stab aus und urplötzlich brechen die Wassermassen über den Soldaten zusammen und begraben sie und ihre Pferde samt dem schweren Kriegsgerät unter sich. Die Truppe ist verloren, das Volk Israel gerettet, endgültig in Freiheit. Ägypten ist Vergangenheit, die Zukunft offen.

Die große Freiheit, erkämpft mit Blut und Opfern

10› Das befreite Volk ist nun in der Wüste und feiert sein Davongekommensein, seine Rettung in letzter Minute. Mirjam, Aarons und Moses Schwester, die am Nil dafür gesorgt hatte, dass die Pharaonentochter den Jungen in dem Körbchen von einer israelischen Amme stillen lässt und verschwieg, dass die Amme die leibliche Mutter ist, nahm nun eine Pauke und stimmte ein Siegeslied an. Und alle Frauen folgten ihr mit Pauken im Reigen. Mirjam sang ihnen vor: »Lasst uns die herrlichen Taten unseres Gottes besingen; Ross und Mann hat er ins Meer gestürzt.«

› Gott hat sein Volk befreit, hat es, wie es später immer wieder heißen wird in der Bibel, aus dem »ägyptischen Sklavenhaus« geführt. Dafür ist er, wie ein Kriegsherr, bereit gewesen zu töten. Dafür hat er Elend und Not über die Ägypter gebracht, hat deren Erstgeburten getötet und die Soldaten des Pharao im Schilfmeer umkommen lassen. Und Moses und Aarons Schwester Mirjam hat das besungen.

Zwischenruf: Gott billigt also die Anwendung von Gewalt, ist sogar selbst ein Gewalttäter?

Als Christ wundert man sich vielleicht über diesen göttlichen Gewaltanwender, wie man sich schon zuvor gewundert hat, dass Mose einen Ägypter erschlägt, und Gott nicht nur seine schützende Hand über Mose hält, sondern ausgerechnet diesen Totschläger auch noch als den Führer seines Volkes bestimmt. Gott ist gewalttätig und erst Jesus, der Sohn, wird Gewaltlosigkeit predigen

Man kann das vielfach relativieren. Weginterpretieren kann man es nicht. Man kann sagen: Das Bild, das die Bibel von Gott zeichnet, entwickelt sich im Lauf der Zeit, wandelt sich. Damals, in der Zeit, in der die Mosegeschichten spielen – vielleicht 1.200 vor Christus –, hatte sich ein ohnmächtiges, unterdrücktes und geknechtetes Volk nach einem Befreier gesehnt und ihn in ihrem Gott gefunden. Dass er Gewalt anwenden musste, lag an der Halsstarrigkeit des ägyptischen Herrschers. Hätte er das Volk gleich ziehen lassen, wäre ihm und seinem Volk all das Leid erspart geblieben.

Man kann die Geschichte daher auch als Lehrbeispiel dafür lesen, was passiert, wenn ein Herrscher anderen die Freiheit raubt und darauf beharrt, dass die von ihm Beherrschten ihm für immer zu Diensten sein müssen. Dann werden die Unterdrückten irgendwann aufbegehren, sich wehren, notfalls mit Gewalt, und dann fließt eben Blut. Daraus kann man tatsächlich das Recht auf Gegenwehr und sogar eine Rechtfertigung des Tyrannenmords ableiten.

Hinzu kommt: Blut ist ja schon vorher geflossen, nur war es immer das Blut der Unterdrückten. Die wurden einfach erschlagen, geköpft, gehenkt, wenn sie nicht taten, wie irgendein Despot es wollte. Irgendwann wird daher das Blut des Despoten fließen müssen, damit die Willkürherrschaft aufhört. Insofern ist diese Geschichte die große, bis heute gültige Warnung an alle Diktatoren dieser Welt: Eure Herrschaft wird nicht ewig sein. Ihr werdet stürzen, der eine früher, der andere später, aber stürzen werdet ihr. Alle.

Man kann weiter anführen, dass in Wirklichkeit ja alles ganz anders war und diese Mosegeschichten keine historischen Berichte sind, sondern Mythen und Legenden. Weder Archäologen noch Althistoriker verfügen über Beweise, dass das alles genauso stattgefunden hat, wie es die Bibel erzählt. Allein diese Zahl 600.000. Dass da 600.000 Mann plus Frauen und Kinder in einer einzigen Nacht Ägypten verlassen – das wäre gewiss in den Aufzeichnungen der hochentwickelten Geschichtsschreibungen Ägyptens vermerkt worden.

Aber da findet sich nichts. Auch nichts über die zehn Plagen, nichts über die Tötung der Erstgeburten.

Es waren Priester, die diese Geschichte viel später, ungefähr 500 vor Christus, aufgeschrieben haben. Sie haben dabei die existenziellen Erfahrungen ihres Volkes verarbeitet, zu Literatur verdichtet und dabei eine Heldengeschichte geschrieben, die Geschichte eines Gottes, der sein versklavtes Volk aus der Sklaverei befreit hat.

Es ist der israelische Gründungsmythos.

Es bleibt aber die Tatsache: Die Verfasser von Texten, die wir heute als »Heilige Schrift« bezeichnen, haben im Namen ihres Gottes verkündet, dass ein Volk, wenn es seiner Freiheit und Würde beraubt wird, das Recht hat, sich zu wehren, notfalls mit Gewalt. In dieser Lesart sind die Mosegeschichten von bleibender Aktualität. Man kann Menschen nicht dauerhaft unterdrücken, irgendwann wehren sie sich, und dieses Recht, sich zu wehren, hat seine älteste Rechtfertigung im Alten Testament. Alle späteren Befreiungsbewegungen von der Französischen Revolution bis heute nahmen und nehmen sich dieses Recht auf Gegenwehr und finden die älteste Rechtfertigung dafür im Alten Testament. Man kann aus ihm ableiten: Gott ist mit denen, die gegen ihre Unterdrückung und für ihre Freiheit kämpfen.

Dennoch gibt es keinen christlichen Freibrief für Gewalt, denn Jesus hat später gesagt: *Wer zum Schwert greift, wird durch das Schwert umkommen.* Und: *Wenn dich einer auf die linke Backe schlägt, dann halte ihm auch die rechte hin.*

Damit wollte er der endlos sich in die Höhe schraubenden Spirale der Gewalt ein Ende setzen, denn Jesus war gedanklich schon einen Schritt weiter. Er wusste: Wenn Aufständische ihren Despoten davonjagen oder umbringen, dauert es nicht lange, bis sich der Anführer der Aufständischen zum nächsten Despoten entwickelt und alles wieder von vorn beginnt mit dem nächsten Aufstand und dem nächsten Despoten. Gewalt bringt immer wieder Gewalt hervor.

Dennoch: Die Urgeschichte seines Volkes vom Auszug aus Ägypten hat Jesus nie kritisiert, sondern als Teil seiner eigenen Geschichte gesehen und akzeptiert.

Und noch etwas ist wesentlich: Dass die biblischen Geschichten keine historischen Berichte sind, sondern Mythen, in denen existenzielle Erfahrungen zu Literatur verdichtet worden sind, wissen wir erst seit Beginn der Aufklärung. In der ganzen Zeit davor waren Juden wie Christen davon überzeugt, dass diese Geschichten wirklich passiert sind. Und viele Orthodoxe, Fundamentalisten und Evangelikale im Judentum und Christentum beharren noch heute darauf, dass es sich um historische Tatsachenberichte handle.

Dass sie irren, ist wissenschaftlich längst bewiesen, aber Wissenschaft wird von diesen Menschen nicht als Autorität anerkannt. Die Buchstaben ihrer »Heiligen Schriften« sind ihre Autorität, und das ist heute ein Riesenproblem, denn die Fundamentalisten aller drei abrahamitischen Religionen haben heute einen enormen – und gefährlichen – Einfluss auf die Weltpolitik, besonders in den USA, in Israel und in den muslimischen Staaten im Nahen Osten und im Iran.

Daher ist es wichtig, zu wissen, dass die Fundamentalisten aller Religionen ihre heiligen Schriften umso deutlicher verfehlen, je buchstabengetreuer – und vermeintlich gläubiger – sie diese alten Texte auslegen. Sie sind den Menschen nicht von Gott selbst als für alle Zeiten gültige Wahrheit überreicht worden. Jede Zeile, jedes Wort der heiligen Schriften ist von Menschen geschrieben worden, gewiss von klugen, lebenserfahrenen, nachdenklichen und gebildeten Menschen, in deren Schriften sich die Erfahrungen großer Gemeinschaften verdichteten. Aber sie haben lange vor uns gelebt und waren daher einem Weltbild verhaftet, das der damaligen Zeit entsprach, nicht der unsrigen.

Das macht diese alten Texte für uns nicht wertlos. Im Gegenteil. Wenn wir aus ihnen alles Zeitbedingte herausfiltern, stoßen wir zu jenen zeitlos gültigen Aussagen vor, die auch wir heute für uns noch fruchtbar machen können.

In der Wüste – frei, aber nicht glücklich

11 › Dort, wo die aus Ägypten Befreiten nach ihrem Zug durchs wundersam geteilte Meer das rettende Ufer erreicht hatten, begann zwar die Freiheit, aber auch die Wüste. Darauf waren sie nicht vorbereitet. Daher erfahren sie jetzt etwas, was nach ihnen schon jede erfolgreiche Freiheitsbewegung erfahren hat: Das erhoffte Glück stellt sich nicht ein. Stattdessen eher Enttäuschung, ja Depression.

› Für diese Erfahrung steht die Wüste. Wüste heißt: Hitze, Kälte, Hunger, Durst, Not, Angst, Gefahr, Entbehrung, Orientierungslosigkeit, Herumirren, Verzagtheit und: Nostalgie und Gedächtnisschwund. Plötzlich erscheint die Vergangenheit in der Sklaverei in verklärtem Licht, und die Freiheit in der Gegenwart als Last, von der man glaubt, dass sie nie mehr aufhören wird.

› Das ist jetzt die dem Volk Israel bevorstehende Erfahrung. Warum sollen wir uns dieses entbehrungsreiche Wüstenleben antun, fragen einige. Warum gehen wir nicht wieder zurück ins sichere Ägypten?

› Weil Gott uns in ein gelobtes Land führen wird, erwidern andere. Dort wird es besser sein als in Ägypten. Viel besser. Dort werden wir unsere eigenen Herren sein. Und es wird Milch und Honig fließen.

› Wie lange wird es dauern, bis wir da sind?

› Keine Ahnung.

› Kennt jemand den Weg?

› Nein.

› Oder doch, Mose kennt ihn, oder bekommt zumindest von Gott gesagt, wohin die Reise geht.

› Wie auch immer der Weg sein wird, er wird steinig sein, er führt durch die Wüste.

› Da müssen wir jetzt durch. Denn: Was wäre denn die Alternative? Rückkehr ins Sklavenhaus?

› Nein, das dann doch nicht. Das Volk bricht auf, marschiert entschlossen und hoffnungsfroh in die Wüste.

› Nach drei Tagen Durst ist der ganze Optimismus aufgebraucht und schlägt um in Katzenjammer. Keine einzige Wasserquelle haben sie gefunden während des Drei-Tage-Marsches. Dann kamen sie nach Mara, fanden Wasser, aber es schmeckte bitter, man konnte es nicht trinken.

› Sie murrten und beschwerten sich bei Mose. Wie immer. Wie sie es auch künftig immer tun werden. Lieber unfrei sein als hungrig und durstig, sagen sie, lieber in Sicherheit sein als in Freiheit, sich lieber von seinem Herrn sagen lassen, was zu tun ist, als eigenverantwortlich handeln, lieber wieder den altbewährten Göttern der Heiden vertrauen als dem neuen unbekannten Gott. In Ägypten war es besser. Mag es auch ein Sklavenhaus gewesen sein, so waren aber doch die Fleischtöpfe immer gut gefüllt.

› Mose tut daraufhin, was er immer tat und immer tun wird. Er ruft Gott um Hilfe. Der zeigt ihm ein Holz, das er ins bittere Wasser werfen solle. Mose wirft es ins bittere Wasser, da wurde es trinkbar und süß. Das Volk fasst wieder Mut und zieht weiter und findet Wasser, nur nichts zu essen, seit fünfzehn Tagen schon.

› Da murren sie wieder, beschimpfen Mose und sagen: »Wären wir doch in Ägypten geblieben, wo es Brot gab in Fülle. Du aber, Mose, musstest uns ja in diese Wüste führen, wo wir vor Hunger umkommen werden.«

› Gott kennt das Gejammer und Gemecker längst und sagt zu Mose: »Ich werde euch morgens Brot vom Himmel regnen lassen und abends Fleisch.« Und tatsächlich: Abends flogen Wachteln ins Lager, und morgens war der Boden mit kleinen runden Laiben bedeckt. Die Israeliten kannten das nicht.

› »Esst«, sagt Mose, »das ist das Brot, das uns Gott gegeben hat.« Es schmeckte wie Brötchen mit Honig. Sie nannten es Manna.

› So fassen sie wieder Vertrauen zu Mose, Gott und ihrer eigenen Lebensentscheidung, und so geht das nun eine Weile weiter: Schwanken zwischen Euphorie und Verzweiflung, Murren und Sehnsucht nach dem Sklavenhaus, wenn's ein Problem gab, Freude und Optimismus, wenn das Problem gelöst wurde.

› So lernte das Volk: Freiheit und Glück sind zweierlei. Freiheit ist kein Glücksversprechen, sondern eine Aufgabe, oft genug eine Last. Wer sich einer Zwangsherrschaft entledigt hat, muss mit einem neuen Zwang fertigwerden: dem Zwang, für sich selbst Verantwortung zu übernehmen und sein Leben in Freiheit zu gestalten. Das ist die Kehrseite. Ihr Lohn aber ist: Würde. Sein Schicksal selbst in die Hand zu nehmen und für sich selbst und andere Verantwortung zu übernehmen, darin zeigt sich die Würde eines freien Wesens.

› Allerdings: Das kann gründlich schiefgehen, so ein Leben in Freiheit. Jeder verfügt auch über die Freiheit, sich sein Leben aus Dummheit selbst zu vermasseln. Oder über die Freiheit, in einen neuen Käfig zu gehen, sich einem Herrscher zu unterwerfen, seine Sklavenmentalität zu behalten.

› Daher muss man lernen, von seiner Freiheit einen vernünftigen Gebrauch zu machen. Jeder darf zwar tun, was er will, aber nicht alles, was er tut, ist auch nützlich. Darum braucht die Freiheit eine Anbindung an die Vernunft, an das Recht, an Normen, an ein Wissen über das, was man tut und nicht tut, und an Werte, die unbedingt und für alle gelten müssen.

› Der Befreiung von etwas Altem muss die freiwillige Bindung an etwas Neues notwendig folgen. Das ist der nächste Schritt, den das Volk Israel jetzt gehen muss.

Frei für eine neue Bindung

12 › Drei Monate lang zieht das Volk durch die Wüste, mal verzagt, mal hoffnungsfroh, immer wieder die Vergangenheit verklärend, aber mindestens ebenso oft der Zukunft zugewandt. Während dieser Monate wird dem Volk bewusst: Wir haben uns zwar vom unwürdigen Dasein als Sklaven befreit, aber in einem bloßen Befreitsein von etwas Schlechtem kann man auf Dauer so wenig verharren wie in der Wüste. Man muss hindurch, um irgendwo anzukommen, wo es sich gut leben lässt.

› Die Befreiung von etwas ist nur ein Zwischenstadium, noch nicht die ganze Freiheit. Zur ganzen Freiheit gehört der nächste notwendige Schritt: die Freiheit zu etwas. Man muss daher vorwärts in eine neue, selbst gewählte, freiwillig eingegangene Bindung.

› Dafür macht sich das Volk innerlich bereit, als es sich dem Berg Sinai nähert. Dort, am Fuß des Berges, versammeln sich die Befreiten, lagern und konzentrieren sich auf das nächste große Ereignis ihrer noch jungen Geschichte.

› Zunächst steigt Mose auf den Berg, um zu erfahren, was Gott nun vorhat. Der sagt ihm, einen Bund will er schließen mit seinem Volk. Einen Eid will er ihm abnehmen, um es für immer an sich zu binden. Ebenso will er selbst sich für immer an sein Volk binden – aber nur, wenn sein Volk das auch will. Daher soll Mose nun wieder hinuntergehen und seinen Leuten die Größe und Ernsthaftigkeit des Vorhabens bewusst machen. Und sie fragen, ob sie sich darauf einlassen wollen.

› Mose geht hinunter, fragt, sie antworten einmütig: »Ja.«

› Mose geht wieder hinauf und berichtet: »Ja, sie wollen es auch.«

› »Gut«, sagt Gott. »Sie sollen sich bereit machen. Ich werde dann in drei Tagen dem ganzen Volk erscheinen und meinen Bund mit ihm besiegeln.«

› Am dritten Tag beginnt der Morgen mit Donnern und Blitzen. Eine dicke Wolke senkt sich auf den Berg, und zu hören ist der Ton einer starken Posaune. Rauch steigt auf. Feuer dringt durch die Wolke. Der Ton der Posaune wird immer lauter und immer durchdringender. Der Berg zittert, die Erde bebt. Oben, am Gipfel, ist Gott angekommen.

› Gott ruft Mose. Der steigt hinauf. Oben angekommen empfängt Mose von Gott zwei Tafeln. Die Zehn Gebote. Gottes Grundgesetz.

Die Zehn Gebote

13 › Als Mose wieder hinabsteigt zu seinem Volk, mit den zwei Tafeln in der Hand, ist die Welt eine andere. Auf den steinernen Tafeln, beschrieben vom »Finger Gottes«, standen die Zehn Gebote, die Grundlage für die Rechtsordnung unserer Zivilisation:

› Ich bin der HERR, dein Gott, der dich aus Ägypten geführt hat. Du sollst keine anderen Götter neben mir haben.

› Du sollst meinen Namen nicht missbrauchen und dir kein Bild machen von mir.

› Du sollst den Feiertag heiligen.

› Du sollst deinen Vater und deine Mutter ehren.

› Du sollst nicht töten.

› Du sollst nicht ehebrechen.

› Du sollst nicht stehlen.

› Du sollst über andere nicht schlecht reden, sie nicht verleumden und keine Lügen über sie verbreiten.

› Du sollst deines Nächsten Haus nicht begehren.

› Du sollst nicht begehren deines Nächsten Frau, Knecht, Magd, Rind, Esel noch alles, was sein ist.

› Neunmalkluge betonen gern, diese Gebote seien ja nichts Neues, sondern schon lange bei anderen Völkern bekannt gewesen. Israel habe hier nur einfach abgeschrieben.

› Richtig daran ist: Selbstverständlich haben die Autoren des Alten Testaments ältere Stoffe von ihren Nachbarvölkern übernommen, nicht nur bei den Zehn Geboten, sondern auch bei anderen Geschichten. Aber: Sie haben keineswegs abgeschrieben. Sondern: umgeschrieben, korrigiert, kritisiert, ergänzt, nicht selten vom Kopf auf die Füße und von den Füßen auf den Kopf gestellt, und zwar während eines oft Jahrhunderte währenden Prozesses. Der sich daraus ergebende Unterschied ist das entscheidend Neue und macht den Unterschied zwischen heidnischem und jüdischem Glauben aus.

› Daher sind die Zehn Gebote eben doch etwas Neues, und zwar etwas weltumstürzend Neues, weil sie mit drei Geboten beginnen, die den anderen Völkern unbekannt sind. Das erste Gebot sagt den anderen Völkern auf provokante Weise: Eure Götter sind nur Götzen, eingebildete Götter, die es in Wahrheit gar nicht gibt. Es gibt nur einen Gott, unseren. Der Monotheismus ist damit in Stein gemeißelt. Zugleich sagt es dem Volk Gottes und auch allen anderen Völkern: Die Machtansprüche weltlicher Herrscher sind aufgehoben. Gott ist die einzige Macht, der sich ein Mensch unterzuordnen hat. Er allein ist Herr über Himmel und Erde.

› Und damit nicht irgendein Mächtiger auf die Idee kommt, schnell noch auf den Zug aufzuspringen und den neuen Gott gleich wieder für seine Interessen und seine Macht zu instrumentalisieren, folgt sofort das zweite Gebot:

› Du sollst den Namen dieses einzigen Gottes nicht missbrauchen, nicht für deine Zwecke einspannen, nicht für dich vereinnahmen.

› Ebenso neu ist das Bilderverbot. Alle heidnischen Kulturen rund um das neu entstehende Gottesvolk haben ihre Götter gemalt, geschnitzt, in Stein gemeißelt, aus Gips und Ton geformt – dem neuen Volk Gottes wird das nun verboten. Wer sich ein Bild von einer Sache oder einer Person macht, fixiert sie, nagelt sie fest, sagt: Du bist so und so. Das lässt sich dieser Gott nicht gefallen.

› Im Übrigen ist er so ganz und gar anders, dass kein Mensch ihn je wirklich zu fassen bekommt. Darum ist jedes Bild, das sich ein Mensch oder auch ein ganzes Volk von diesem Gott macht, notwendig immer falsch.

› Es gibt daher in diesem Volk nichts zu tun für Bildhauer, Maler und Herrgottschnitzer. Die kommen erst sehr viel später in Lohn und Brot, bei den Christen. Die setzen sich über das Bilderverbot hinweg.

› Warum? Offiziell, weil die Kirchenoberen der Meinung waren, dass das einfache Volk diese Bilder braucht, um überhaupt an Gott und an Christus glauben zu können. Die meisten konnten ja weder lesen noch schreiben und die Messe wurde in Latein gelesen. Der Glaube ist etwas sehr Unanschauliches und darum Schwieriges, wenn man sich nicht einmal in der Fantasie ein Bild von dem machen darf, an den man glauben soll.

› Und außerdem: Die Juden haben sich zwar ans Bilderverbot gehalten, aber nur vordergründig. In Wahrheit haben auch sie sich permanent Bilder gemacht, nämlich in Form von Sprache. Sie beschreiben ihn als zornigen Gott und als gütigen Vater, als rachsüchtigen Herrscher und als barmherzigen Bruder, als mächtigen Schöpfer und als hilflos Ohnmächtigen, der seiner Geschöpfe nicht Herr wird.

› Immer wieder anders, in zahlreichen Variationen, schnitzt sich das Volk Gottes wortreich Bilder von Gott, wissend, dass keines stimmt und jedes Bild immer nur unzulänglich einen einzigen Aspekt des letztlich doch fremden, unbegreiflichen, ganz anderen beschreibt. Weil sie das wissen, vermeiden sie wenigstens, wo immer es geht, seinen Namen auszusprechen.

› Schließlich das dritte Gebot, die vielleicht aufsehenerregendste und bis auf den heutigen Tag wirkende Neuerung überhaupt: der arbeitsfreie Tag. Für alle. Auch für die Sklaven, ja sogar für die Nutztiere. Es ist der Beginn der Sozialgesetzgebung, die nun in dem neu entstehenden Volk kräftig ausgebaut wird.

› Es bleibt ja nicht bei den Zehn Geboten. Ihnen folgt eine ganze Reihe von Ausführungsbestimmungen, in denen geregelt wird, wie die Mitglieder des Volkes miteinander und mit Gott künftig leben sollen. Diese Bestimmungen, die in ihrer Summe das Gesetz des Gottesvolkes bilden, haben es in sich. In ihnen schlummert eine Weltrevolution.

› Zu Recht müssen die Herrscher dieser Welt jetzt zittern. Unter ihnen bebt die Erde, seit Mose da mit seinen zwei Tafeln vom Berg heruntergekommen ist.

Gottes Weltrevolution

14 › Der in den ersten drei Geboten steckende Sprengsatz wurde von den Menschen lange nicht bemerkt, weder innerhalb noch außerhalb Israels. Er verbirgt sich hinter zahlreichen religiösen Vorschriften – Speisegebote, Riten, Waschungen, Feiertagsordnungen, Opfergaben und dergleichen mehr. Leben und Alltag werden darin im Großen wie im Kleinen geregelt. Die Steuern, die Rechtsprechung, das Erbrecht, die soziale Fürsorge, das Verhältnis der Geschlechter sind ebenso ein Thema wie der Bau von Dachterrassen, die Rasur, der Haarschnitt oder eine Verordnung über Vogelnester. Israel muss wissen, was von morgens bis abends zu tun ist, um seinem Gott zu dienen.

› Darüber konnte man leicht übersehen, was eigentlich passiert ist: eine Rebellion. Das Aufbegehren der Sklavenarbeiter in Ägypten und ihre Benennung dieser Hochkultur als »Sklavenhaus« waren eine Rebellion gegen das scheinbare Naturgesetz, dass es immer zwei Klassen von Menschen gibt: Hier die Peitschenschwinger, dort diejenigen, auf die die Peitsche niedersaust.

› Und dann die als natürlich empfundenen Hierarchien: über dem Aufseher der Oberaufseher, über dem der Ober-Oberaufseher bis hinauf zum Offizier, General, König, Kaiser, Gott.

› Schluss damit, sagt das neue Gesetz. Gott macht diese Hierarchie-Pyramide dem Erdboden gleich. Es entsteht die flachste Hierarchie der Welt. Hier der einzige Gott, da sein Volk, von dem jedes Mitglied gleich viel zählt. Der Ziegenhirt in seinen Lumpen gilt vor Gott genauso viel wie der Pharao in seiner Pracht.

› Die Herrschaft von Menschen über Menschen muss aufhören. Gott soll über alle herrschen, nur er allein. Er allein soll verehrt werden, kein König, kein Priester, kein Götze soll ihm Konkurrenz machen dürfen. Wirklich alle sind gleich, und darum darf es auch keine Armen geben im Volk Gottes. Gerechtigkeit soll herrschen.

› Die Wörter Freiheit, Gleichheit, Brüderlichkeit gab es noch nicht, aber die Sache, die gemeint ist, die hat damit ihren Anfang genommen. Das ist letztlich der Inhalt und der Zweck des Bundes zwischen Gott und seinem Volk.

› Und das alles ist so neu und unerhört, und so folgenreich, dass der Bundesschluss unter Donner, Rauch, Blitz und ein vulkanisches Beben tatsächlich das angemessene Bild für diesen Vorgang ist.

› Es hat lange gebraucht, bis der Menschheit aufging, wie unerhört das alles ist, was da mit diesem Volk in die Welt gekommen ist. Das Beben wirkt noch nach bis zum heutigen Tag. Wo immer Unterdrückte heute aufstehen und begehren, auch freie, gleiche und brüderliche Wesen sein zu dürfen, bebt und blitzt und donnert es, denn sie, die Unterdrückten dieser Erde, haben den Gott vom Sinai auf ihrer Seite.

Die Sozialordnung Gottes

15 › Die neue Ordnung, an der das Volk seit dem Zug durch die Wüste arbeitet, schält sich im Lauf der Zeit immer mehr als Gegenmodell zu Ägypten heraus. Alles, was sich dieses Volk als neue Regel setzt, läuft in der Begründung regelmäßig auf die Erinnerung ans ägyptische Sklavenhaus hinaus nach dem Schema: In Ägypten war es so, und darum machen wir in Israel das Gegenteil.

› Ich bin der Herr, dein Gott, der dich aus Ägypten herausgeführt hat aus dem Sklavenstaat, so wurden die Zehn Gebote eingeleitet. Und wenn die Kinder ihre Eltern fragen, warum in Israel so vieles anders ist als bei den anderen Völkern, dann sollen sie antworten: Weil wir Sklaven waren in Ägypten und Gott uns befreit und aus Ägypten geführt hat. So, sagt Gott, sollt ihr es euren Kindern beibringen, und diese sollen es ihren Kindern weitersagen. Und so wird es seit drei Jahrtausenden gemacht bis auf den heutigen Tag.

› Das einst versklavte Volk hatte erkannt: Die Herrschaft der Starken über die Schwachen ist eine Folge der natürlichen Ungleichheit zwischen den Menschen. Es wird immer Menschen geben, die intelligenter, fleißiger, größer, schöner als die anderen sind und ihren Platz an der Sonne haben, während die anderen im Dunkeln stehen. Aber vor Gott sind alle gleich. Daraus leitet sich die unerhörte, zu allen Zeiten als widernatürlich abgewertete Forderung ab: Für jeden muss es einen Platz an der Sonne geben. Die Behauptung, der Platz reiche nicht für alle, wird als Lüge derer entlarvt, die möglichst viel davon für sich allein beanspruchen.

› In Ägypten fühlten sie sich als Menschen zweiter Klasse, ohne Würde, ohne Achtung, ohne Respekt. Für den Pharao waren sie nichts weiter als Zugvieh in den Steinbrüchen Ägyptens – eine Erfahrung, die sie mit allen bis dahin Unterdrückten teilten. Treten oder Getretenwerden, Gewinnen oder Verlieren, Hammer oder Amboss sein – gegen diese scheinbar natürliche Ordnung der Welt setzte Israel sein großes »Hier nicht!«.

› Darum gilt jetzt das Gesetz: Zu Fremden sollt ihr freundlich sein, denn ihr seid auch fremd gewesen in Ägypten. Und: Ihr sollt anders miteinander umgehen als es in Ägypten und anderen Völkern üblich ist. Die rechtliche Benachteiligung von Witwen und Waisen sollt ihr nicht ausnutzen, sondern ihnen helfen. Wenn ein Schuldner dem Gläubiger das einzige Obergewand als Pfand gegeben hatte, so musste der Gläubiger das Pfand vor Sonnenuntergang wieder zurückbringen, damit der Schuldner in der Nacht nicht friere. Tags darauf durfte das Gewand vom Gläubiger wieder zurückgefordert werden, bis zum nächsten Sonnenuntergang.

› Sogar das Recht auf Unverletzlichkeit der Wohnung war bei diesem eigenwilligen Volk schon eingeführt, und zwar schärfer, als wir es kennen. Gerichtsvollzieher hätten in Israel keine Chance gehabt, ins Haus zu kommen: Wenn du deinem Nächsten irgendein Darlehen gewährst, so sollst du nicht in sein Haus gehen, um ihm ein Pfand abzunehmen, sondern draußen stehen bleiben. Der, dem du borgst, soll das Pfand zu dir herausbringen.

› Durch manche Vorschriften der Tora schimmert noch heute eine nicht zu überbietende Menschlichkeit: Ein Mann, der gerade erst geheiratet hat, darf nicht zum Wehrdienst eingezogen werden, weil der Dienst an seiner Familie wichtiger ist und er seine Frau erfreuen soll.

› Dass zu den Opfermahlzeiten die Armen, Fremden, Witwen und Waisen eingeladen werden mussten, war eine unerhörte Neuerung, deren Bedeutung wir Wohlstandsbürger gar nicht mehr richtig ermessen können. Sogar die besser gestellten Handwerker und Bauern konnten sich gebratenes und gekochtes Fleisch nur zu besonderen Anlässen leisten, die ärmeren überhaupt nicht. Aber bei den Schlachtopfern, bei denen ein kleinerer Teil verbrannt und der größere Teil gegessen wurde, kamen die Armen in den Genuss von Fleisch und machten dadurch die Erfahrung, dass Gott tatsächlich alle satt macht und die Feste zu Ehren Gottes wirklich mit Genuss und Freude verbunden sind.

› Aus ihrem alten Leben in Ägypten kannten die israelischen Rebellen die bewunderungswürdigen Kulturleistungen der alten Völker, deren geistige, wirtschaftliche, wissenschaftliche und militärische Überlegenheit. Sie kannten aber auch den Preis dafür: Es war ihr Schweiß, ihr Blut, ihre Gesundheit, ihr Leben, das dafür verbraucht wurde. Diese tollen, beeindruckenden Hochkulturen sind auf ihren Knochen gebaut worden. Für sie gab es keine Pause von der Sklaverei, keine Rast und keine Ruhe, keine Gelegenheit zum Innehalten, zum Nachdenken.

› Ihre Antwort darauf war der Sabbat. Sechs Tage sollst du arbeiten, aber der siebte Tag ist frei. Für alle. Niemand darf arbeiten an diesem Tag, nicht der Vater, nicht der Sohn, die Tochter, der Knecht, die Magd, der Fremdling, ja nicht einmal das Rind, der Esel, das Vieh, denn: Du sollst nie vergessen, woher du kommst, nämlich aus Ägypten, dem Land der unaufhörlichen Knechtschaft und Plackerei.

› Der freie Tag war nicht einfach als »Freizeit« gedacht, als Konsum und sinnloses Hineinleben in den Tag, sondern als Tag der Besinnung, der Erinnerung und des Nachdenkens. Ganz Israel erinnerte sich am Sabbat seiner Geschichte, seiner Herkunft, seiner Bestimmung. Man erzählte einander, las in alten Texten, versammelte sich öffentlich. Keiner wurde ausgeschlossen. Bildung für alle war nie ein erklärtes Ziel, sondern eine Nebenwirkung der gemeinsamen Sabbatheiligung. Durch sie lernte das ganze Volk seine Herkunft und den Sinn seiner Existenz kennen. Es gab kein Herrschaftswissen der Eliten, sondern nur ein Wissen für alle.

Der Tanz ums Goldene Kalb

16 › Der Bund mit Gott ist geschlossen. Aber für das Volk ist alles so neu, so ungewohnt, und so gegen die innere Natur des Menschen, dass ihm Zweifel kommen an der Sache. Wenn man diesen Gott nicht sehen, ja nicht einmal ein Bild von ihm machen darf, woher sollen wir dann wissen, dass es ihn überhaupt gibt?

› Die großen mächtigen Völker um uns herum verehren seit ewigen Zeiten ihre Götter. Aber wir, die paar ehemaligen Sklaven, die wir sind, sollen diesen mächtigen, uns überlegenen Völkern sagen, dass sie sich irren? Kein Wunder, dass sie uns auslachen.

› Als Mose mal wieder auf dem Berg ist und von dort lange nicht zurückkommt, nehmen die Zweifel überhand und sie sagen zu Aaron: »Wir wissen nicht, wo Mose bleibt, was mit ihm los ist, ob er überhaupt wiederkommt. Wir fühlen uns schutzlos, wir fühlen uns sicherer mit unseren alten Göttern. Darum, Aaron, mache uns Götter.«

› Aaron spürt die Stimmung. Er hat nicht die Statur eines Mose, nicht dessen Führungsstärke. Er gibt nach, lässt den Schmuck und das Gold der Frauen zusammentragen, einschmelzen und daraus ein Kalb gießen.

› Als sie es erblicken, sagen sie: »Das sind unsere Götter. Die haben uns aus Ägypten geführt!« Dann opfern sie dem Götzenbild, versammeln sich davor, essen und trinken und sind fröhlich. Der Tanz ums goldene Kalb beginnt. Sie wollen zurück in die Zeit, als es noch normal war, Reichtum und Macht anzubeten.

› Die Heiden dienten ihren Göttern gern. Die Macht und die Stärke anzubeten, die Fruchtbarkeit, die Liebe, den Reichtum, das Kriegsglück, die Gesundheit, die Schönheit, solchen Göttern zu huldigen, war schon immer ein ganz natürliches Bedürfnis des Menschen.

› Der neue, noch immer fremde Gott will ihnen diese Huldigung verbieten. Es fällt ihnen schwer, von ihren alten Gewohnheiten abzulassen, die alten Sicherheiten aufzugeben, mit dem Vergangenen abzuschließen. Diesem neuen Gott zu dienen macht ihnen keine Freude.

› Die Erzähler dieser Geschichte wollen damit zum Ausdruck bringen: Zum Volk Gottes wird man nicht über Nacht und ein für alle Mal. Der Übergang ist ein schmerzhafter Prozess, ein lange andauerndes Schwanken zwischen dem Alten und dem Neuen, ein langsames Begreifen, dass und warum dieser Gott der wahre ist.

› Als Gott dieses Abfallen von ihm sieht, wird er wütend und sagt zu Mose, dass er das Volk vernichten will. Mose setzt sich nun aber als kluger Fürsprecher ein, versucht Gott klarzumachen, warum das keine gute Idee ist: »Nach allem, was du getan hast, willst du diese Geschichte wieder beenden, kaum dass sie begonnen hat? Stell dir vor, die Ägypter erfahren davon. Sie werden lachen und sagen, du hast dein Volk ja nur aus Ägypten herausgeführt, um es in der Wüste umzubringen. Hattest du nicht Abraham Nachkommen versprochen, so viele wie Sterne am Himmel sind? Und jetzt willst du dein Versprechen brechen?«

› Daraufhin hat Gott ein Einsehen und verschont sein Volk. Das zieht weiter durch die Wüste, seinem Ziel entgegen, dem gelobten Land, in dem Milch und Honig fließen sollen.

Dem Glück ganz nah, aber dann bricht die alte Sklavenseele wieder durch

17 › Sie nähern sich ihrem Ziel: Kanaan. Gott sagt Mose, er soll Kundschafter aussenden, um herauszufinden, wo sie sich niederlassen könnten, wo es fruchtbares Land gibt und keine Feinde, die es ihnen streitig machen können.

› Die Kundschafter kommen zurück nach vierzig Tagen, schwer beladen mit den Früchten des Landes. Und sie berichten: Es ist wirklich ein Land, in dem Milch und Honig fließen.

› Nun müsste eigentlich großer Jubel ausbrechen. Das Volk müsste augenblicklich in einen Zustand freudiger Erregung geraten und es gar nicht mehr erwarten können, das Land in Besitz zu nehmen.

› Aber nein. Das Volk stört sich an einem Detail. Die Kundschafter berichten auch, dass das Land nicht unbewohnt ist. Dass sich da schon andere Völker niedergelassen haben.

› »Ach was«, sagt Kaleb, »da ist noch genügend Platz für uns, und wenn sich uns jemand entgegenstellen sollte, werden wir uns eben behaupten. Also lasst uns endlich aufbrechen und das Land einnehmen.«

› Er trifft auf eisiges Schweigen. Die Bedenkenträger ergreifen das Wort, malen die Gefahren aus, und je länger sie reden, desto größer werden die Gefahren. Zuletzt kommt gar das Gerücht auf, das Land sei von gefährlichen Riesen bewohnt, unbezwingbar.

› Dem Gerücht wird geglaubt. Panik macht sich breit, Angst bestimmt das Handeln. Zurück-nach-Ägypten-Rufe werden laut, das übliche Gemurre geht wieder los, und Mose und Aaron müssen sich zum hundertsten Mal die üblichen Vorwürfe anhören: Wir haben es doch gleich gesagt, wären wir doch bloß in Ägypten geblieben. Macht, was ihr wollt, aber wir gehen nicht in dieses fremde Land, wir kehren zurück nach Ägypten.

› Streit bricht aus unter dem Volk. Die alten Gräben zwischen den Mutigen und den Ängstlichen brechen wieder auf. Die Entzweiung geht so tief, dass nicht einmal mehr Mose sich noch durchsetzen kann. Also macht Gott selbst jetzt eine Ansage: »Ihr wollt durch die Wüste zurück nach Ägypten? Gut. Geht. Aber ich werde nicht mit euch sein. Viele von euch werden in der Wüste umkommen. Und ich werde auch nicht mit denen sein, die gemurrt und das ganze Volk mit ihrer Angst angesteckt haben und jetzt doch nach Kanaan wollen. Sollen sie gehen. Auch sie werden umkommen. Alle anderen werden weder nach Kanaan hinein noch nach Ägypten zurückkommen, sondern 40 Jahre in der Wüste umherirren. Erst die nächste Generation wird das gelobte Land erreichen.«

› Die Geschichte, die sich natürlich so nicht ereignet hat – sie ist Literatur – will sagen: Freiheit ist etwas Anspruchsvolles. Sie muss mühevoll erlernt werden. Sie erfordert Mut, denn Freiheit bedeutet Unsicherheit und Gefahr. Und sie braucht Zeit. 40 Jahre, sagt die Bibel, 40 Jahre braucht es, bis aus einer Sklavenseele ein freier Mensch wird. Der Weg dahin ist mit Rückschlägen und Stolpersteinen gepflastert. Wer sich davon nicht entmutigen lässt, wer wieder aufsteht, wenn er gefallen ist, und weitermarschiert, wird ankommen.

Moses Tod

18 › Nach 40-jährigem Umherirren in der Wüste stehen die Israeliten wieder vor der Grenze zu Kanaan. Mose besteigt wieder einen Berg, Nebo, den Gipfel des Gebirges Pisga, gegenüber Jericho. Dort führt er sein letztes Gespräch mit Gott.

› Der lenkt Moses Blick auf die unten liegende Landschaft und sagt:

»Dies ist das Land, von dem ich Abraham, Isaak und Jakob geschworen habe, es ihren Nachkommen zu geben. Du siehst es jetzt mit deinen Augen – aber du sollst nicht hinübergehen, denn dein Auftrag ist erfüllt. Ich werde dich zu mir holen.«

› Mose wusste, dass sein Ende nah ist, daher hatte er schon vorsorglich einen Nachfolger bestimmt: Josua. Er soll das Volk aus der Wüste ins gelobte Land führen.

› Danach begibt sich Mose wieder zu Gott, in die Einsamkeit, und stirbt an der Grenze zwischen der Wüste und dem verheißenen Land. Gott selbst begräbt ihn. Daher kennt niemand Moses Grab.

Die Hure Rahab und die Trompeten von Jericho

19 › Als Josua das Volk Israel aus der Wüste an den Jordan führte, machten sie wieder die gleiche Erfahrung wie schon vor 40 Jahren: Das verheißene Land ist nicht leer. Da wohnten schon andere Völker, die nicht daran dachten, für die Eindringlinge Platz zu machen. Diesmal aber hatten sie keine Angst mehr. Sie schritten über den Jordan und versuchten, das Land in Besitz zu nehmen, trotz der zu erwartenden Widerstände.

› So kam es zu kriegerischen Auseinandersetzungen – in der Bibel, kaum in der Wirklichkeit. Wissenschaftler haben bis heute keine Anhaltspunkte dafür gefunden, dass Israel Kanaan durch Kriege eroberte. Sehr wahrscheinlich sind sie an verschiedenen Stellen des Landes eingesickert und haben sich dort niedergelassen, wo es einigermaßen gefahrlos möglich war. Sie waren eher Einwanderer als Invasoren.

› Daher muss man diese Geschichte eher wieder als eine Bildungs- und Erziehungserzählung lesen, als eine weitere Lektion übers Mündigsein, über die Freiheit und Gottebenbildlichkeit. Gott ist kein Verwöhn-Vater, der seinem Volk jeden Stein aus dem Weg räumt und damit verhindert, dass es erwachsen wird.

› Nein, er will mündige, ebenbürtige Menschen, Dazu gehört, dass man lernt, auf eigenen Füßen zu stehen, für sich selbst zu sorgen, sich seine Existenz zu erkämpfen.

› Daher wird dem Volk Israel das Land Kanaan nicht auf dem Silbertablett serviert. Es muss schon selbst etwas unternehmen, Eigeninitiative entwickeln. Das macht diese Geschichte deutlich.

› Zugleich hat sie aber auch einen gewissen Unterhaltungswert. Jedes Volk braucht ein paar Heldensagen, um sich die Zeit am Lagerfeuer zu vertreiben. Und so erzählte man sich dort die Sage von Jericho. Die »Waffen«, mit denen die Israeliten die Stadt mit ihrer unüberwindlichen Stadtmauer eingenommen hatten, waren Musikinstrumente, Hörner. Josua kreiste die Stadt mit seinen Männern ein und ließ sie dann in ihre Hörner blasen. Daraufhin brach die Stadtmauer zusammen und die Krieger eroberten die Stadt und ließen niemanden am Leben außer der Hure Rahab und ihrer Familie.

› Warum Rahab? Weil sie ein paar Wochen zuvor zwei israelitischen Kundschaftern das Leben gerettet hatte. Die hatten sich in Jericho unters Volk gemischt, um sich ein Bild von der Stadt zu machen, fielen aber sofort auf als Fremde. Man machte Meldung am Hof des Königs von Jericho. Der ließ sie suchen. Rahab versteckte sie und half ihnen, die Stadt wieder unversehrt zu verlassen. Die Israeliten dankten es ihr, indem sie sie verschonten.

› Später heiratete sie einen Israeliten, bekam einen Sohn, und das war der Vater des Boas aus der noch zu erzählenden Rut-Geschichte, aus der wiederum Obed hervorging, ein Vorfahr von König David und damit von Jesus.

› Eine Hure als Urahnin von Jesus? Ja, sagt die Bibel, dass sie eine Hure war, darauf kommt es nicht an. Aber dass sie im entscheidenden Moment dem Volk Gottes zu Hilfe gekommen war, das ist es, was zählt.

› Das Schicksal dieses Volkes hängt immer am seidenen Faden. Wären die beiden Kundschafter nicht heil aus Jericho zurückgekommen, hätte sich wieder Panik verbreitet im ängstlichen Volk, und es hätte sich ein weiteres Mal vor der Aufgabe, das Land in Besitz zu nehmen, gedrückt. Die Landnahme wäre damit schon im Ansatz gescheitert. Dank Rahab ist sie dann aber doch gelungen.

› Nachdem das Volk durch den Jordan gegangen ist und unter Josuas Führung mehrere Schlachten siegreich bestanden hat, verteilt Josua das Land an die zwölf Stämme Israels. So wurde aus dem Land Kanaan das Land Israel, in dem ein Volk begann, nach dem Gesetz seines Gottes zu leben. Josua stirbt, als das Land verteilt und die neue Ordnung im Land etabliert ist.

Keine heile Welt

20 › Gott hat sein Versprechen erfüllt. Die Nachkommen Abrahams, Isaaks und Jakobs sind nach vielhundertjährigem Herumstolpern in der Weltgeschichte und abenteuerlichen Unternehmungen tatsächlich zu Land und Besitz gekommen. Israel wird ihre Heimat. Es geht ihnen gut. Sie können von ihrer eigenen Hände Arbeit leben. Sie dienen Gott, aber sie bleiben trotzdem die Menschen, die sie immer waren.

› Ständig leben sie in der Versuchung, wieder zu den alten Göttern zurückzukehren. Und auch sonst geht es unter ihnen zu wie unter den Heiden auch. Eheprobleme, Neid, Missgunst, Rachsucht, Diebstahl, Betrug, Raub, Mord – alles, was es unter den Heiden gibt, gibt es im Volk Gottes auch. Dabei wurde es doch gegründet, damit das alles endlich aufhört, diese Geschichte, in der ein Verhängnis das nächste nach sich zieht.

› Um das Chaos in den Griff zu kriegen, wählen sie sich Richter. Diese sind aber nicht nur Rechtsprecher, sondern auch Politiker und Heerführer in einem. Sie sollen für Ordnung sorgen im Land und es gegen äußere Feinde verteidigen, denn das Volk lebt jetzt zwar auf eigenem Land, aber dessen Besitz ist nicht gesichert. Er wird ihnen immer wieder streitig gemacht von anderen Völkern. Und so gehören auch Kriege zu ihrem neuen Leben im Gelobten Land. Das hatten sie sich anders vorgestellt. Kein Wunder, dass manche an ihrem Gott verzweifeln.

› Denen aber wird gesagt: Nicht Gott ist schuld. Ihr selbst seid es. Würdet ihr nach seinem Gesetz leben, sähe euer Leben anders aus. Aber ihr gehorcht ihm ja nicht. Kein Wunder, dass er euch straft.

› Im Volk beginnt jetzt das Nachdenken darüber, warum es im menschlichen Zusammenleben so oft nicht klappt, warum das Gelobte Land keine heile Welt ist.

› Das Buch der Richter schließt mit der düsteren Bemerkung: Zu jener Zeit gab es keinen König in Israel, keine Ordnung, kein Recht, daher tat jeder, was ihm gefiel.

› In diesem Schluss kündigt sich an, was das Volk als Nächstes probieren wird, um seine Probleme zu lösen: Ein König muss her. Aber vorher schieben die biblischen Erzähler noch die Geschichte einer Frau ein, die von einer Grunderfahrung menschlicher Existenz berichtet: Armut, Flucht, Fremdsein, Aufnahme und Integration in die Mehrheitsgesellschaft.

Rut – eine Geschichte von Witwen, Waisen, Flüchtlingen und einer Patchwork-Familie

21 › Bleiben oder gehen? Die Bibel ist mit denen, die gehen. Die Bibel ist mit Abraham, der seine Heimat verlässt, mit Mose, der sein Volk aus Ägypten führt, mit dem Volk, das durch die Wüste zieht. Aber ganz besonders ist sie mit denen, die aus Not oder Verfolgung fliehen müssen.

› Noomi war so eine Geflüchtete. Sie lebte mit ihrem Mann und zwei Söhnen in Betlehem, als eine Hungersnot ausbrach. »Lass uns wegziehen«, sagt ihr Mann Elimelech zu Noomi, »hier haben wir keine Zukunft.« Und so zieht die Familie ins Ausland, nach Moab, wo Elimelech Arbeit findet und für seine Familie sorgen kann.

› Aber dann stirbt der Ernährer der Familie und die Witwe Noomi in der Fremde muss nun sich und ihre zwei Söhne durchbringen. Das gelingt ihr. Die Söhne wachsen heran und heiraten einheimische Frauen.

› Aber auch die Söhne sterben vorzeitig. Nun ist die israelitische Witwe Noomi allein mit zwei weiteren Witwen, ihren moabitischen Schwiegertöchtern Orpa und Rut und hat keine Ahnung, wie sie zu dritt überleben können. Frauen waren ziemlich rechtlos damals, noch rechtloser waren Witwen. Am rechtlosesten waren ausländische Witwen und Noomi war eine Ausländerin in Moab.

› Als sie hört, dass in ihrer Heimat wieder Wohlstand herrscht, beschließt sie, zurückzukehren, in der Hoffnung, dass man sich dort an sie erinnert und man sie nicht umkommen lässt. Ihre beiden Schwiegertöchter gehen mit ihr.

› Aber unterwegs kommen Noomi Bedenken. Einer einzigen Frau, die man von früher kennt, wird man eher helfen als drei Frauen. Ihr, die ja in das Land zurückkehrt, in dem sie geboren wurde und aufgewachsen ist, wird man eher helfen als ihren beiden Schwiegertöchtern, Ausländerinnen.

› Deshalb sagt sie zu Orpa und Rut: »Ach, kehrt um und geht zurück. Sucht euch neue Männer in Moab. Das ist eure Heimat. Wo ich hingehe, seid ihr fremd.«

› Da weinen die beiden, wollen mit ihrer Schwiegermutter in deren Heimat gehen. Nach einigem Hin und Her sagt schließlich Orpa: »Gut, ich gehe zurück.«

› Rut jedoch sagt: »Stoß mich nicht von dir fort! Was immer geschieht, wo immer du hingehst, ich will an deiner Seite bleiben. Bis zum Tod.«

› So viel Treue und Entschlossenheit beeindruckt Noomi. Gemeinsam wandern sie nach Betlehem, wo Noomi herkam. Der Empfang ist kühl. Niemand nimmt die beiden auf – eine Erfahrung, die viele Auswanderer bis heute machen: Das Land, in das sie eingewandert sind, ist ihnen nie zu einer richtigen Heimat geworden, weil sie nie richtig dazugehört haben. Kehren sie dann irgendwann in ihre frühere Heimat zurück, stellen sie fest, dass ihnen auch die fremd geworden ist und sie nicht mehr richtig heimisch werden.

› Als Rut in Betlehem, ihrer neuen Heimat, ankommt, ist zum Glück gerade Gerstenernte. Das bewahrt sie und Noomi vorm Verhungern. Es war Gesetz in Israel, dass Ähren, die von der Ernte auf dem Boden liegen bleiben, dort liegen bleiben müssen, damit die Armen sie einsammeln können. Rut zog daher los, um Ähren zu sammeln.

› Auf dem Feld lernt sie Boas kennen, den Besitzer des Ackers. Er ist freundlich zu ihr, sagt ihr, sie solle sich an seine Mägde halten. »Wo die schneiden, da gehe gleich hinterher und sammle ein, was liegen bleibt. Und wenn du Durst hast, dann gehe zu den Krügen dort. Meine Knechte werden dich trinken lassen.«

› Überrascht fragt Rut, warum er so freundlich zu ihr sei, wo sie doch fremd ist im Land. Er habe von ihr gehört, sagt Boas, von ihrer Treue, ihrer Bereitschaft, den Gott des fremden Volkes anzunehmen, und dem Mut, ihre Heimat zu verlassen.

› Zur Essenszeit ruft Boas Rut zu: »Komm her und iss mit.«

› Danach weist Boas seine Knechte an, für Rut ein bisschen mehr Ähren übrig zu lassen als üblich. Am Abend hatte sie einen ganzen Scheffel Gerste gesammelt.

› Sie ging nun jeden Tag zu Boas auf dessen Felder, bis die Ernte vorbei war. Nun stellte sich die Frage: Wie soll es weitergehen? Was tun, wenn das ganze Korn aufgebraucht ist? Wovon dann leben?

› Noomi hat eine nicht ganz astreine Idee. »Mach dich schön, bade dich, reibe dich ein mit duftenden Ölen, dann geh in der Nacht zum schlafenden Boas. Leg dich einfach zu ihm, zieh sein Gewand hoch und berühre ihn.«

› Das tat sie. Boas wachte auf, erschrak, fragte: »Wer bist du?«

› »Ich bin Rut, deine Magd.«

› Sie bat ihn, sie zur Frau zu nehmen.

› Er hätte sie zurückweisen, als Hure beschimpfen, sie vom Hof jagen und ihren Ruf für immer ruinieren können. Tat er nicht. Er nahm sie zur Frau.

› Eine sehr moderne Geschichte. Eine selbstbewusste Frau rettet sich und ihre Schwiegermutter gleich mit durch die kühne Eroberung eines Mannes. Zugleich ist es die Geschichte einer Freundschaft zwischen zwei Frauen. Noomi ist für Rut mehr als nur eine Verwandte, sondern eine treue Freundin. Von ihr kam die Idee, Boas zu verführen. Sie hatte Rut dazu ermutigt und ihr klargemacht: Du hast keine Chance, aber nutze sie. Schere dich nicht um Konventionen, das Gerede derer, die leicht reden haben. Die Alternative wäre bittere Armut oder Prostitution. Also gehe ins Risiko. Rut ging ins Risiko. Freilich war es auch ein begrenztes Risiko. Sie spürte ja von Anfang an die Sympathie des Boas, sein Interesse an ihr. Ohne das wäre es dumm gewesen, so viel zu riskieren.

› Aber so kann es gehen, wenn Menschen aus Not ihre Heimat verlassen, aus Not wieder zurückkehren und nirgendwo mehr richtig zu Hause sind, nicht in der neuen Heimat und nicht in der alten. Manchmal geht es gut aus.

› Warum wird diese Geschichte in der Bibel erzählt? Nicht so sehr, um das Schicksal von Flüchtlingen zu thematisieren. Ruts Schicksal war kein besonderes Schicksal, sondern das normale Schicksal von vielen Menschen zu allen Zeiten. Bemerkenswert ist eher, dass keine göttliche Stimme ihr gesagt hat, mit der Schwiegermutter zu ziehen. Nichts wurde ihr verheißen. Nur ein gemeinsames Band, ein gemeinsamer Glaube, eine gemeinsame Hoffnung, dass es schon gut gehen werde, führte Rut nach Betlehem und in eine Ehe mit Boas.

› Bestimmt ist die Geschichte auch nicht erzählt worden, um den Frauen zu sagen: So müsst ihr's machen, wie diese Rut. Seid selbstbewusst, setzt euch über alle Konventionen hinweg. Eher schon ist sie erzählt worden, um zu zeigen, dass eine Frau aus purer Not und Überlebensangst schnell in eine Lage kommen kann, in der sie Dinge tun muss, die ihren Ruf schädigen, die sie in den Augen der anderen sozial absteigen lässt, auf die man verächtlich herabblicken darf.

› Dieses verächtliche Herabblicken – auf die Hure, die unfruchtbare Frau, die Witwe, die unverheiratete Schwangere – wird in der Bibel kritisch gesehen. Sie ermutigt Frauen, die in der Antike immer wieder unverschuldet in Not gerieten, viel häufiger als Männer, sich über Konventionen hinwegzusetzen, wenn nur so die eigene Notlage verbessert werden kann.

Niemand hat ein Recht, Frauen zu verurteilen, die aus Not Dinge tun, die sie ohne Not nicht getan hätten.

› Aber letztlich wurde die ganze Geschichte natürlich vor allem deshalb erzählt, weil Rut, die Fremde aus Moabit, sich zum Volk ihrer Schwiegermutter bekennt. Und: Weil Rut und Boas einen Sohn bekommen, Obed, der zum Großvater Davids wird, des späteren Königs und Ahnherrn Jesu. Zu dessen Ahnen gehört also auch die Mehrgenerationen-Patchwork-Familie von Rut und Boas.

AUFSTIEG UND FALL EINES KÖNIGREICHS

Hanna, Samuel und Saul

1› Gott ist mit den Armen, den Flüchtlingen, den Witwen und Waisen und er ist mit den unfruchtbaren Frauen. Das war schon bei Sarah so. Das war so bei Rebekka, bei Rahel und Lea, ist jetzt wieder so bei Hanna, wird noch öfter so sein, und immer ist es Gott, der diesen Frauen hilft. Und wenn sie dann gebären, wird es ein Sohn sein, und zwar immer ein ganz besonderer.

› Hanna ist mit einem Mann verheiratet, der noch eine zweite Frau hat, die Kinder bekommen konnte und Hanna dauernd demütigt und kränkt wegen ihrer Kinderlosigkeit. Hanna betet und weint und betet, Gott möge ihr doch einen Sohn schenken. Sie gelobt, diesen Sohn, so sie ihn denn bekäme, Gott zu überlassen. Schließlich bekommt sie ihren Sohn und nennt ihn Samuel.

› Er wird in jene etwas anarchische Zeit – ungefähr 1.100 vor Christus – hineingeboren, von der schon die Rede war: Es gab keinen König in Israel, jeder tat, was er für rechtens hielt, heißt es am Ende des Buches der Richter.

› Samuel ist es, der Ordnung ins Chaos bringen wird. Auch er wird Richter. Er wird der vorletzte sein und mit ihm wird ein neuer Abschnitt beginnen in der Geschichte Israels.

› Zunächst verschafft er sich großen Respekt im Volk, indem er für Ordnung sorgt, Kriege gewinnt und mit Umsicht und Weisheit das Land regiert. Als er aber alt wurde, machte er einen Fehler und setzte seine wenig geeigneten Söhne als Nachfolger ein. Die nutzten ihr Amt zur eigenen Bereicherung und beugten das Recht.

› Darin erblickten maßgebliche Kreise in Israel eine günstige Gelegenheit, mal wieder ein Thema zur Sprache zu bringen, das viele im Land schon länger beschäftigt: die Königsfrage. Alle Länder haben Könige, nur wir nicht, sagen sie, wir wollen jetzt auch einen.

› Das aber ist ein brisantes Thema. Sollte nicht Gott König über Israel sein? War Israel nicht als ein Volk gedacht, das keinen König braucht, weil Gott ihm die Gesetze gegeben hat? Wenn sie jetzt einen König wollen, dann wollen sie schon wieder sein wie die Heiden. Dabei müssten sie sich nur gehorsam an Gottes Gesetz halten, und das Land würde wieder funktionieren, auch ohne einen Menschen, der als König Macht über alle anderen ausübt.

› Solche Einwände stoßen auf taube Ohren. Das Volk beharrt auf einem König. Daher gehen die Ältesten von Israel zu Samuel und tragen ihm den Wunsch vor.

› Samuel weiß, dass sich dieser Wunsch gegen Gottes Willen richtet. Er bittet um dessen Rat. Und bekommt von Gott in bitterem Ton gesagt: »Lass sie, das richtet sich nicht gegen dich, sondern gegen mich. Sie waren schon immer so, schon von dem Tag an, als ich sie aus Ägypten befreit habe.«

› Gott willigt also ein wie ein resignierter Vater, der eingesehen hat, dass seine Kinder ja doch tun, was sie wollen. Aber dann sollen sie auch die Folgen tragen. Darum sagt er Samuel, er soll seine Leute auf das vorbereiten, was sie erwartet, wenn sie sich unter die Herrschaft eines Königs begeben.

› Das tut Samuel und sagt: »Gut, ihr sollt euren König haben. Aber eins sage ich euch: Der König wird eure Söhne nehmen und sie für sich einsetzen als Soldaten, Diener, Handwerker und Bauern. Er wird eure Töchter nehmen und sie zu seinen Salbenmischerinnen, Köchinnen und Bäckerinnen machen. Eure besten Äcker, Weinberge und Ölbäume wird er nehmen, Steuern wird er erheben, und einen Teil eurer Esel und Schafe wird er euch wegnehmen.«

› Das Volk ließ sich davon nicht beeindrucken und sagte: »Wir wollen trotzdem einen König.« Und so macht sich der greise Samuel auf die Suche nach einem König. Er sucht ihn mit Gottes Hilfe und findet: Saul.

› Ihn salbt Samuel zum König. Israel ist jetzt ein Reich mit einem König. Das Volk jubelt. Saul zieht auch gleich in seine erste Schlacht gegen die Ammoniter. Und siegt. Und siegt nun immer weiter. Es besiegt die Moabiter, Edomiter und Amalekiter. Er siegt über die Könige Zobas und über die Philister. Und siegt sich zu Tode.

› Auf dem Höhepunkt seiner Erfolge wird er depressiv, aber auch aggressiv, verliert das Interesse an den Regierungsgeschäften, das Reich droht zu verkommen. Aus seinem Hofstaat heißt es, Harfenspiel besänftige und beruhige ihn. Man suchte nach einem, der das Instrument gut beherrscht. Und sie finden David, der die Schafe hütet, und bringen ihn an den Königshof.

› Es funktioniert. Wann immer es schlimm wurde mit Saul, spielte David die Harfe, und Saul beruhigte sich wieder.

David und Goliat

2 › Wieder ist Krieg. Die Philister ziehen mit einem Heer gegen Israel und versammeln sich auf einem Hügel. Auf einem Hügel gegenüber steht Saul mit seinen Truppen.

› Aus dem Heer der Philister löst sich ein einzelner Krieger, groß, breit, muskelbepackt, behelmt, gepanzert und bewaffnet bis an die Zähne – der Riese Goliat. Die furchterregende Gestalt macht den Israeliten ein blutschonendes Angebot: »Einer von euch soll gegen mich kämpfen. Gewinnt er den Zweikampf, so wollen wir uns alle geschlagen geben und eure Knechte sein. Gewinne ich, soll es umgekehrt sein.«

› Saul und die Seinen sind entsetzt. In ihren Reihen haben sie niemand, der es mit diesem Philister hätte aufnehmen können.

› Während sie sich beraten, nähert sich ein Hirtenknabe aus Betlehem dem israelitischen Heer – David. Seine drei älteren Brüder dienen in Sauls Truppe. David wurde von seinem Vater geschickt, um nach ihnen zu sehen und ihnen Essen zu bringen.

› Als David seine Brüder findet, tritt der Riese Goliat wieder vor die Israeliten und fordert sie auf, ihm endlich einen Krieger zu schicken, der es mit ihm aufnehme. David sieht, wie Sauls Männer angsterfüllt zurückweichen.

› Da geht David zu Saul und sagt: »Ich will es mit dem Philister aufnehmen.«

› Der König wehrt lächelnd ab. »Du bist ein kleiner, schwacher, unerfahrener Knabe, hast keine Soldatenausbildung und noch nie in einem Krieg gekämpft. Du hast keine Chance gegen diese Kampfmaschine. Goliat ist ein Krieger seit seiner Jugend. Er wird dich zermalmen.«

› David antwortet: »Ich habe keine Angst, denn Gott ist mit mir. Gott war mit mir, als ich einen Löwen erschlug, der eines meiner Schafe reißen wollte. Gott war mit mir, als ich einen Bären erschlug, der sich ein Schaf aus meiner Herde holen wollte. Gott wird auch mit mir sein, wenn ich gegen Goliat kämpfe.«

› Saul sieht, dass es dem Knaben ernst ist. Seine Zuversicht steckt den König an, sodass er schließlich sagt: »Na gut, dann probier dein Glück. Gott sei mit dir.«

› Saul lässt David eine Rüstung anlegen. Er bekommt einen eisernen Helm aufgesetzt, einen schweren Panzer angelegt und ein großes Schwert um die Hüfte gebunden. Zu viel Gewicht für den Jungen. Er kann damit kaum gehen.

› David legt die Rüstung wieder ab. Er holt sich stattdessen fünf Steine aus dem Bach, legt sie in seine Hirtentasche, nimmt eine Schleuder in die Hand. So geht er dem Riesen Goliat entgegen.

› Als der den Knaben sieht, lacht er ihn aus, verhöhnt ihn und fragt, wofür er sich halte und wofür er ihn halte, etwa für einen Hund, den man mit einem Stock verjagen kann? »Komm her«, sagt der Philister, »ich will Vogelfutter aus dir machen.«

› David antwortet: »Rede du nur, Du kommst zu mir mit Schwert, Spieß und Sichelschwert, ich aber komme zu dir im Namen des Herrn, des Gottes des Volkes Israel, das du verhöhnt hast. Dafür wird Gott dich strafen.«

› Als Goliat das hört, stapft er mit schweren Schritten los. David aber weicht nicht zurück, sondern geht schnellen Schrittes auf Goliat zu, bis er den richtigen Abstand zu ihm hat. In diesem Moment greift er in seine Tasche, holt einen Stein heraus, packt ihn in die Schleuder und schießt den Stein damit auf Goliats Kopf mit solcher Wucht, dass der Philister tot umfällt.

› Als die Philister sehen, wie ein fast schutzloser Knabe mit einer Schleuder ihren stärksten Mann zu Fall gebracht hat, ergreift sie Angst und Schrecken, und sie fliehen. Sauls Truppen eilen ihnen nach und schlagen sie vernichtend.

› Zufrieden und stolz kehrt Saul mit seinen Männern zurück in die

Stadt, wo ihnen ein freudiger Empfang bereitet wird. Frauen aus dem ganzen Land tanzen ihnen mit Gesang und Reigen, Pauken und Zimbeln entgegen und jubeln ihnen zu. Als aber Saul hört, was gesungen wird, verfinstert sich sein Blick, denn die Frauen singen: »Saul hat tausend erschlagen, aber David zehntausend.«

› Der ganze Triumph wurde Saul dadurch madiggemacht. Von jetzt an hegt er dunkle Gedanken gegenüber David, der weiter an seinem Königshof die Harfe spielt. Aber Davids Harfenspiel heitert Saul nicht mehr auf. Im Gegenteil, es verschlimmert sein Leiden. Wütend wirft er den Speer nach David, als dieser wieder versucht, ihn mit seiner Musik aufzuheitern.

› Da merkt David, dass er in Gefahr ist, und verlässt den Königshof, flieht in die Berge.

König David

3 › Der Hirtenjunge David bleibt nicht allein in den Bergen. Er schart um sich eine Truppe verwegener junger Männer und wird so etwas wie ein Freischärler, gelegentlich auch ein Räuber, jedenfalls ein Draufgänger und Haudrauf.

› Das geht so, bis die Philister wieder aufmarschieren und gegen Israel in die Schlacht ziehen. Diesmal sind sie die Sieger. Diesmal sind sie es, die Israels Truppen verfolgen und schlagen, zuletzt jagen sie König Saul und dessen Söhne.

› Als Saul die Philister kommen hört – seine Söhne haben sie schon erschlagen –, sagt er zu seinem Diener: Ich will meinen Feinden nicht in die Hände fallen. Diesen Triumph sollen sie nicht haben. Darum zieh dein Schwert und töte mich. Aber der Diener bringt das nicht über sich, weigert sich, Saul zu töten. Daher nimmt Saul sein Schwert und stürzt sich selbst in es hinein. Daraufhin tötet sich auch sein Diener.

› Die Philister erobern nun das ganze Land.

› David ist zu diesem Zeitpunkt 30 Jahre alt und zu einem Mann gereift. Er kehrt zurück in die Stadt, wo man sich an ihn und seine Ruhmestat gegen Goliat erinnert und das Volk sagt: »Sei du unser König.«

› David willigt ein, lässt sich von den Ältesten des Landes zum König salben und beginnt sogleich mit der Rückeroberung des Landes, wirft die Philister hinaus, erobert die Stadt Jerusalem und führt nun eine Reihe von Eroberungskriegen. Am Ende ist er König über ein Großreich. Und dieser David ist nun keine mythische Figur mehr. Den König David und sein Reich hat es wirklich gegeben.

› Die Geschichten über ihn sind mythisch überhöht, aber Tatsache ist, dass er jetzt einen funktionierenden Staat aufbaut mit Beamten, einem stehenden Heer, einer florierenden Wirtschaft. Er sorgt für sichere Grenzen und für Ordnung im Inneren. Priester und Schriftgelehrte sammeln nun mündlich überlieferte Erzählungen und schreiben sie erstmals auf. Lieder werden gedichtet und komponiert, die man Psalmen nennt, und David selbst dichtet auch, zum Beispiel wird ihm der berühmte Psalm 23 zugeschrieben, der aber mit hoher Wahrscheinlichkeit viele Jahrhunderte nach ihm entstanden ist:

Der HERR ist mein Hirte, mir wird nichts mangeln.
Er weidet mich auf einer grünen Aue und führet mich zum frischen Wasser.
Er erquicket meine Seele.
Er führet mich auf rechter Straße um seines Namens willen.
Und ob ich schon wanderte im finstern Tal, fürchte ich kein Unglück; denn du bist bei mir, dein Stecken und Stab trösten mich.
Du bereitest vor mir einen Tisch im Angesicht meiner Feinde.
Du salbest mein Haupt mit Öl und schenkest mir voll ein.
Gutes und Barmherzigkeit werden mir folgen mein Leben lang, und ich werde bleiben im Hause des HERRN immerdar.

Davids Großreich – ein Reich wie jedes andere?

4 › Es könnte eine Geschichte aus Hollywood sein. Auch aus London, Paris, New York, Berlin oder einer deutschen Provinz, denn sie spielt sich überall ab: Ein berühmter Mann sieht eine begehrenswerte Frau. Er weiß, dass sie verheiratet ist. Aber was kümmert's ihn. Er weiß, dass er fast jede Frau kriegt, weil er berühmt ist, mächtig, wohlhabend. Und weil er so berühmt, mächtig und wohlhabend ist, muss er nicht einmal selbst zu der Frau gehen, sondern schickt einen Diener, den er extra zu diesem Zweck angeheuert hat. Über den lässt er ausrichten, dass sie herzlich eingeladen ist, mit ihm zu speisen. Bei sich zu Hause.

› Manche Frau sagt »Nein, danke«. Auch gut. Bei nächster Gelegenheit wird er sich halt mit Gewalt verschaffen, was er haben möchte.

› Bei anderen ist das nicht nötig. Sie kommen freiwillig. Weil sie geschmeichelt sind, dass ein so Berühmter an ihnen interessiert ist. Weil sie neugierig sind und wissen wollen, wie der privat so ist. Weil sie sich einen gesellschaftlichen Aufstieg davon versprechen. Oder berufliche Vorteile.

› So ist das heute, so war es damals vor 3.000 Jahren, als ein junger erfolgreicher König eine Frau sieht, die er haben will, obwohl sie verheiratet ist mit einem seiner Hauptleute. Er schickt seine Boten hin. Sie kommt. Er schläft mit ihr. Ein paar Monate später lässt sie dem König ausrichten, dass sie schwanger sei.

› Peinliche Geschichte für beide. Das darf nicht an die Öffentlichkeit dringen. Wäre sehr schlecht, sowohl für den Ruf des Königs wie der Frau des Hauptmanns. Aber der König hat ja alle Macht der Welt. Da er gerade mal wieder Krieg führt, sagt er einem seiner Generale, er soll den Hauptmann in diesem Krieg an vorderster Front kämpfen lassen, so lange, bis er fällt.

› So geschieht es. Nach einer angemessenen Frist holt der König die Witwe des Hauptmanns in sein Haus und heiratet sie. Sie bekommt seinen Sohn.

› Der König heißt David. Der im Krieg gefallene Hauptmann ist Urija, seine Frau heißt Batseba.

› David wird noch heute verehrt in Israel. Der Davidsstern ziert die Flagge Israels. Den Davidsstern mussten die Juden tragen in Nazi-Deutschland. David, der siegreiche Held. David, der mächtige König. David, der kultivierte Dichter von Psalmen. David, der vornehmste Diener des Volkes Gottes. David, der Urahn von Jesus. David, der Schuft.

› Im Grunde ist das mit David, Urija und Batseba eine ganze normale Geschichte, wie sie sich immer zugetragen hat und immer zutragen wird in der ganz normalen Welt. Im Reich des Königs David, im Reich des Volkes Gottes, geht es also auch nicht anders zu als anderswo.

› Aber dann passiert etwas Außergewöhnliches, und das beweist, dass es eben doch ein bisschen anders zugeht als im Rest der Welt. Das Erste ist, dass Nathan, ein Prophet, Wind von der Sache bekommt und daraufhin zum König geht.

› Schon dass es Propheten wie Nathan gibt, ist etwas Ungewöhnliches. Es gibt sie zwar auch bei anderen Völkern, aber dort hatten sie die Funktion von Weissagern und Sterndeutern.

› In Israel waren Propheten etwas ganz anderes, was es nirgends gab: Kritiker, so etwas wie Journalisten, die den Mächtigen wie auch dem Volk unbequeme Wahrheiten nicht ersparten und Weissager insofern waren, als sie vorausschauend warnten: Wenn ihr diesen Unsinn macht oder jenes vernünftige Vorhaben vereitelt, wird sich das rächen. Also überlegt es euch. So ein kritischer, unabhängiger Geist war Nathan.

› Die zweite Ungewöhnlichkeit ist, dass David diesen Nathan überhaupt empfängt. Wozu soll er an seinem Hof jemanden dulden, der ihm kritisch gegenübersteht? Wozu mit so einem lästigen Kritiker reden und sich anhören, was er wieder auszusetzen hat an ihm, an seiner Regierung, der Staatsführung, dem ganzen Land? Ein König hat das nicht nötig. Aber David empfängt ihn.

› Nathan erzählt ihm eine Geschichte: »Es waren zwei Männer in einer Stadt, der eine hatte sehr viele Schafe und Rinder, der andere nichts als ein einziges Lämmlein, das er gekauft hatte und liebevoll bei sich aufwachsen ließ. Eines Tages erhielt der Reiche Besuch. Die Gastfreundschaft gebot, dem Gast ein köstliches Mahl zuzubereiten. Aber der Reiche war zu geizig, um dafür eins von seinen vielen Schafen oder Rindern zu schlachten. Da nahm der Reiche kurzerhand dem Armen dessen einziges Lamm weg und ließ es schlachten für das Gastmahl.«

› David glaubt, Nathan erzähle ihm eine Geschichte von einem seiner Untertanen und ist empört und poltert los: »Dieser üble Kerl muss sofort mit dem Tod bestraft werden, und vorher muss er das geraubte Lamm dem Armen vielfältig zurückzahlen«.

› Da sagt Nathan zu David: »Du bist der üble Kerl! Du hast Urija, deinen Hauptmann, in den Tod geschickt, um dessen Frau zu nehmen. Du wirst dafür die gerechte göttliche Strafe erhalten. All deine Frauen werden dir genommen werden, und was du getan hast, soll im ganzen Land bekannt werden. Und du wirst sterben müssen.«

› Wieder passiert etwas Außergewöhnliches. An jedem anderen Königshof wäre Nathan in den Kerker geworfen und am nächsten Tag gehenkt worden.

› Nicht so in Israel. David erschrickt über sich selbst und sagt zu Nathan: »Du hast recht. Ich bin ein Schuft. Ich habe mich an Gott, Urija, Batseba und unserem Kind versündigt. Ich weiß nicht, wie ich das wiedergutmachen kann. Aber ich bereue es zutiefst.«

› Woraufhin Nathan sagt: »Weil du deine Schuld eingestehst und sie bereust, wirst du nicht sterben müssen. Aber dein Sohn wird sterben müssen.«

› So geschieht es. David und Batseba weinen und trauern um ihren Sohn. Aber nach einiger Zeit wird ihnen ein zweiter geschenkt, Salomo.

› Ein Machthaber, der Kritik zulässt in seinem Land, auch Kritik an sich und auf berechtigte Kritik reagiert – noch heute ist das in der Welt keine Selbstverständlichkeit. Deshalb, und nicht wegen seiner militärischen Siege, ist David ein großer König geworden und zu Recht noch heute berühmt und verehrt.

› Die Geschichte selbst aber ist eines von vielen Beispielen dafür, wie kritisch die biblischen Erzähler die Macht sehen. Schon vor zweieinhalb bis dreitausend Jahren wussten sie: Macht verführt zum Missbrauch. Daher muss man allen Mächtigen kritisch auf die Finger sehen, auch den guten. Auch die Guten sind nicht gefeit davor, irgendwann eines Tages einen falschen Gebrauch von ihrer Macht zu machen. In Geschichten wie der von David, Batseba und Urija steckt eine der tiefsten Wurzeln für die Pressefreiheit.

König Salomo der Weise, der seinem Reich Ruhm und Glanz beschert

5 › 40 Jahre lang war David König. Als er merkt, dass er sterben wird, lässt er seinen Sohn Salomo kommen, um ihm zu sagen, dass er sein Nachfolger werden solle.

› So geschieht es. Aber Salomo war ein selbstkritischer Mann, und die hohe Verantwortung, die ein König für sein Volk trägt, war ihm durchaus bewusst. So träumte er, dass Gott erschien und fragte: »Worum bittest du mich?«

› Salomo antwortet: »Um Weisheit. Ich bin noch so jung, habe keine Erfahrung in Regierungsgeschäften, aber muss ein großes Volk führen. Ich bitte dich, stehe mir bei.«

› Gott antwortet: »Ich bin erstaunt, dass du mich nicht, wie die meisten, um das Übliche bittest, nicht um ein langes Leben, Reichtum oder den Tod deiner Feinde. Das zeigt mir, dass du schon ein verständiges Herz hast, und daher werde ich dir gern deinen Wunsch erfüllen, dir in allem beizustehen. Reichtum und Ehre gebe ich dir aber noch obendrein.«

› Und so wurde Salomo tatsächlich zu einem weisen, gerechten Herrscher, der sich den höchsten Respekt seines Volkes erwarb. Zugleich blieb er ein bescheidener Diener Gottes.

› Schon bald kursierten im Volk Geschichten über seine Weisheit und sein gerechtes Urteil, zum Beispiel die Geschichte von den zwei Frauen, die zu ihm kamen. Die eine erzählte ihm: »Ich und diese Frau wohnten im selben Haus und ich gebar dort ein Kind. Drei Tage später brachte auch sie einen Sohn auf die Welt, der aber kurz darauf starb, denn sie hatte ihn im Schlaf erdrückt.

› Als sie das merkte, nahm sie ihr totes Kind, schlich mit ihm in mein Zimmer, nahm mein schlafendes Kind weg und legte ihr totes Kind in meinen Arm. Als ich morgens aufwachte, um mein Kind zu stillen, war es tot. Als ich aber genauer hinsah, merkte ich: Es ist nicht mein Kind, sondern das dieser Frau, die es ausgetauscht hat.«

› Die beschuldigte Frau aber widersprach heftig und sagte, es sei umgekehrt. Dem widersprach die andere, und so stritten sie eine Weile vor dem König.

› Schließlich sagt Salomo: »Holt mir mein Schwert. Teilt das lebendige Kind in zwei Teile und gebt dieser die Hälfte und jener die andere Hälfte.«

› Da sagte die Frau, deren Sohn lebte, voller Aufregung: »Bitte nicht, auf keinen Fall. Gebt ihr das Kind, aber lasst es am Leben.« Die andere sagte: »Ich bin einverstanden. Es sei weder dein noch mein. Lasst es teilen.«

› Da wusste der König Bescheid und sagte: »Die Frau, die um das Leben dieses Kindes bat, ist die Mutter. Gebt ihr das Kind.«

Salomos Ruhm und Israels Niedergang

6 › Unter Salomo kommt das Reich zur Blüte. Er versteht es, Frieden zu halten mit den Nachbarvölkern. Die Friedenszeit nutzt er, um Handel zu treiben mit anderen Ländern. Das vermehrt den Wohlstand im Land und besonders auch seinen eigenen.

› Er lässt für Gott einen prachtvollen Tempel bauen und für sich einen prachtvollen Königshof. Salomo wird eine Berühmtheit weit über die Grenzen seines Landes hinaus. Er hält prunkvoll Hof, empfängt Herrscher aus allen Ländern. Sie bringen ihm ihre Ehrerbietung und reichlich Geschenke dar und erzählen in der Welt von Salomos sagenhafter Weisheit, Salomos sagenhaftem Reichtum, Salomos sagenhafter Pracht.

› Sogar die Königin von Saba im fernen Äthiopien hat von ihm gehört, kann nicht glauben, was über ihn erzählt wird und macht sich daher auf eine lange beschwerliche Reise nach Israel, um den berühmten Mann und sein Reich kennenzulernen. Sie kehrt beeindruckt zurück und erzählt, dass alles noch märchenhafter ist, als sie es sich vorgestellt hatte.

› Israel ist jetzt tatsächlich ein Land, in dem Milch und Honig fließen. Israel ist im Zenit seines Erfolges.

› Aber wie das so ist im Zenit: Dort geht's nicht noch höher. Dort beginnt der Abstieg. Er beginnt, weil der weise, gottesfürchtige Salomo im Rausch seines Erfolgs doch vergisst, wem er all den Ruhm und den Reichtum zu verdanken hat. Vor allem hat er vergessen, dass Reichtum und Ruhm nicht das Eigentliche, sondern nur Dreingaben Gottes sind, wenn sonst alles stimmt.

› Aber es stimmt nicht mehr im Reiche Salomos. Der entwickelt eine unheimliche Gier nach Frauen, auch nach ausländischen, heidnischen. 700 Hauptfrauen und 300 Nebenfrauen nennt er sein Eigen. Sie lassen ihn vergessen, wem er sein Glück zu verdanken hat. Er beginnt, Gefallen zu finden an den fremden Göttern dieser Frauen, umso mehr, je älter er wird.

› Die Strafe folgt und zieht sich über viele Jahre hin. Salomo regiert wie sein Vater David das Reich 40 Jahre lang, dann stirbt er, und nach seinem Tod zerfällt das Reich in zwei Teile, in das Nordreich Israel und das Südreich Juda.

› Israel existiert noch rund zwei Jahrhunderte mit unbedeutenden Königen von 926 bis 722 v. Chr. Danach wurde es von den Assyrern erobert. Die haben einen großen Teil des Volkes nach Assyrien deportiert. In dem entleerten Gebiet siedelten sie fremde Völker an, die sich dort, rund um die Hauptstadt Samarien, teilweise vermischten mit dem zurückgebliebenen Rest der Israeliten. So entstand das Mischvolk der Samariter.

› Juda existiert ein paar Hundert Jahre länger, von 926 bis 587 v. Chr. Die Hauptstadt blieb Jerusalem. Die Katastrophe brach herein, als König Nebukadnezar von Babylon das Land überfiel, den Tempel plünderte und zerstörte und große Teile des Volkes nach Babylon deportierte, wo es fast sechs Jahrzehnte in babylonischer Gefangenschaft verbrachte.

EIN VOLK OHNE KÖNIG, OHNE LAND, OHNE ORIENTIERUNG

Zwischenruf: Total besiegt, zerstreut, deportiert, demoralisiert und trotzdem nicht untergegangen – wie war das möglich?

Gott hatte einen Plan. Dafür brauchte er ein Volk. Er schuf es sich unter Mühen aus Abraham, Isaak und Jakob. Als dieses Volk durch eine Hungersnot beinahe umgekommen wäre, floh es nach Ägypten, wo es zuerst gerettet und ein paar Hundert Jahre später versklavt wurde. Mose führte die Sklaven aus Ägypten in die Freiheit, in die Wüste, wo sie am Berg Sinai einen Bund mit dem Gott ihrer Väter schlossen. Sie schworen, nach dem Gesetz zu leben, das ihnen ihr Gott damals gegeben hatte.

Sie fühlten sich auserwählt. Sie fühlten sich als etwas Besonderes. Dann merkten sie, dass diese Berufung durch ihren Gott mehr Last als Lust war und dieser Gott hohe Ansprüche an sie hatte. Es fiel ihnen schwer, diesen Ansprüchen gerecht zu werden. Was Gott von ihnen verlangte, war eine Absage an alle bisherigen Gewohnheiten. Voller Neid blickten sie auf die anderen Völker, die einfach weiterlebten wie gehabt, nach ihren Gewohnheiten, und unter Göttern, die ihnen nicht viel abverlangten. Gern wären viele aus dem Volk Gottes wieder zurückgekehrt zu den alten Gewohnheiten, den alten Göttern.

Lange hatten sie auch gedacht, dass ihr Gott nur einer unter anderen Göttern sei und man nach Belieben zwischen ihnen wechseln könne. Die Abkehr vom Monotheismus und die Rückkehr zur alten Vielgötterei war eine beständige Versuchung für das Volk. Es war ein langes Schwanken, bis ein neuer Typ Mensch unter ihnen auftauchte: der Prophet. Zwei haben wir schon kennengelernt: Samuel und Nathan. Im Verlauf der weiteren Geschichte werden es mehr. Aber immer sind es von Gott berufene Mahner, Kritiker, Mittler, Zeit- und Geschichtsdeuter, unbeliebte Strafprediger, manchmal auch Visionäre mit politischen und sozialkritischen Botschaften.

Propheten erschreckten das Volk mit einer Botschaft, die es ja eigentlich kannte: Es gibt nur einen Gott. Und nur den sollt ihr verehren. Was die anderen Völker anbeten und für Götter halten, sind in Wahrheit nur Götzen, menschengemachte Figuren aus Holz und Ton.

Von ihnen, den Propheten, wissen wir, dass Israel den göttlichen Plan immer wieder durchkreuzt hatte. Sie waren es, die das Bewusstsein für den besonderen Auftrag des Volkes Gottes wachhielten. Sie waren es, die ihre ganz normalen Zeitgenossen, aber auch Könige und Priester dafür kritisierten, dass sie nicht taten, was Gott wollte, sondern was sie wollten. Sie waren es, die das Volk immer wieder ans erste Gebot erinnerten: Ich bin der Herr, dein Gott, du sollst keine anderen Götter haben als mich.

Das Volk war zwar nicht mehr ganz so wie die anderen Völker, aber noch lange nicht so, wie es nach Gottes Willen hätte sein sollen. Gegen den natürlichen Drang des Volkes, immer wieder in die alten Gewohnheiten zurückzufallen, brauchte es eine Kraft, die sich dagegenstemmte. Diese Kraft waren die Propheten. Sie sorgten für regelmäßige Kurskorrekturen, wenn das Volk abzudriften drohte.

Dafür hat sie das Volk nicht geliebt. Sie gingen ihren Landsleuten ziemlich auf die Nerven, ließen sich aber – meistens widerstrebend und mürrisch – dann doch wieder von den Propheten auf den richtigen Weg bugsieren.

Selten geschah das aus Einsicht, häufiger aus Angst vor dem Zorn und der Strafe Gottes. Das war das Problem der prophetischen Kritik, dass sie so oft nur eine Strafpredigt war, eine Drohung nach dem Muster: Wenn ihr nicht tut, wie Gott will, wird er euch vernichten und euch alle untergehen lassen.

Die Vernichtungen kamen dann auch. Zuerst wurde Israel dem Erdboden gleichgemacht, später Juda, und das überlebende Volk verbrachte sein Leben in der babylonischen Gefangenschaft – was nun so aussieht, als hätten die Propheten doch die Zukunft vorhergesagt, und auch noch richtig. Aber heute wissen wir, dass diese »Prophetie« sehr häufig nachträgliche Geschichtsdeutung war.

Daher muss man auch die prophetischen Bücher mit Vorsicht genießen. Wie bei fast allen biblischen Geschichten sind Dichtung und Wahrheit oft schwer voneinander zu trennen. Wann welcher Prophet gelebt hat, ob er selber spricht oder nur von ihm erzählt wird, ist häufig ungeklärt. Ob Jeremia das Jeremia-Buch selbst geschrieben hat oder ein anderer, und wenn ja, wann, ist ebenso ungewiss wie die Autorenschaft des Buches Jesaja. Zahlreiche Texte der Bibel bestehen aus Teilen unterschiedlichen Alters und unterschiedlicher Herkunft. Sie wurden von Priestern so zu einem Ganzen zusammengefügt, dass es eine eigene Wissenschaft ist, die verschiedenen Teile auseinanderzuhalten und ihr Alter und ihren Ursprung zu bestimmen.

Diese Probleme werden hier nicht geklärt, ja nicht einmal erörtert, denn: In diesem Buch geht es zuallererst um das Wiederbekanntmachen der Geschichten selbst. Sie enthalten häufig einen historischen Kern, um den herum Sagen, Legenden, Gleichnisse, Predigten, Lehrbeispiele, Gesetzestexte, Stammbäume geschrieben wurden. Man lese sie also einfach als Literatur, und nicht als Berichte historischer Ereignisse.

Die, für die diese Geschichten geschrieben wurden, hatten sie allerdings für historische Ereignisse gehalten und eben daraus immer wieder die Kraft für ihr Überleben bezogen. Es war der Glaube an die unverbrüchliche Treue ihres Gottes, der dieses Volk am Leben erhielt. Und wenn der Glaube zu zerbröseln drohte, fanden sich Priester und Propheten, die an den Bund mit Gott erinnerten und die damit verbundenen Geschichten erzählten. Immer wieder.

Amos, der Sozialkritiker

1 › Was faul war im Staate Israel, erfahren wir von kaum einem Propheten so klar wie von Amos. Er sprach aus, was alle wussten, aber nicht wahrhaben wollten.

› Es sollte keinen Armen geben in Israel. Aber es gab sie. Witwen und Waisen sollten nicht benachteiligt werden, aber sie waren die Rechtlosesten im Land. Reiche sollten von ihrem Wohlstand abgeben, aber haben es nicht getan. Es sollte keine Ober- und Unterschicht geben, aber es gab sie.

› Darum ließ Amos dem Volk von Gott ausrichten: »Ich hasse, ich verachte eure Feste. Eure Brandopfer kann ich nicht mehr riechen, und eure Speis- und Dankopfer interessieren mich nicht. Das Geplärr eurer Lieder und eure kunstvollen Harfenspiele widern mich an. *Es soll aber das Recht daherfluten wie Wasser und die Gerechtigkeit wie ein unversiegbarer Strom!*«

› Eine gerechte Ordnung, sagt Amos, ist Gott wichtiger als die formale Einhaltung religiöser Vorschriften. Amos hatte gesehen, dass zwar viele, besonders die Wohlhabenden, den Sabbat einhielten, Gott lobten, zu Ehren Gottes schöne Feste feierten – aber, so fragte er, was nützt das alles, wenn viele in tiefster Armut leben? Wenn sich die Reichen auf elfenbeinverzierten Polsterbetten räkeln, das zarte Fleisch von Lämmern und Mastkälbern essen und den Wein kübelweise trinken?

› Wenn eine Gesellschaft solche Zustände hinnimmt, ja selbst herbeiführt, dann ist ihr ganzes religiöses Getue nur leeres Gewäsch und frömmelndes Geschwätz, polterte Amos. Die strengste Befolgung religiöser Vorschriften wird wertlos, wenn ihnen da draußen keine Realität entspricht. Darum: Sorgt zuallererst für Gerechtigkeit, dann könnt ihr auch unbeschwert eure Feste feiern.

› Hielten die einen sich wenigstens noch an den Glauben ihrer Väter, so gab es andere, die nicht einmal mehr diesen Glauben teilten und auch noch andere Götter anbeteten. Amos jedoch hatte unmissverständlich klargemacht: Das muss aufhören. Es gibt nur einen Gott, unseren, den Gott unserer Väter, und der ist auch der zuständige Gott für alle anderen Völker, eben weil es außer ihm keinen anderen gibt.

Jona, der mutige Feigling

2 › Eigentlich müsste sich doch jeder geschmeichelt und geehrt fühlen, wenn er von Gott selbst aus der grauen Masse herausgehoben, auserwählt und mit einem göttlichen Auftrag versehen würde. Aber in der Bibel freut sich kaum je einer, den so ein göttlicher Ruf ereilt. Weil jeder gleich ahnt: Das gibt ja doch nur Arbeit und Ärger, wenig bis keinen Lohn und Ruhm wahrscheinlich auch nicht.

› Also reagiert der Berufene mit Ablehnung, Abwehr, Widerspruch, Ausreden oder gleich mit Flucht – so, wie der Prophet Jona. Der bekommt von Gott den Auftrag, nach Ninive zu gehen, dort die Laster der Bewohner anzuprangern und deren Verderben anzukündigen.

› Jona will das auf keinen Fall. Er lehnt das so sehr ab, dass er gar nicht erst diskutiert mit Gott, sondern wie ein eigensinniges Kind in die entgegengesetzte Richtung abhaut, ein Schiff besteigt und übers Meer fährt in ein fernes Land, möglichst weit weg von Ninive.

› Das war natürlich dumm von Jona. Dass man einem allmächtigen Gott nicht so einfach entkommt, hätte er sich denken können. Aber die Angst war größer als der Verstand, und so ist er nun im Bauch des Schiffes ruhig eingeschlafen.

› Aber Gott schickt einen gewaltigen Sturm. Haushohe Wellen krachen gegen das Schiff. Tonnenschwere Wassermassen platschen auf das Deck und drohen das Schiff unter sich zu begraben. Die Seeleute fürchten um ihr Leben, nur einer nicht: der noch immer tief im Schiffsbauch schlafende Jona. Der Kapitän steigt zu ihm hinunter, weckt ihn und sagt: »Was schläfst du? Steh auf, rufe deinen Gott an! Vielleicht wird er uns helfen.«

› Unterdessen rätselt die Besatzung, warum ihnen dies geschieht. Unter ihnen muss mindestens einer sein, der an dem Unglück schuld ist.

Um das herauszufinden, werfen sie das Los. Das Los trifft Jona.

› Er versteht sofort, gibt zu, dass er die Ursache für den Sturm ist, und wird nun plötzlich zum Helden, denn er sagt: »Werft mich ins Meer, damit ihr überlebt.«

› Das jedoch bringen die Seeleute nicht übers Herz, sodass sie lieber verzweifelt weiterrudern. Aber das Meer tost. Kein rettendes Land in Sicht. So entschließen sie sich, Jona nun doch ins Meer zu werfen. Und: Augenblicklich hört der Sturm auf. Sie sind gerettet.

› Und Jona? Zappelt im Wasser, bereitet sich innerlich auf seinen Tod vor, als plötzlich ein riesiger Fisch dahergeschwommen kommt und Jona verschlingt. Lebend landet Jona im Bauch des großen Fisches.

› Es ist finster, es ist nass, es stinkt im Bauch des Fisches, aber Jona lebt. Schon seit drei Tagen. Er erinnert sich seines Ungehorsams und beginnt zu bereuen und zu Gott zu beten.

› Und plötzlich spuckt der Fisch ihn aus, an Land. Jona ist gerettet.

› Gott wiederholt nun seinen Auftrag an Jona. Der nimmt jetzt nicht mehr Reißaus, sondern geht nach Ninive und predigt den Bewohnern dort das göttliche Strafgericht: »In vierzig Tagen wird eure Stadt untergehen.«

› Nun geschieht etwas Erstaunliches: Die Bewohner der Stadt lachen ihn nicht aus, nein, sie nehmen Jonas Rede ernst. Sie fasten, kleiden sich zur Buße in Säcke, sogar der König zieht seinen Purpurmantel aus, hüllt sich in einen Sack und setzt sich in einen Haufen Asche. Das ganze Volk fleht zu Gott, dass er die Stadt verschone. Alle versprechen, ihr Leben zu ändern.

› Gott zeigt sich davon so beeindruckt, dass er seinen Entschluss ändert. Ninive wird verschont. Alle freuen sich. Bis auf einen: Jona.

› Der zetert: »Erst bestrafst du mich und auch noch unschuldige andere auf dem Schiff, und versetzt mich und die Seeleute in Todesangst, weil ich mich weigerte, den Bewohnern von Ninive dein Strafgericht zu verkünden, dann gehe ich hin und tue, was du mir aufgetragen hast, und was passiert? Das Gegenteil von dem, was ich den Leuten gesagt habe.«

› Jona hatte offenbar nicht verstanden, oder wollte nicht verstehen, dass Gott seine Pläne ändern kann, wenn es dafür einen Grund gibt. Und die Bewohner Ninives hatten ihm ja einen Grund geliefert: Sie bereuten. Sie änderten ihr Leben.

› Gott versuchte, Jona das zu erklären. Vergeblich.

› Der etwas kindische, begriffsstutzige Prophet verlässt schmollend und schweigend die Stadt, baut sich eine Hütte auf einem Berg, um zu sehen, ob Gott die Stadt vielleicht doch noch vernichten würde. Aber nichts geschieht, außer dass Gott vor Jonas Hütte eine Rizinuspflanze wachsen lässt, die Jona vor der sengenden Sonne schützt.

› Am nächsten Morgen jedoch lässt Gott die Pflanze verdorren. Jona schwitzt. Und wird wieder wütend. Da fragt Gott ihn: »Meinst du, dass du wegen dieses Strauches ein Recht hast, auf mich wütend zu sein? Und Jona antwortet trotzig: »Jawohl, zu Recht bin ich zornig.«

› Gott antwortet: »Du jammerst wegen eines Strauches, den du nicht gesät hast. Und mir sollte das Schicksal einer ganzen Stadt egal sein, in der mehr als hundertzwanzigtausend Menschen leben, dazu auch viele Tiere?«

› Damit endet die Geschichte von Jona. Es wird nicht erzählt, ob Jona die Lektion gelernt hat.

Daniel, der Abenteurer, Aufklärer und Missionar

3› König Nebukadnezar von Babylon hatte große Teile des Volkes Gottes in sein Land deportieren lassen – die berühmte, schon mehrfach erwähnte babylonische Gefangenschaft. Der König, kein Dummer, hielt immer Ausschau nach klugen, begabten Leuten, deren Fähigkeiten er für sein Reich nutzen konnte. Und wurde auch fündig unter seinen Gefangenen, diesem deportierten Volk mit dem seltsamen Gott.

› Einer dieser tüchtigen Gefangenen war Daniel. Er, aber auch seine drei Freunde, sind dem König schon früh aufgefallen. Was immer er sie fragte, sie waren zehnmal klüger als alle Zeichendeuter und Weisen in seinem ganzen Reich. Daher holte er sie als seine Berater in seinen Palast.

› Die vier Freunde lebten dort gut, aber wurden dem Gott ihrer Väter nicht untreu. Besonders Daniel verweigerte die feinen Speisen, die ihnen serviert wurden, wenn sie nach den Vorschriften seines Volkes als unrein galten. Der König tolerierte das, war vielleicht sogar beeindruckt von dieser Haltung.

› Er zeigte sich durchaus interessiert an der Religion seiner judäischen Berater, blieb aber dennoch ein Heide. Als solcher ließ er eines Tages ein großes Standbild anfertigen, das alle Bewohner des Landes, auch Durchreisende, Gäste, Besucher anbeten mussten. Jeder, der gegen diesen Befehl verstieß, sollte bei lebendigem Leib verbrannt werden.

› Daniels drei Freunde weigerten sich, das Götzenbild anzubeten. Wo Daniel zu diesem Zeitpunkt war, wissen wir nicht. Der kommt erst später wieder ins Spiel. Zunächst geht es nur um seine drei Freunde. Dass die sich weigerten, das Götzenbild des Königs anzubeten, wurde ihm rasch berichtet.

› Er stellte die drei zur Rede und drohte ihnen mit dem Feuertod. Die aber antworteten seelenruhig: »Mach nur, unser Gott wird uns erretten. Und wenn er's nicht tun sollte, würden wir uns trotzdem weigern, dein Götzenbild anzubeten, denn wir glauben nur an unseren Gott, den einzigen, der auch der eure ist.«

› Da wurde der König wütend und befahl, den Ofen siebenmal heißer zu machen als normal, und darin die drei Widerspenstigen zu verbrennen. Als die maximal mögliche Temperatur erreicht war, wurden die drei Häftlinge von Soldaten zum Feuer geführt. Die Soldaten schafften es gerade noch, die Gefesselten in den Ofen zu werfen, aber nicht mehr, selbst wieder heil zurückzukehren. Von dem Ofen ging eine solche Hitze aus, dass sie darin umkamen.

› Daniels drei Freunde jedoch gingen im Ofen spazieren, als ob nichts wäre. Und zum Entsetzen des Königs war auch noch ein vierter dabei, der, wie der König unruhig bemerkte, aussah wie ein Sohn der Götter. Der verängstigte König rief den Gefesselten durchs Feuer zu, dass sie herauskommen sollen.

› Als sie vor ihm standen, sahen er und alle Anwesenden staunend, dass die drei völlig unversehrt waren. Kein Haar, keine Haut, kein Kleidungsstück war versengt, und sie rochen noch nicht einmal nach einem Brand.

› Nun war König Nebukadnezar überzeugt, dass der Gott dieser drei Judäer der wahre Gott sei. Ab sofort sollte er in seinem Reich angebetet werden.

Daniel in der Löwengrube

4 › Auch Daniel hatte so eine »Feuerprobe« zu bestehen, allerdings in einer Löwengrube. Das war unter einem anderen König. Darius hieß er, auch der wusste die Dienste Daniels so zu schätzen, dass er ihn immer weiter nach oben beförderte. Zuletzt wurde er einer von 120 Statthaltern, unter diesen aber der beste, sodass der König plante, Daniel zum Obersten über das ganze Reich zu setzen.

› Das erregte den Neid vieler anderer am Königshof, und sie berieten sich, wie sie Daniel zu Fall bringen könnten, merkten aber schnell: Sein Verhalten ist ohne Fehl und Tadel, er macht keine Fehler, der Erfolg klebt an ihm. Wenn es überhaupt etwas gibt, woraus sich eine Intrige spinnen ließe, so wäre das allenfalls seine Treue zu diesem fremden Gott seines Volkes.

› Nach einiger Überlegung kamen sie auf die Idee, den König schmeichlerisch zu beschwatzen, dass er ein Gesetz erlasse, in dem steht, dass Bitten jeder Art im ganzen Reich nur noch an den König zu richten sind, an keinen Gott und schon gar nicht an andere Menschen. Wer dagegen verstößt, soll zu den Löwen in die Grube geworfen werden.

› Dem König gefiel diese Idee seiner Vergöttlichung, und er unterschrieb das Gesetz, ohne daran zu denken, dass dieses seinen besten Mann in größte Schwierigkeiten bringen würde. Und so nahm die Sache ihren Lauf.

› Daniel hörte von dem neuen Gesetz, aber nahm es nicht ernst. Er betete, wie es seine Gewohnheit war, dreimal täglich zu seinem Gott und brachte ihm seine Bitten vor. Und er tat dies nicht heimlich, sondern daheim bei offenen Fenstern, sodass alle, die vorbeikamen, es hören konnten.

› So wurde er belauscht von seinen Neidern, die umgehend ihrem König erzählten, was sie gehört und gesehen hatten. Als der König das hörte, wurde er sehr betrübt, denn wer opfert schon gerne seinen besten Mann. Er überlegte, wie er Daniel vor der Löwengrube bewahren könnte, fand aber keinen Ausweg.

› Also ließ er Daniel am nächsten Tag holen und sagte entschuldigend zu ihm: »Ich hoffe und wünsche dir, dass dir dein Gott, dem du unermüdlich dienst, helfen wird.« Danach warfen sie ihn in die Grube und verschlossen sie.

› Der König konnte an jenem Tag nichts essen, ging unruhig in seinem Palast umher und verbrachte eine unruhige Nacht. Als dann ein neuer Tag anbrach, in aller Frühe, eilte er zur Löwengrube, hoffend, Daniel lebend anzutreffen.

› Seine Hoffnung wurde erfüllt. Daniel berichtete ihm, Gott habe einen Engel geschickt, der den Löwen den Rachen zugehalten hat, sodass sie ihm kein Leid antun konnten. Fröhlich ließ der König Daniel aus der Löwengrube ziehen. Die Männer aber, die Daniel angeklagt hatten, ließ der König holen und in die Grube werfen, samt ihrer Frauen und Kinder. Und ehe sie den Boden erreichten, ergriffen die Löwen sie und zermalmten alle ihre Knochen.

› Nun war es der König Darius, der den Gott Daniels im ganzen Reich verehren ließ. Und Daniel hatte große Macht im Königreich des Darius und auch im Königreich des Kyrus von Persien.

Daniel und das Menetekel

5 › Daniel diente also vielen Königen, außer Nebukadnezar, Darius und Kyrus auch Belsazar, dem Sohn Nebukadnezars in Babylon. Mit Belsazar aber nahm es kein gutes Ende. Ihm wurde zum Verhängnis, dass er bei einem Festmahl den Wein in goldene und silberne Gefäße füllen ließ, die sein Vater Nebukadnezar aus dem Tempel in Jerusalem geraubt hatte.

› Auf diese Entweihung der heiligen Gefäße folgte eine unheimliche Antwort. Plötzlich tauchte da während des Festgelages in großer Gesellschaft wie aus dem Nichts eine Hand auf, die etwas an die Wand des Palasts schrieb, was aber der König nicht entziffern konnte. Er wurde kreidebleich und seine Knie schlotterten.

› Auch unter den Festgästen war niemand, der die Schrift lesen konnte. Rasch ließ der König seine Zauberer, Wahrsager und Sternkundigen herbeiholen und versprach dem, der ihm sagen konnte, was das bedeutet, Kleider aus Purpur, eine goldene Kette und eine hohe Stellung im Königreich. Aber keiner konnte die Schrift lesen, keiner ihm sagen, was das zu bedeuten hatte.

› Darüber erschrak Belsazar noch mehr und verlor seine Farbe ganz.

Seinem Hofstaat wurde angst und bange.

› Die Königinmutter, von Bediensteten alarmiert, betrat den Saal und sagte: Es gibt doch einen Mann in deinem Reich, den Klügsten unter allen, der schon unter deinem Vater gedient hat – Daniel. Wenn einer die Schrift lesen und die Zeichen deuten kann, dann er.

› Erleichtert ließ der König Daniel holen.

› Der sah sich die Schrift an der Wand an und las laut vor: »*Mene mene tekel u-parsin.*« Und erklärte: »*Mene* bedeutet, dass es mit deinem Königtum zu Ende geht. Noch heute Nacht. *Tekel* heißt, man hat dich auf der Waage gewogen und zu leicht befunden. Und *u-parsin*: Dein Reich wird an die Meder und Perser fallen. Sie werden es unter sich aufteilen. Es ist die göttliche Strafe dafür, dass dein Vater unseren Tempel zerstört und ausgeraubt hat und ihr jetzt hier es wagt, aus unseren heiligen Gefäßen zu trinken. Und auch dafür, dass ihr falsche Götter anbetet, obwohl ich euch immer vom einen und wahren Gott erzählt habe, kommt jetzt die Strafe.«

› Noch in derselben Nacht wurde Belsazar getötet. Danach überfielen die Meder und Perser das babylonische Reich und teilten es unter sich auf.

Daniel deckt einen Priesterschwindel auf

6 › Daniel überstand auch diesen Regimewechsel und diente nun dem Perserkönig Kyrus. Der betete den Gott Baal an. Dem musste man täglich zwölf Säcke feinstes Mehl opfern, dazu vierzig Schafe und auch noch sechs Fässer Wein.

› Eines Tages fragte der König seinen Berater Daniel: »Warum betest du nicht auch Baal an?«

› »Weil er kein wirklicher und lebendiger Gott ist, sondern nur ein Götze, eine von Menschenhand gemachte Figur aus Holz und Ton«, antwortete Daniel.

› Der König lachte und sagte: »Und wer, meinst du, isst dann all die täglichen Opfergaben? Seit wann können hölzerne und tönerne Figuren essen und trinken?«

› Nun war es Daniel, der lachte und sagte: »Mein König, ich weiß nicht, wer diese Unmengen an Opfergaben täglich vertilgt, aber eines weiß ich sicher: Diese Gottes-Figuren da sind es nicht.«

› In einer Mischung aus Zorn und Nachdenklichkeit ließ Kyrus seine 70 Priester rufen und sagte: »Ich will jetzt sofort wissen, wer all diese Opfergaben verzehrt. Wenn ihr mir beweisen könnt, dass es Baal ist, dann muss Daniel sterben. Wenn ihr es aber nicht beweisen könnt, seid ihr des Todes.«

› Gelassen antworteten die Priester, dass es ein Leichtes sei, Baals gewaltigen Appetit zu beweisen: »Lass uns ein Experiment wagen. Du selbst, großer König, trägst die Speisen und Getränke auf im Tempel. Danach gehst du hinaus, verschließt die Tür und versiegelst sie mit deinem eigenen Ring. Wenn du dann morgen früh wiederkommst und findest, dass Baal nichts oder nicht alles verzehrt hat, so wollen wir sterben; sonst aber Daniel, der uns verleumdet hat.«

› Der König ließ sich darauf ein. Auch Daniel war einverstanden.

› Die Priester verließen den Tempel. Ganz allein trug der König die Speisen und Getränke auf. Daniel jedoch ließ unterdessen den Boden mit Asche bestreuen. Als der König fertig war, ging er mit Daniel hinaus, verschloss die Tür und versiegelte sie.

› Am nächsten Morgen gingen der König und Daniel zum Tempel und überzeugten sich, dass die Siegel unversehrt sind. Dann öffneten sie die Tür und sahen: Alle Gefäße leer. Alles aufgegessen und ausgetrunken.

› Und der König rief erleichtert aus: »Das ist der Beweis. Groß bist du, o Baal.«

› Wieder lachte Daniel, hielt den König zurück, damit er nicht hineinging, und sagte: »Schau doch mal auf den Boden. Siehst du die Fußspuren?«

› Der König antwortete: »Tatsächlich. Spuren von Männern, Frauen und Kindern.«

› Sie gingen den Spuren nach, die zu einer Geheimtür führten. Da war dem König klar, wer wirklich des Nachts im Tempel aß und trank.

› Er ließ die betrügerischen Priester mit ihren Frauen und Kindern ergreifen und sie hinrichten.

KORREKTUR EINES GOTTESBILDS

Hiob, Gottes bester Mann, muss leiden wegen einer teuflischen Wette

1 › Die Geschichte von Hiob beginnt fast wie ein Märchen: *Es war ein Mann im Lande Uz, der hieß Hiob. Und er war fromm, rechtschaffen, gottesfürchtig,* ein Held ohne Fehl und Tadel. Reich war er obendrein. Siebentausend Schafe, dreitausend Kamele, fünfhundert Rinder und fünfhundert Eselinnen gehörten ihm. Und darüber hinaus war er auch noch mit sieben Söhnen und drei Töchtern gesegnet.

› Aber es wird noch märchenhafter. Plötzlich befinden wir uns im Himmel und werden Zeuge eines Besuchs des Teufels bei Gott – so, als ob das etwas völlig Normales wäre, dass der Teufel ab und zu vorbeikommt wie ein guter Bekannter und einen Plausch mit Gott hält.

› Der Teufel erzählt nun wie einer, der gerade von einer Weltreise zurückgekommen ist. Gott aber legt auf einen ausführlichen Reisebericht keinen Wert, sondern will nur eines wissen: »Hast du auf meinen Knecht Hiob geachtet?« Wie ein Vater, der voller Stolz seinen Lieblingssohn rühmt, fügt er hinzu: »So einen wie ihn findest du kein zweites Mal auf der Welt. An dem beißt sogar du dir die Zähne aus.«

› Der Teufel jedoch macht eine wegwerfende Handbewegung und sagt: »Ach was, das ist ja keine große Kunst, so fromm zu sein, wenn man alles hat und so reich und glücklich ist wie Hiob. Gott lässt sich leicht loben, wenn man im größten Wohlstand lebt, erfolgreich ist und von keiner Sorge geplagt. Wie rechtschaffen und fromm Hiob wirklich ist, wüsste man erst, wenn er alles verlöre und plötzlich ein elendes Dasein führen müsste. Darum: Stell ihn doch mal auf die Probe. Nimm ihm alles weg, was er hat. Wetten, dass dein Knecht dann rasch alle Tugenden verliert?«

› Nun fühlt sich Gott herausgefordert. Er ist ganz sicher: Hiob ist Gott aus Überzeugung treu, und nicht nur, weil er meint, die Treue zahle sich aus.

› Daher nimmt Gott die Herausforderung an, lässt sich tatsächlich auf die teuflische Wette ein.

› Der Teufel schlägt ein. Schnell macht er sich auf den Weg, um Hiob zu erledigen.

› Und schon prasselt auf den ahnungslosen Hiob eine Folge schlechter Nachrichten herab, die man seitdem »Hiobsbotschaften« nennt. Ein erschöpfter und verängstigter Bote trifft ein und teilt Hiob kreidebleich mit: »Deine Knechte haben deine Felder gepflügt, als plötzlich eine Bande von Räubern aus Saba kam und die Knechte erschlug und all deine Rinder und Eselinnen raubte. Ich allein bin davongekommen.«

› Der Bote hat noch nicht ausgeredet, als auch schon der nächste hereingestürzt kommt und berichtet: »Feuer fiel vom Himmel und verbrannte Schafe und Knechte, und ich allein bin davongekommen.«

› Noch während er so redet, eilt ein dritter herbei und meldet: »Die Chaldäer haben deine Kamele geraubt und deine Knechte erschlagen, und ich allein bin davongekommen.«

› Und auch noch ein vierter kommt und hat die schlimmste Nachricht: »Ein gewaltiger Sturm hat das Haus deines Erstgeborenen zerstört. Darin aßen und tranken deine Söhne und Töchter. Sie wurden von den Trümmern begraben. Alle tot, nur ich allein überlebte.«

› Da sank Hiob zu Boden, weinte, aber sagte mit erstickter Stimme: »Ich bin nackt auf die Welt gekommen, nackt werde ich diese Welt wieder verlassen. *Der Herr hat's gegeben, der Herr hat's genommen; der Name des Herrn sei gelobt!«*

› Gott hat seine Wette gewonnen.

Ein Gerechter stellt einen ungerechten Gott zur Rede

2 › Im Himmel ist der Teufel wieder zu Besuch. Triumphierend ruft Gott: »Siehst du? Alles hat Hiob verloren, und dennoch hält er treu zu mir.«

› »Ach na ja,«, antwortet der Teufel, »Hiob hat noch längst nicht alles verloren. Er mag jetzt arm sein, aber er erfreut sich noch immer bester Gesundheit. Raube ihm die Gesundheit, und du wirst sehen, wie er dich verflucht.«

› Gott willigt auch in diese Wette ein.

› Der Teufel plagt Hiob mit unerträglichen Schmerzen und Geschwüren vom Fuß bis zum Scheitel, sodass Hiob eine Scherbe nimmt, um sich damit zu kratzen, und sich in einen Aschehaufen setzt, damit das Blut gerinnt. Seine Frau kommt zu ihm und sagt: »Was ist das für ein Gott, der so auf dir herumtrampelt? Sag dich los von ihm. Er verdient deine Treue nicht.«

› Aber Hiob antwortet: »Haben wir Gutes empfangen von Gott, sollten wir das Böse nicht auch annehmen?« Hiob bleibt also Gott weiterhin treu, aber hat nun eine Frage: »Warum? Warum tut mir Gott das an? Was habe ich verbrochen? Ich bin mir keiner Schuld bewusst? Warum werde ich so bestraft?«

› Drei Freunde besuchen ihn und erkennen ihn kaum wieder in seinem Elend. Hiob klagt und stöhnt vor seinen Freunden und wünscht, er wäre nie geboren worden, aber sagt kein böses Wort über den, der ihn so grundlos leiden lässt.

› Grundlos? Da werden die Freunde hellhörig. »Dass du grundlos leidest, das kann nicht sein«, sagen die Freunde. »Gott straft nicht ohne Grund. Irgendetwas hast du dir gewiss zuschulden kommen lassen.«

› Die drei Freunde sind Vertreter des alten Erklärmodells: Gott ist gerecht. Er bestraft die Bösen und belohnt die Guten.

› Dieses Erklärmodell wird nun von Hiob verabschiedet, denn er sagt: »Nein. Nichts, gar nichts habe ich getan, was eine solche Strafe rechtfertigte, warum also muss ich leiden?«

› »Aber irgendetwas muss es geben, etwas, wovon wir nichts wissen, was du dir vielleicht selbst nicht eingestehst«, sagen die Freunde.

› »Ihr seid mir schöne Freunde«, empört sich Hiob, »dass ihr mir mit solchen Unterstellungen kommt. Wenn mein übergroßes Leid die angemessene Strafe für irgendetwas sein sollte, was ich getan habe, müsste es sich schon um etwas Großes handeln. Davon wüsste ich. Ich weiß aber noch nicht einmal von etwas Kleinem.«

› Doch die Freunde beharren darauf: Grundlos wird Gott Hiob schon nicht leiden lassen. Und damit haben sie sogar recht, nur ahnen sie nichts vom wahren Grund, den nur die Leser und Hörer der Geschichte kennen: Hiob leidet, weil Gott mit dem Teufel gewettet hat.

› Auch wenn er das nicht weiß, so lernt er jetzt etwas Neues und sehr Wichtiges: Diese alte Vorstellung, dass Glück und Gelingen ein Zeichen für Gottes Segen ist, muss falsch sein. Dass Gott die Guten belohnt und die Bösen straft, kann nicht stimmen. Und dass man sich die Welt und was in ihr geschieht, rational erklären kann, das kann man wohl auch vergessen, wendet Hiob gegen seine Freunde ein, die diese ernüchternde Erkenntnis nicht wahrhaben wollen, weil sie meinen, Gott habe gerecht zu sein.

› Hiob arbeitet sich gerade zu einer neuen Gottes-Erkenntnis vor, die Jahrtausende später von den Calvinisten wieder vergessen wird. Die fallen zurück in das überholte Schema von Hiobs Freunden und glauben: Glück, Gesundheit, Wohlstand und Erfolg sind ein Zeichen dafür, dass Gottes Segen auf einem ruht. Ist einer arm und krank und lebt im Elend, muss das die göttliche Strafe für ein gottloses Leben sein. Zahlreiche Evangelikale in Amerika hängen dieser Gottesvorstellung noch immer an.

› Hiob war da schon viel weiter, als er fragte: »Warum leben denn die Gottlosen in ihrem Wohlstand? Sie werden alt, sind gesund und stark, und die Rute Gottes schlägt sie nicht. Aber Fromme und Gottesfürchtige trifft es.« Entscheidet über das Schicksal jedes Einzelnen eine göttliche Lostrommel?

› So erkennt Hiob einen Gott, der sich dem menschlichen Verstehen entzieht, von dem nicht nur das Gute kommt, sondern anscheinend auch das Böse. Dagegen begehrt er nun auf, hört dem Geschwätz seiner Freunde nicht mehr länger zu, sondern wendet sich direkt an Gott und verlangt von ihm eine Erklärung.

› Der verweigert die Antwort. Statt ehrlich und reuevoll die Wahrheit über seine Wette mit dem Teufel zu erzählen, faucht Gott seinen Knecht aus einem Gewittersturm drohend an: »Wer wagt es da, mich mit seinen unverständigen Reden zu kritisieren? ... Will der Tadler sich mit dem Allmächtigen anlegen?«

› Der Allmächtige hält Hiob eine lange, einschüchternde Predigt, die eine einzige Machtdemonstration ist. Er macht deutlich, wer hier der Herr ist und wer der Wurm. Dieser Herr ist dem Wurm keine Rechenschaft schuldig. Endlos lang spricht Gott nur von seiner Macht und seiner Herrlichkeit. Und nicht ein einziges Mal von seiner Gerechtigkeit.

› Stattdessen gibt er Hiob zu verstehen, dass die Natur nicht um des Menschen willen da ist, und nicht der Mensch die letzte Kontrolle über die Welt und das Leben hat, sondern Gott. Zum Leben gehören Krankheit und Tod, Viren und Naturkatastrophen, Gewalt und Elend. Es ist dem Menschen durchaus erlaubt, ja sogar geboten, sich gegen all das zu wappnen, Krankheiten zu bekämpfen, Unglück und Not zurückzudrängen, aber er solle sich bloß nicht einbilden, dass er diesen Kampf gewinnen könne.

› Am Ende scheint Hiob zu resignieren und vor dieser Macht zu kapitulieren: »Ja, ich sehe ein, dass ich vielleicht ohne Einsicht und Verstand geredet habe, weil ich dich wirklich nicht verstehe. Was du sagst, ist zu hoch für mich. Daher bitte ich dich: Lehre mich, unterrichte mich, damit ich besser verstehe. Ich hatte von dir nur vom Hörensagen vernommen; aber nun hat mein Auge dich gesehen. Darum gebe ich auf und bereue in Staub und Asche.«

› Obwohl Hiob sich noch immer wirklich keiner Schuld bewusst ist, will er im Staube und in der Asche Buße tun. Am Aschermittwoch erinnert sich die Christenheit daran. Im Bußgottesdienst wird dem Sünder das Aschenkreuz auf die Stirn gebracht.

› Gott hat seine Wette gegen den Teufel gewonnen.

› Hiob, dem alles genommen wurde, der nicht verstand, warum ihm geschah, was geschehen ist, hört nicht auf seine Frau, sagt sich nicht von Gott los, hält ihm – im wahrsten Sinne des Wortes – grundlos die Treue. Denn er kann diese Treue nicht begründen. Und beweist damit, dass er Gott besser verstanden hat als seine Freunde, die aus Gott einen berechenbaren, verfügbaren Götzen gemacht haben. Seit Hiob ist klar: Glaube rechnet sich nicht. Mit einfacher Krämerlogik ist Gott nicht beizukommen. Zu denken, man könne den göttlichen Willen beeinflussen durch Beachtung aller religiösen Vorschriften oder durch gute Werke und ein Gott wohlgefälliges Leben, ist Aberglaube, Götzendienst.

› Und noch etwas wird in der Geschichte über Hiob verabschiedet: Unsere bis heute vertretene Vorstellung, Leiden müsse einen Sinn haben, und Gott müsse sich vor uns Menschen rechtfertigen für alles Leid, das geschieht. Wir können zwar fragen: Warum lässt Gott das zu? Aber müssen uns damit abfinden, keine Antwort darauf zu erhalten.

› Was wahrer und reifer Glaube ist, wird uns von Hiob vorgeführt: Ihm zerbrechen alle Gewissheiten, und im größten Leid vertraut er dennoch darauf, dass alles, was geschieht, letztlich im Einklang mit Gottes Willen geschieht und das scheinbar Sinnlose einen für den Menschen verborgenen Sinn hat. Wahrer Glaube versucht nicht, Gott für die eigenen Zwecke zu instrumentalisieren, sondern sich von Gott für dessen Zwecke instrumentalisieren zu lassen. Der wahrhaft Gläubige versucht nicht, Gott zu dienen, um damit seinem persönlichen Glück auf die Sprünge zu helfen oder seine Familie zu beschützen, und auch nicht, um sich eine Planstelle im Himmel zu sichern. Der wahrhaft Gläubige versucht nicht, ein Heiliger zu werden, um aus der Menge herauszuragen. Nein, er glaubt ohne Vorbedingungen und macht dann aber im Nachhinein die Erfahrung, dass sein Glaube wahr ist und seine ganze Persönlichkeit verwandelt. Alles Weitere folgt wie von selbst aus dieser Verwandlung.

› Dass Hiobs Freunde irren mit ihrem veralteten Gottesbild, wird am Ende der Hiobgeschichte deutlich. Da knöpft sich Gott die Freunde vor und sagt ihnen, dass er ihretwegen zornig sei, denn sie haben sich ein Bild gemacht von ihm, noch dazu ein falsches. Hiob ist das Bild zerbrochen, aber in seinem zerbrochenen Bild steckt mehr Wahrheit über Gott als in dem seiner Freunde.

› Dann endet die Geschichte so märchenhaft, wie sie begonnen hatte: Gott gibt Hiob alles, was er verloren hatte, doppelt zurück. Hiob besitzt nun vierzehntausend Schafe und sechstausend Kamele und tausend Rinder und tausend Eselinnen. Er bekam noch einmal sieben Söhne und drei Töchter, so schön, wie es sie im ganzen Land nicht gab. Hiob lebte noch 140 Jahre und erfreute sich an seinen Kindern, Enkeln und Urenkeln, bevor er alt und lebenssatt starb.

› Obwohl die Geschichte so märchenhafte Züge hat, ist sie kein Märchen, aber natürlich auch kein historischer Bericht. Hiob ist eine literarische Figur, die eingeführt wurde, um ein altes, gar zu einfaches Gottesbild zu verabschieden und das Bilderverbot wieder ernst zu nehmen.

› Gott ist zu groß und zu anders, als dass der Mensch sich anmaßen könnte zu sagen, wer Gott sei, und wie er sei. Jeder Versuch, ihn zu beschreiben, läuft ins Leere, erst recht jeder Versuch, ihn berechenbar, verfügbar, handhabbar zu machen. Eben deshalb gilt ja das Gebot: Du sollst dir kein Bild von Gott machen.

› Aber kann man dauerhaft an einen Gott glauben, der so fern, so ganz anders, so schwer zu verstehen, so fremd und abstrakt ist wie dieser Gott? Was hat der noch mit meinem Leben zu tun? Was kann man sich von so einem noch erhoffen? Wozu ihn noch anrufen, ihn um irgendetwas bitten? Ohne solch einen Gott lebt es sich eigentlich genauso wie mit ihm.

› Ja, die Geschichte von Hiob schrammt nah am Atheismus entlang. Und bleibt darum nicht das letzte Wort der Bibel.

NEUE HOFFNUNG UND NEUER OPTIMISMUS AM ENDE DES ALTEN TESTAMENTS

Schwerter zu Pflugscharen

1› Nein, es bleibt nicht bei dieser fernen, unbegreiflichen, fremden, unheimlich-göttlichen Allmacht, die Hiob aus einem Gewittersturm heraus anfaucht. Eine Gegenstimme erhebt sich, die Stimme des Propheten Jesaja. Er beschwört die alte Liebesgeschichte zwischen Gott und seinem Volk, vergleicht dieses Verhältnis mit einem Mann, der seine Frau im Zorn verlassen hat und sich ihr jetzt mit großer Liebe wieder annähert.

› Gottes Wege mögen unerforschlich sein, sagt Jesaja, Gott mag für uns ein viel zu großes Rätsel bleiben, und wenn wir ihn auch weder mit unserem Verstand noch unseren Sinnen, noch mit unserer Seele fassen können, so bleibt aber doch trotzdem wahr, dass wir sein Volk sind. Nicht nur wir, sondern auch er hat einen Eid geleistet damals auf dem Sinai. Wir haben einen Bund mit ihm geschlossen, der auch ihn verpflichtet. Daher kann ihm doch das Schicksal seines Volkes nicht gleichgültig sein.

› Wir verstehen, dass wir uns an ihm versündigen und gegen sein Bilderverbot verstoßen, wenn wir Gott wie eine berechenbare Größe behandeln. Dass sein Bilderverbot wirklich ernst gemeint ist, haben wir jetzt verstanden. Aber sollen wir deshalb für immer von ihm schweigen?

› Geht doch gar nicht! Wir müssen doch unseren Kindern weiter von ihm erzählen, und die müssen es ihren Kindern erzählen, und die wieder ihren Kindern und immer so weiter.

› Nein, Schweigen ist unmöglich. Also erzählen wir jetzt uns und unseren Kindern: Ohne König, ohne Staat, ohne Land und ohne Tempel sind und bleiben wir trotz allem das Volk, das von seinem Gott geliebt wird. Darum wird diese Liebesgeschichte weitergehen. Wir wissen nicht, wie, aber wir wissen, dass sie weitergehen wird.

› Und schon erwacht die Vorstellungskraft dieses fantasiebegabten Volkes zu neuem Leben. Sie können es nicht lassen, sich Bilder zu machen, wenn nicht von Gott, dann aber doch wenigstens Bilder von der Beziehung zwischen ihnen und ihrem Gott.

› Und so fantasieren sie sich voller Hoffnung, Kraft und Sehnsucht vorwärts in eine neue kommende Zeit, in der sich Gott selbst auf dem Berg Zion allen Völkern zeigen und über sie richten wird. Hiob soll nicht das letzte Wort haben, sondern Jesaja, und der sagt: Das Hauen und Stechen unter den Menschen werde ein Ende haben. Der Tag wird kommen, an dem Gott die Erniedrigten aufrichten und die Herrschenden vom Thron stürzen wird. Die Menschen werden ihre Schwerter zu Pflugscharen machen und ihre Spieße zu Sicheln und nicht mehr lernen, Krieg zu führen. Ein tiefer

Frieden wird die Welt und die Menschen erfüllen.

› Sogar zwischen Mensch und Tier wird Friede einkehren. Wolf und Lamm, Panther und Böcklein werden beieinanderliegen. Kalb und Löwe werden miteinander grasen, und ein kleiner Knabe wird sie leiten. Kuh und Bärin werden zusammen weiden, der Löwe wird Stroh fressen wie das Rind. Kleine Kinder werden spielen mit Ottern und Nattern und es wird ihnen nichts geschehen.

› Und: Gott wird die Tränen abwischen von den Gesichtern aller, die leiden, und den Tod besiegen auf ewig. Einen neuen Himmel und eine neue Erde wird Gott errichten in der kommenden Zeit.

› An diese utopischen Bilder von der Herrschaft ihres Gottes über die Welt wird sich das Volk ohne Land und ohne irdischen König künftig klammern. Ihr König ist nun endgültig der Herrscher über alle weltlichen Herrscher, auch über die, die da noch kommen und das Volk Gottes weiter herumschubsen, drangsalieren, demütigen, zerstreuen. Am Ende aber, so glaubt das Volk, wird ihr Gott kommen, die Peiniger seines Volkes von ihren Thronen stürzen, die Verhältnisse wieder zurechtrücken und seine gerechte Ordnung durchsetzen.

› Mit einer Verheißung an das Volk Israel hat diese Geschichte begonnen. Mit einer Verheißung an die ganze Welt klingt sie aus: Ein Messias wird kommen und die ganze Welt erlösen: *»Siehe, eine Jungfrau wird schwanger sein und einen Sohn gebären …«* – seltsame Worte, dennoch vertraut, denn sie fanden Eingang in die Weihnachtsgeschichte der Christen, ebenso wie diese seltsamen Worte: *»Denn uns ist ein Kind geboren, ein Sohn ist uns gegeben; und die Herrschaft ruht auf seiner Schulter; und man nennt ihn: Wunder-Rat, Gott-Held, Ewig-Vater, Friede-Fürst.«*

› Dieser Friedefürst wird Jesus sein – für die Christen. Die Juden warten noch auf ihn.

Zwischenruf: Staatenlos, heimatlos, oft rechtlos und besitzlos, aber nie orientierungslos

Nur während einer kurzen Phase seiner Geschichte hatte das Volk Gottes ein eigenes Land, einen eigenen Staat mit einem König und einem stehenden Heer. Schon früh wurde es seines Landes beraubt, mal von diesem, mal von jenem König unterjocht, und einmal sogar zu einem Teil nach Babylon deportiert.

Nach dem Ende der babylonischen Gefangenschaft wurde ihnen die Rückkehr in ihr ehemaliges Land erlaubt. Sogar ihren Tempel durften sie wieder errichten, aber die Herren über ihr Land wurden sie nicht mehr. Das waren immer wieder andere, zuletzt die Römer.

Der Tempel spielte eine große Rolle für alle schon damals in die Welt verstreuten Juden. Für sie wurde er zum Wallfahrtsort. Die Priester, die dort Dienst taten, übten auch halbstaatliche Verwaltungs- und Rechtsprechungsfunktionen aus für die in und um Jerusalem lebenden Juden.

Ein Teil des Volkes lebte also in unmittelbarer Nähe des Tempels, der andere Teil in verschiedenen Ländern der Welt. So war es bis zum Jahr 70 nach Christus, dem Jahr, in dem der Tempel abermals zerstört wurde. Von den Römern. Der Grund waren bewaffnete jüdische Freischärler, die sich von der römischen Fremdherrschaft befreien und Gottes Eingreifen erzwingen wollten. Schon Jesus hatte es mit diesen Widerstandskämpfern, Zeloten genannt, zu tun bekommen. Immer wieder sorgten sie für Unruhen und kleine bewaffnete Aufstände, die von den Römern regelmäßig niedergeschlagen wurden. Aber sie flammten immer wieder neu auf, und als die Freischärler den Römern empfindliche Verluste zugefügt hatten, schickte Kaiser Nero weitere Truppen in die Unruheprovinz.

Es kam zur Belagerung von Jerusalem. Im Jahr 70 war die Stadt dann sturmreif. Die Römer brannten fast die gesamte Stadt nieder, zerstörten den Tempel, machten dem Widerstand der Rebellen ein Ende.

Ein paar Freischärler überlebten, gingen in den Untergrund, rekrutierten im Lauf der Zeit neue Anhänger und Mitkämpfer und hielten den Widerstand gegen Rom durch einen über Jahrzehnte sich erstreckenden Guerillakrieg am Köcheln. Bis es der Staatsmacht unter Kaiser Hadrian abermals zu bunt wurde. Der Kaiser schickte erneut Truppen nach Jerusalem, um einen letzten Aufstand unter Führung eines Simon Bar-Kochba blutig niederzuschlagen.

Im Jahr 136 nach Christus wurde Jerusalem eine römische Provinzstadt und erhielt den Namen Colonia Aelia Capitolina. Den Juden wurde unter Androhung der Todesstrafe verboten, die Stadt zu betreten.

Auf dem Tempelberg wurde ein Heiligtum für Jupiter errichtet, auch einen Venustempel bauten die Römer. Griechen wanderten ein. Thermen, Theater und Reitbahnen entstanden – das jüdische Leben in Palästina erlosch. Sogar die Namen Israel und Judäa wurden von den Römern getilgt. Die römische Provinz Judäa hieß nun offiziell Syria Palaestina und behielt diesen Namen bis zur Eroberung durch die Araber im siebten Jahrhundert.

Nach allen bekannten Gesetzmäßigkeiten der Geschichte hätte diese totale Niederlage eigentlich das endgültige Aus für die jüdische Religion, deren Anhänger und das Volk Gottes bedeuten müssen. Jede andere Gemeinschaft, die so über Jahrhunderte von fremden Mächten durch die Geschichte geschubst worden ist, wäre irgendwann aus der Weltgeschichte verschwunden. Ihre Mitglieder hätten sich irgendwann mit den jeweiligen Mächten arrangiert und wären in den fremden Völkern aufgegangen, wären Ägypter, Assyrer, Babylonier, Perser, Griechen oder Römer geworden.

Aber das absolut Überraschende ist: Von den einst mächtigen Völkern der Ägypter, Assyrer, Babylonier, Perser, Griechen, Römer künden heute nur noch Ruinen. Das total besiegte, in alle Welt zerstreute Volk Abrahams, Isaaks und Jakobs jedoch gibt es noch. Juden spazieren heute durch die Straßen New Yorks, Londons, Berlins. Sie wohnen in Paris, Los Angeles und Jerusalem.

Wie konnte das gelingen? Es konnte gelingen, weil das Volk am Ende doch noch etwas hatte, das zwar nicht viel zählte in der Welt, aber sich für das Volk selbst als unendlich wertvoll erwies: seine Geschichten.

Sie, diese Geschichten von einem sagenhaften Urahn namens Abraham, einem sagenhaften Befreier namens Mose und zwei echten Königen namens David und Salomo, haben das Volk über all die Jahrhunderte unter wechselnden Fremdherrschaften zusammengehalten und am Leben erhalten. In Babylon, wohin ihre intellektuellen Führer deportiert worden waren, haben sie diese bis dahin hauptsächlich mündlich erzählten Geschichten gesammelt, aufgeschrieben, komponiert, redigiert und um das Jahr 400 vor Christus zum Abschluss gebracht. Danach entstanden noch das Buch Hiob, die Chronik, das Zwölfprophetenbuch, die Bücher Esra, Nehemia, Ester, sowie der Psalter, Hoheslied, Sprüche, Weisheit und das Buch Daniel. Geschlossen wurde der jüdische Kanon erst um 100 nach Christus, aber die für die Juden zentral wichtigen Texte sind seit ungefähr der Mitte des sechsten Jahrhunderts vor Christus bis zum Jahr 400 vor Christus zu einer Textsammlung geronnen, die von Juden als Tora bezeichnet wird.

Tora heißt Weisung. Sie ist der Grund für das Überleben des Volkes Gottes. Waren sie auch heimatlos, staatenlos, oft rechtlos und besitzlos, so waren sie dank ihrer Tora aber eines nicht: orientierungslos. Sie hatten und haben ja immer ihre »Weisung« dabei.

Die Tora, in der christlichen Bibel als die fünf Bücher Mose zusammengefasst und Pentateuch genannt, war und ist die Schrift, an der sich das Volk orientierte und bis heute orientiert. Sie ist diesem Volk zu einer transportablen Heimat geworden.

Wir ehemaligen Sklaven, so lehrt diese Schrift, wir unterdrückten, deportierten, gedemütigten Menschen, die nicht nur ihres Landes, sondern auch ihres religiösen Zentrums, des Tempels beraubt wurden, wir brauchen das alles gar nicht. Uns muss genügen, dass Gott uns erwählt hat. Uns muss die Geschichte genügen, die wir mit unserem Gott haben. Und sie genügt, weil wir seine Zusage haben, dass er treu zu uns stehen wird, was immer auch noch passieren und uns widerfahren vermag. Auch wenn wir alle glauben, er sei abwesend, ja, er habe uns verlassen, können wir sicher sein, dass er unsichtbar da ist.

Diese Botschaft steht unsichtbar in jeder Zeile ihrer Geschichten, die sie nun in Babylon sammelten, aufschrieben, komponierten, redigierten. Die Tora, der Kern des Alten Testaments, wie wir es kennen, ist im Wesentlichen während jener Zeit entstanden und um das Jahr 400 v. Chr. zum Abschluss gebracht worden.

Nun haben sie nur noch die Schrift.

Sie wanderte mit, wohin das Volk oder ein Teil davon auch ging. Und wo sich Juden für längere Zeit niederließen, bekam die Schrift schon bald ihr eigenes Gehäuse: die Synagoge. Rund um die Synagogen in aller Welt ging das jüdische Leben weiter bis heute, und so wird es auch in Zukunft weitergehen.

Lange davor aber, zu der Zeit, als Judäa noch eine römische Provinz war, ist etwas ganz und gar Neues hinzugekommen: christliches Leben und ein Neues Testament.

Neues Testament

GOTTES GROSSER PAUKENSCHLAG

Vorrede

Ein Jude namens Jesus verschreckt die Juden, erstaunt die Heiden

1 Gottes Volk hat alle Verhängnisse und Katastrophen der Geschichte überstanden. Aber aus dem eigentlichen Plan, dieses Volk solle den anderen Völkern vorleben, wie man leben muss, damit das Leben aller gelingt, ist noch immer nichts geworden. Warum nicht? Woran lag es? Warum hat alle Kritik der Propheten nichts genützt? Warum geht die Welt weiter ihren gewohnten Gang?

Eine Antwort auf diese Fragen wird jetzt einer geben, an dem sich die Geister scheiden: der Jude Jesus. Für die einen ist und bleibt er nichts weiter als ein weiterer jüdischer Prophet mit seltsamen Ansichten, Anstoß erregendem Verhalten, mehrdeutigen Äußerungen und manchmal schwer zu verstehenden Behauptungen. Für die anderen aber ist er Gottes neue Lösung für das alte Problem. Am Ende wird es heißen: Er ist Gottes Sohn. Er ist der Messias. Drastischer noch: In ihm ist Gott selbst auf die Erde gekommen und Mensch geworden. Und mit seiner Ankunft ist das Reich Gottes auf Erden angebrochen. Dort, wo es angebrochen ist, gelingt das Leben aller.

Die große Mehrheit der damals lebenden Juden, Griechen und Römer hält das für eine verrückte Idee einer durchgeknallten jüdischen Sekte. Die Juden hatten sich das Kommen des Messias ganz anders vorgestellt. Und die Griechen und Römer hatten ihre eigenen Götter. Der eine und einzige Gott der Juden ist ihnen völlig fremd.

Das muss man immer bedenken, wenn man heute liest, was seine Anhänger nach dem Tod des Gottessohns sagten, erzählten und schrieben. Sie mussten immer gegen den Vorwurf anschreiben, nicht ganz bei Trost zu sein. Und mussten immer gegen Juden, Griechen und Römer gleichzeitig argumentieren.

Drei Jahrhunderte später wurden die »verrückten Ideen« in den Rang einer Staatsreligion erhoben, daraus erwuchs eine neue Weltreligion, das Christentum. Damit wurde nun wirklich Weltgeschichte geschrieben. Über sie, die Christen, lernte die Welt erst den jüdischen Gott und die Bedeutung der Juden kennen.

Man wusste zwar immer von der Existenz dieses Volkes, kannte es als ein kleines, relativ unbedeutendes, aber interessantes und sonderbares Volk, machte sich dennoch kaum Gedanken über es, schon gar nicht über seinen Gott. Es war auch nie durch militärische und politische Machtausübung, Eroberungen, beeindruckende Bauwerke und herausragende Kunst aufgefallen. Und da es zerstreut über viele Länder lebte, war es kaum zu verorten. Man nahm es hin als sonderbares Unikum.

Umgekehrt war es ähnlich. Die Juden lebten für sich, bildeten kleine Gemeinden, interessierten sich kaum für die heidnischen Mehrheitsgesellschaften, von denen sie umgeben waren, und achteten streng darauf, dass sie untereinander heirateten, um sich nicht zu vermischen mit den Heiden.

Das sollte sich nun grundlegend ändern. Innerhalb von nur einem Jahrhundert wird die gesamte heidnische Welt zwischen Palästina, Griechenland, Rom, Spanien und Nordafrika mit dem Gott der Juden konfrontiert. Nicht durch die Juden, sondern durch »die Neuen«, die Christen. Sie sind kein homogenes Volk wie die Juden, sondern gehören verschiedenen Völkern an, aber verstehen sich nun als internationale Gemeinschaft als das »neue Volk Gottes«. Nicht auf einmal und über Nacht, aber doch innerhalb weniger Jahrzehnte.

Sie glauben weiterhin auch, was die Juden glauben, darum studieren sie eifrig deren Bibel, die sie später »Altes Testament« nennen werden. Darüber hinaus glauben sie jedoch etwas, was die Juden nicht glauben, darum schreiben sie eine neue Bibel, die auf der alten jüdischen Bibel aufbaut, diese aber nun reduziert zu einer Vorgeschichte. Sie ist den Christen vor allem wichtig wegen der Prophezeiung des kommenden Messias.

Von deren Erfüllung, der Ankunft des Messias, berichten dann Paulus und die Evangelisten. Ihnen ist noch nicht bewusst, dass sie das »Alte Testament« verabschieden und ein »Neues Testament« schreiben. Sie meinen, dass sie die Geschichten der jüdischen Bibel nur weiterschreiben.

Erst sehr viel später, im vierten Jahrhundert, fasst die Kirche 27 Schriften – Evangelien, Apostelgeschichte, Briefe des Paulus und anderer Autoren – zu einem eigenständigen christlichen Bibelteil zusammen, der dann »Neues Testament« genannt wird, Grundlage des christlichen Glaubens ist, aber nicht des jüdischen.

Während die Juden weiterhin glauben, dass mit »Volk Gottes« nur sie gemeint sind, und ihre Heilige Schrift nur sie etwas angeht, und Jesus nicht der angekündigte Messias ist, verkünden die Christen: Jesus ist der Messias. Und das geht jetzt wirklich alle an, die ganze Welt, nicht nur die Juden.

Darum verbreiten die Christen die Botschaft von dieser Erfüllung der jüdischen Prophetie nun mit missionarischem Eifer in der ganzen Welt. Durch sie macht die Welt jetzt Bekanntschaft mit dem einen und einzigen Gott, an den die Juden zuerst geglaubt haben, und der nun aber nicht mehr der exklusive Gott der Juden ist, sondern zum Gott für alle Völker wird, wie es schon seit Abraham beabsichtigt war.

Werden also die Christen jetzt diejenigen sein, die Gottes ursprünglichen Plan endlich realisieren?

Vier Begeisterte erzählen der Welt von ungeheuren Ereignissen

2 Woher wissen wir von Jesus? Wir wissen es nicht von einer unabhängigen Historikerkommission, nicht von heidnischen Geschichtsschreibern, nicht aus historisch zuverlässigen Quellen. Was wir haben, sind die Briefe des Paulus, die Evangelien und einige marginale Hinweise in außerchristlichen Quellen. Jesus selbst hat nichts Schriftliches hinterlassen.

Die ältesten Texte des Neuen Testaments sind die Briefe des Paulus. Der hat Jesus nicht persönlich gekannt und seine Briefe erst zwanzig bis dreißig Jahre nach Jesu Tod geschrieben. Noch später wurden die vier Evangelien geschrieben – von Menschen, die Jesus nie begegnet sind. Deren »Berichte« sind in vielen Passagen fast deckungsgleich, in anderen widersprechen sie sich. Verschiedene weitere Passagen finden sich immer nur bei einem der Verfasser, bei den anderen nicht.

Die Anführungszeichen im Wort »Bericht« sind bewusst gesetzt, denn die Texte, um die es geht, sind von Überzeugten und Begeisterten geschrieben worden, die andere mit ihrer Begeisterung anstecken wollen. Und darum erheben sie gar nicht erst den Anspruch, neutrale Berichterstatter zu sein, sondern verstehen sich selbst als Überbringer einer frohen Botschaft – weshalb ihre Texte »Evangelium« heißen und sie selbst »Evangelisten« genannt werden. Evangelium kommt vom griechischen εὐαγγέλιον (euangélion) und heißt frohe Botschaft oder gute Nachricht.

Was an dieser Botschaft historisch wahr ist, was Deutung ist, was Legende und was reine Erfindung, daran arbeiten sich Heerscharen von Theologen bis heute ab, und man kann nicht sagen, dass bisher große Einigkeit unter ihnen herrscht. Die Uneinigkeit beginnt schon bei der Frage, wer die Verfasser waren, wann sie ihre Texte geschrieben haben, und wo.

Große Einigkeit besteht eigentlich nur darin, dass das älteste Evangelium von Markus stammt. Wer hinter »Markus« steckt? Unklar. Vermutlich gibt es einen oder mehrere anonyme Verfasser, die bescheiden im Hintergrund bleiben wollten. Später wurde dann einfach gemäß antiker Tradition ein Name darüber gesetzt, in diesem Fall eben Markus, der ein Begleiter des Paulus gewesen sein soll. Wann wurde es geschrieben? Wahrscheinlich um das Jahr 70 nach Christus.

Selbst wenn es ein einzelner Autor namens Markus geschrieben haben sollte, wäre es dennoch nicht sein alleiniges Werk, denn das Markus-Evangelium wurde komponiert aus Spruchquellen und mündlichen Überlieferungen, die in christlichen Urgemeinden zirkulierten.

Markus schreibt kurz und knapp und beschränkt sich auf das Wesentlichste, nämlich auf die extrem kurze Zeitspanne zwischen dem öffentlichen Auftreten von Jesus und seinem Tod und der Auferstehung. Zwischen beidem liegen gerade einmal drei, maximal vier Jahre. Zum Vergleich: Die Erzählungen des Alten Testaments erstrecken sich über zwei Jahrtausende.

Circa zehn bis 20 Jahre nach Markus schrieb Matthäus sein Evangelium. Wiederum ist ungesichert, wer der wahre Autor ist. Es wird allgemein angenommen, dass dem Verfasser oder den Verfassern das Markus-Evangelium als Quelle diente, das dann mit eigenem Material angereichert wurde. Nach Matthäus – vielleicht auch zeitgleich, man weiß es nicht so genau – schrieb Lukas auf, was er in Erfahrung bringen konnte. Zuletzt, vermutlich um das Jahr 100 nach Christus, kam Johannes. So jedenfalls lautet die Mehrheitsmeinung der Theologen. Die Betonung liegt auf »Meinung«. Wirklich gesichert ist das nicht.

Johannes schrieb häufig ein bisschen abstrakt, manchmal geheimnisvoll wie ein Mystiker, dann wieder wie ein griechischer Philosoph. Der begabteste Erzähler unter den vieren war Lukas. Er berichtet am Anschaulichsten vom Leben Jesu, vor allem von seiner Geburt, die bei Markus komplett fehlt.

Als die Christen noch nicht wussten, dass sie Christen sind

3 Eigentlich müsste das Neue Testament mit den Paulus-Briefen beginnen, denn sie sind die frühesten christlichen Dokumente. Es beginnt aber mit späteren Schriften, den Evangelien. Und es beginnt nicht mit Markus, dem frühesten Evangelium, sondern mit Matthäus, einem späteren Text.

Dafür gibt es Gründe: Die Briefe des Paulus sind nur Briefe, keine Geschichten. Sie sind eher Lehren, Glaubensunterweisungen, Konfliktlösungsversuche. Sie erzählen kaum eine Geschichte. Die Evangelien dagegen erzählen Geschichten von Jesus, dessen Jüngern, dessen Taten, dessen Predigten. Daher ist es sinnvoll, das Neue Testament mit anschaulichen Geschichten beginnen zu lassen, statt mit der abstrakten Theologie des Paulus. Deshalb beginnt das Neue Testament mit den Evangelien.

Dass es nicht mit dem ältesten Evangelium, Markus, startet, sondern mit einem jüngeren, Matthäus, hat ebenfalls einen Grund: Matthäus stellt gleich zu Beginn eine Verbindung zur jüdischen Bibel her. Er versucht, Kontinuität zu wahren. Er tut das in dem Bewusstsein, dass mit Jesus keine neue Religion und nicht die Gründung einer Kirche beginnt. Es gibt keinen Bruch in der Geschichte des Volkes Gottes mit seinem Volk. Für Matthäus – und auch die anderen Evangelisten – geht diese Geschichte jetzt einfach weiter mit Jesus.

Und sie haben ja auch recht: Jesus war kein Christ und kein Religionsgründer. Petrus war nicht katholisch. Beide waren Juden. Und die ersten Christen, Jesu Jünger und seine Anhänger im weiteren Umfeld, waren ebenfalls Juden. Als später Heiden dazukamen und sich taufen ließen, verstanden sie sich als Anhänger dieses Jesus, aber noch nicht als Christen, noch nicht als Mitglieder einer neuen Religion, gar einer Kirche. Das kam erst viel später.

Das heißt: Die Anhänger Jesu, die seine Geschichte weitererzählten und fortschrieben, waren davon überzeugt, dass sie an der jüdischen Bibel weiterschreiben. Sie hatten nicht den Plan, ein Neues Testament zu schreiben, und sie haben nicht als Christen geschrieben, sondern als Anhänger des Juden Jesus.

Genau das wird deutlich am Beginn des Matthäus-Evangeliums, das mit einem – für uns – langweiligen Stammbaum beginnt. Der ist aber für den weiteren Fortgang der Geschichte unheimlich wichtig, denn er soll zweierlei zeigen: erstens, dass mit Jesus zwar wieder etwas Neues beginnt in der langen Geschichte Gottes mit seinem Volk; zweitens, dass dieses Neue aber keinen Bruch bedeutet, sondern die Fortsetzung des Alten.

Daher bringt Matthäus dreimal vierzehn Generationen ins Spiel: die erste Vierzehnerreihe reicht von Abraham bis David, die zweite von David bis zur babylonischen Gefangenschaft, die dritte von der babylonischen Gefangenschaft bis Jesus. Es gibt also eine kontinuierliche Linie von Abraham bis Jesus. Erst nachdem das geklärt ist, beginnt Matthäus von der Geburt Jesu zu erzählen.

Die Welt, in die Jesus hineingeboren wurde

4 Wir befinden uns in einer Zeit, in der in Rom Kaiser Augustus über sein Weltreich herrscht. Das kleine Juda ist ein von den Römern unterworfener Teil dieses Imperiums. Dort haben sie einen Vasallenkönig namens Herodes Antipas eingesetzt.

Die Römer sind schon seit rund 30 Jahren die neuen Herren in Juda. Und sie sind schlau und zivilisiert. Sie verzichten darauf, die Könige eroberter Länder abzusetzen oder sie gar zu enthaupten. Stattdessen suchen sie die Zusammenarbeit zum beiderseitigen Nutzen.

Sie spannen also Herodes, den »König der Juden«, für ihre Zwecke ein. Die unterworfenen Völker sind friedlicher, wenn sie von einem der Ihren regiert werden, auch wenn sie wissen, dass ja eigentlich die Römer die wahren Herren sind. Und die Römer sparen Geld und Personal, wenn sie Verwaltung, Polizei und Justiz von Leuten aus dem unterworfenen Volk erledigen lassen.

Den Römern geht es in erster Linie um Wohlstand für ihre Bürger daheim im Reich. Um den stetig zu steigern, erheben sie von den unterworfenen Völkern Steuern und verschaffen sich Zugriff auf deren Ressourcen. Haben sie ein Land unterworfen, bauen sie dort Straßen, Brücken, Häfen, von denen auch die einheimische Oberschicht profitiert. Die Armen jedoch werden meistens ärmer, Fischer zum Beispiel, die bisher ihre gefangenen Fische auf dem Markt verkauften. Auf deren Fischfänge erhebt jetzt – mit Erlaubnis der Römer – König Herodes Anspruch.

So ungefähr ist die politische Situation zwischen Jerusalem, Jericho und dem See Gennesaret. Von dieser Zeit in dieser Gegend erzählen die Evangelisten. Es geht ihnen aber nicht um Politik. Die bildet nur das Hintergrundrauschen für eine ganz andere Geschichte, in denen zwar auch Fischer, Bauern, Winzer, Großgrundbesitzer, Römer und König Herodes vorkommen, aber die spielen alle nur Nebenrollen. Die Hauptrolle spielt Jesus. In weiteren wichtigen Rollen: Jesu Jünger, Johannes der Täufer, Frauen, Pharisäer, Schriftgelehrte, Hohepriester, zu Beginn der römische Kaiser Augustus, zuletzt der römische Statthalter Pontius Pilatus.

Und so historisch verbürgt das alles auch klingt – die sicheren Daten und die bekannten Persönlichkeiten bilden nur den Rahmen für Geschichten, die sich um Fakten nun nicht mehr weiter kümmern, sondern Geschehnisse deuten werden, die sich historisch kaum noch rekonstruieren lassen. Wir haben meist nur die fertigen Deutungen. Die Tatsachen dahinter bleiben oft verborgen oder bestehen einfach nur aus mythischen Elementen, die in der antiken Welt nicht weiter infrage gestellt wurden.

DIE BERÜHRENDEN GESCHICHTEN VON DEN ANFÄNGEN

Eine unfruchtbare Frau, ein stummer Priester und ein Engel im Tempel

1 › Es wurde schon gesagt: Lukas war ein guter Erzähler. Daher beginnt er nicht mit einem Stammbaum und auch nicht sofort mit dem eigentlichen Helden, sondern er führt uns zunächst nur an einen Nebenschauplatz und zu einem Mann in einer Nebenrolle, denn man fällt nicht gleich mit der Tür ins Haus. Wer von einer großen Sache zu erzählen hat, muss sein Publikum darauf vorbereiten, es langsam an das Eigentliche heranführen und am besten mit etwas beginnen, was das Publikum schon kennt.

› Der Anfang aller Geschichten beginnt bei ihm mit einer Mutter, oder genauer: mit einer Frau, die gern Mutter würde, es aber noch nicht geworden ist und nun auch, wie sie denkt, nicht mehr wird. Sie hat also ihre Hoffnung schon längst aufgegeben und sie betet auch nicht mehr dafür.

› Das kennen wir schon aus dem Alten Testament. Daher ahnen wir: Gleich wird Gott eingreifen und dafür sorgen, dass sie doch noch ein Kind bekommt, natürlich einen Sohn und natürlich einen besonderen Sohn.

› So kommt es. Genauso fängt die große Sache nun an.

› Und er beginnt mit der altbekannten Weise: Da ist eine Frau, Elisabeth, die ohne Kinder ist und wohl auch keine mehr bekommt, weil sie schon zu alt dafür ist. Verheiratet ist sie mit Zacharias, einem Tempelpriester, der offenbar trotzdem weiter betet und sich ein Wunder erhofft. Er verrichtet gerade seine Arbeit im Tempel, als ihm plötzlich ein Engel erscheint und ihm einen Riesenschreck einjagt. »*Fürchte dich nicht*«, beruhigt ihn der Engel, »ich bin nur gekommen, um dir zu sagen, dass dein Gebet erhört wurde. Du und Elisabeth, ihr werdet einen Sohn bekommen, den sollt ihr Johannes nennen.«

› Der Engel belässt es nicht bei der Ankündigung eines freudigen Ereignisses, sondern bereitet Zacharias auch darauf vor, dass aus diesem Johannes ein ganz besonderer Mensch werden wird. Ein frommer Asket werde er sein, der keinen Wein trinken, aber schon im Mutterleib erfüllt sein wird vom Heiligen Geist.

› Zacharias ist so verwirrt und überrascht, dass er keinen vernünftigen Gedanken fassen, geschweige denn nach weiteren Einzelheiten fragen kann. Eigentlich traut er dem nicht, was er sah und hörte, will es aber nicht so deutlich aussprechen, weshalb er eine ziemlich törichte Frage stellt: »Woran erkenne ich das? Ich bin schon alt und meine Frau auch.« Als ob der Engel das nicht wüsste.

› Der versteht auch sofort, dass Zacharias ihm nicht glaubt, weshalb der Engel ihn jetzt leicht gereizt anfährt: »Ich bin Gabriel, von Gott persönlich gesandt, um dir das alles zu sagen, und du tust so, als ob du Gott so etwas nicht zutraust. Aber gut, du sollst dein ›Erkennungszeichen‹ bekommen: Von jetzt an wirst du stumm sein, wirst nicht mehr sprechen können, bis zu dem Tag, an dem ihr deinen Sohn beschneiden werdet.«

› Draußen vor dem Tempel standen Leute und wunderten sich, dass der Priester nicht herauskam. Zacharias hätte längst zu ihnen sprechen sollen. Aber er ist ja jetzt stumm. Als er dann schließlich doch noch kommt, sehr spät, winkt er ihnen nur zu, eilt wortlos an ihnen vorbei und macht sich auf den Heimweg.

› Weitere Einzelheiten erfahren wir nicht, nur so viel: Nach diesem Ereignis im Tempel wurde Elisabeth tatsächlich schwanger. Fünf Monate lang hielt sie das geheim – vielleicht, weil sie nicht wusste, wie sie das den anderen Leuten erklären sollte. Vielleicht auch, weil sie Angst hatte, das Kind vorzeitig zu verlieren.

Maria bekommt Besuch von ganz oben

2 › Ungefähr zu der Zeit, als Elisabeth im sechsten Monat schwanger war, hatte der Engel Gabriel wieder einen Auftrag. Diesmal ist es eine Frau in Nazaret, die er aufsucht: Maria, eine Verwandte Elisabeths. Maria ist verlobt mit einem Zimmermann namens Josef, einem sehr späten Nachkommen des Königs David.

› Auch Maria erschrickt natürlich. Aber mehr noch als über das plötzliche Eindringen eines fremden Kerls in ihr Haus erschrickt sie über dessen Anrede. »Sei gegrüßt, du Begnadete! Der Herr ist mit dir!«, sagt der Engel zu ihr.

› Was ist das denn für ein seltsamer Gruß? So ist sie ja noch nie angeredet worden. »Begnadete« – wieso begnadet?

› Gabriel kennt die Antwort. Sie ist dreistufig. Erste Stufe: »Du hast Gnade gefunden bei Gott.«

› Zweite Stufe: »Du wirst schwanger werden und einen Sohn gebären, dem sollst du den Namen Jesus geben.«

› Dritte Stufe: »Gott wird ihm den Thron Davids geben, er wird König sein in Ewigkeit, und sein Reich wird kein Ende haben.«

› Was soll Maria jetzt dazu sagen? Dass ihr das völlig verrückt vorkomme, was der Engel ihr da erzählt? Lieber nicht. Der Engel sieht streng aus und scheint jedes Wort vollkommen ernst zu meinen. Also fragt sie: »Wie soll das zugehen? Ich bin Jungfrau und habe noch nie mit einem Mann geschlafen.«

› Da antwortet der Engel etwas, was noch verrückter klingt: »Der Heilige Geist wird über dich kommen, und die Kraft des Höchsten wird dich überschatten. Das Kind, das du dann gebären wirst, wird Gottes Sohn sein.«

› Heiliger Geist? Gottes Sohn? Ich, seine Mutter?

› Gabriel ist sich natürlich vollkommen im Klaren darüber, dass man das keinem Menschen erklären kann, was er da eben gesagt hat. Vielleicht versteht sogar er selber es nicht. Aber irgendetwas Erklärendes muss er jetzt hinzufügen, also sagt er: »Ja schau, Elisabeth, deine kinderlose Verwandte, die schon längst über das Alter hinaus ist, in der eine Frau noch Kinder bekommen kann, die ist jetzt auch schwanger. Weil Gott es so wollte. Ihm ist nichts unmöglich. Also warte einfach gelassen ab. Die Dinge werden ganz von selbst passieren.«

› Der völlig überforderten Maria bleibt nur, das jetzt mal so zu nehmen, wie es gesagt wurde, schließlich ist sie fromm und gläubig.

› Und der Engel verschwand wieder.

Zwei schwangere Frauen

3 › Die alte Elisabeth schwanger? Das will ich doch jetzt sehen, denkt sich Maria. Also macht sie sich auf den Weg, um Elisabeth im Haus des Zacharias zu besuchen. Nachdem sie eingetreten ist und Elisabeth begrüßt hat, spürt diese, wie das Kind in ihrem Bauch hüpft.

› Im selben Moment wurde sie vom Heiligen Geist erfüllt und wusste alles: dass Maria jetzt auch schwanger ist. Dass das Kind in Marias Bauch Gottes Sohn ist. Elisabeth spricht das aus mit den Worten: »Gesegnet bist du unter den Frauen und gesegnet ist die Frucht deines Leibes!«

› Woraufhin Maria einen Lobgesang anstimmt, der später als »Magnificat« in vielfältigen Formen – als Gebet, Gesang, Orgelwerk – Bestandteil der christlichen Liturgie wird. Bemerkenswert an diesem Lobgesang ist, dass er sehr fromm beginnt und sehr umstürzlerisch endet:

Meine Seele erhebt den Herrn, und mein Geist freuet sich Gottes, meines Heilandes;
denn er hat die Niedrigkeit seiner Magd angesehen.
Siehe, von nun an werden mich selig preisen alle Kindeskinder.
Denn er hat große Dinge an mir getan, der da mächtig ist und dessen Name heilig ist.
Und seine Barmherzigkeit währet für und für bei denen, die ihn fürchten.
Er übt Gewalt mit seinem Arm und zerstreut, die hoffärtig sind in ihres Herzens Sinn.
Er stößt die Gewaltigen vom Thron und erhebt die Niedrigen.
Die Hungrigen füllt er mit Gütern und lässt die Reichen leer ausgehen.
Er gedenkt der Barmherzigkeit und hilft seinem Diener Israel auf,
wie er geredet hat zu unsern Vätern, Abraham und seinen Nachkommen in Ewigkeit.

› Maria bleibt noch drei Monate, bis knapp vor der Geburt des Johannes, bei Elisabeth. Danach kehrt sie wieder heim.

› Diese Vor-Geschichten – der Engel Gabriel bei Maria, die schwangere Maria bei der schwangeren Elisabeth – haben sich tief ins Gedächtnis unserer Kultur eingegraben. Nicht nur im Magnificat leben sie bis heute fort, sondern auch in jenem noch berühmteren Gebet, das mit *»Ave Maria«* beginnt und auch so heißt. »Ave Maria« bedeutet »Gegrüßet seist du, Maria«. So hat der Engel Gabriel Maria begrüßt, weshalb man auch vom »englischen Gruß« spricht, der nichts mit der englischen Sprache zu tun hat, sondern »Engelsgruß« meint.

› Der Nürnberger Bildhauer Veit Stoß hat diesen englischen Gruß in Holz geschnitzt. 1518 wurde er in der Nürnberger St. Lorenz-Kirche aufgehängt. Dort kann er noch heute bestaunt werden. Er zeigt Gabriel bei Maria.

› In das Gebet aufgenommen sind auch Elisabeths Worte an Maria: *»Du bist gebenedeit unter den Frauen, und gebenedeit ist die Frucht deines Leibes, Jesus.«* »Gebenedeit« ist das alte Wort für gesegnet.

› Das Gebet gehört nach dem »Vaterunser« zu den meistgesprochenen Gebeten der Christenheit und ist von Komponisten aus allen Jahrhunderten vielfältig vertont worden. Im vollen Wortlaut klingt es so:

Gegrüßet seist du, Maria, voll der Gnade,
der Herr ist mit dir.
Du bist gebenedeit unter den Frauen,
und gebenedeit ist die Frucht deines Leibes,
Jesus.
Heilige Maria, Mutter Gottes,
bitte für uns Sünder,
jetzt und in der Stunde unseres Todes. Amen.

Die Geburt Johannes des Täufers

4 › Nach neun Monaten geschah, was der Engel Gabriel gesagt hatte: Elisabeth gebar einen Sohn.

› Alle Nachbarn und Verwandten kamen zu ihr und freuten sich mit ihr.

› Und Zacharias? Freute sich natürlich auch. Aber er war noch immer stumm. Das änderte sich erst, wie es Gabriel gesagt hatte, am achten Tag nach der Geburt, dem Tag, an dem der neugeborene Sohn beschnitten werden sollte.

› Wieder kamen alle Nachbarn und Verwandten zusammen und schlugen vor, den Sohn Zacharias zu nennen, wie seinen Vater. Aber Elisabeth widersprach und bestimmte klar: »Nein, Johannes soll er heißen.«

› Da staunten die Gäste und sagten: »Aber wieso denn Johannes? In deiner ganzen Verwandtschaft gibt es niemanden, der so heißt.« Sie schauten nach dem Vater, damit der auch mal was sage. Aber der konnte noch immer nicht sprechen, verlangte daher nach einer kleinen Tontafel, und auf die schrieb er: Johannes soll er heißen. Und die Gäste wunderten sich.

› Und wunderten sich noch mehr,

denn kaum hatte Zacharias den Namen seines Sohnes auf die Tafel geschrieben, konnte er wieder sprechen und lobte Gott.

› Da wurde den Gästen ein wenig unheimlich, denn nun merkten sie: Es ist etwas Besonderes im Gange. Und an dem weiteren Schicksal dieses neugeborenen Kindes scheint Gott selbst ein ganz persönliches Interesse zu haben.

› Die Sache erregte einiges Aufsehen und wurde in der ganzen Gegend rasch weiterverbreitet.

› Wie der Knabe heranwächst und sich entwickelt, darüber erzählt Lukas dann weiter nichts mehr, sondern fasst die Reifung des Kindes zum Manne in einem einzigen Satz zusammen: *»Das Kindlein wuchs und wurde stark im Geist. Und er war in der Wüste bis zu dem Tag, an dem er vor das Volk Israel treten sollte.«*

› Es ist also tatsächlich ein Asket aus ihm geworden, der in der Wüste lebt. Wir werden später wieder von ihm hören.

Die berühmteste Geburtsgeschichte der Welt

5› Ein Engel bei Zacharias im Tempel, ein Engel bei Maria, die Geburt des Johannes - das ist der »Vorlauf«, den Lukas braucht, um nun zum »Eigentlichen« zu kommen. Die Worte, mit denen er das einleitet, sind weltberühmt geworden.

› Noch heute werden sie jedes Jahr an Weihnachten in den Kirchen, aber auch in vielen Häusern im ganzen christlichen Kulturkreis vorgelesen: *Es begab sich aber zu der Zeit, dass ein Gebot von dem Kaiser Augustus ausging, dass alle Welt geschätzt würde …*

› Dass alle Welt geschätzt werde, das meint: Eine Volkszählung hat der Kaiser angeordnet, damit er weiß, über wie viele Menschen er herrscht, aber vor allem, wie hoch seine Steuereinnahmen ungefähr sein werden.

› Um das Verfahren in einem überschaubaren Zeitraum über die Bühne zu bringen, war es nötig, dass nur an bestimmten Orten gezählt wurde, nicht überall. In Nazaret, wo Josef und Maria wohnten, wurde nicht gezählt. Der nächstgelegene Zählort war Betlehem.

› Also machen sich Josef und Maria auf nach Betlehem. Zwischen beiden Orten liegen rund 160 Kilometer, ein langer beschwerlicher Weg, besonders für die zu jenem Zeitpunkt hochschwangere Maria.

› Als sie in Betlehem ankommen, setzen bei Maria die Wehen ein, und es stellt sich die Frage: wohin, wo gebären? Die Herbergen sind voll und verlangen die höchsten Preise. Die konnte Josef nicht zahlen. Offenbar hatten sie aber einen Herbergsvater gefunden, der sich ihrer erbarmte und sie in seinen Stall gehen ließ, aber davon erzählt Lukas nichts, übrigens auch nichts von Ochs und Esel. Die Geburt in einem Stall inmitten von Ochs und Esel mit Heu und mit Stroh sind spätere Ausschmückungen.

› Lukas schreibt nur lapidar über Maria: *Und sie gebar ihren ersten Sohn und wickelte ihn in Windeln und legte ihn in eine Krippe; denn sie hatten sonst keinen Raum in der Herberge.*

› Nur aus dem Wort »Krippe«, womit eine Futterkrippe für Tiere gemeint ist, geht hervor, dass Jesus in einem Stall zur Welt gekommen ist. Darin liegt die große Provokation, die damals die antike Welt in Staunen versetzte: Ein Gottessohn wird geboren, aber nicht, wie es die Welt damals erwartet hätte, in einem standesgemäßen Palast, sondern in einem Stall. Und das Kind ist nicht auf Daunen gebettet, sondern liegt in seinen Windeln in einer Futterkrippe.

› Weiter geht die Provokation mit der Bekanntmachung der Geburt. Zwar sind es Engel, die davon berichten, aber sie berichten es nicht den Kaisern und Königen der damaligen Zeit, nicht den berühmten Dichtern und Denkern, nicht den religiösen Autoritäten, nein, Hirten sind es, die von dem weltgeschichtlichen Ereignis als Erste erfahren. Den Hirten, die nachts auf den Feldern in der Nähe des Stalls ihre Schafe hüten, erscheint plötzlich ein Engel, der den erschrockenen Männern sagt: *»Fürchtet euch nicht! Siehe, ich verkündige euch große Freude, die allem Volk widerfahren wird; denn euch ist heute der Heiland geboren, welcher ist Christus, der Herr, in der Stadt Davids. Und das habt zum Zeichen: Ihr werdet finden das Kind in Windeln gewickelt und in einer Krippe liegen.«*

› Zu dem Engel gesellen sich nun die himmlischen Heerscharen, die Gott loben und den Hirten sagen: *»Ehre sei Gott in der Höhe und Friede auf Erden.«* Danach schwebt das ganze Engelsvolk wieder in Richtung Himmel und lässt die Hirten allein zurück. Die suchen nun die Krippe, von der der Engel gesprochen hatte, finden sie, knien nieder und beten das Kind an. Und fühlen sich geehrt und sind stolz, dass sie die Ersten sind, die das Kind Gottes sehen dürfen.

› »Es begab sich aber zu der Zeit «, »legte ihn in eine Krippe ...«, »euch ist heute der Heiland geboren« – aus solchen Worten besteht so etwas wie der Urtext unserer Kultur. Noch heute hören wir diese Worte jedes Jahr an Weihnachten in den Predigten, den Liedern und in den Krippenspielen, bei denen meistens Kinder Maria und Josef und die Hirten spielen dürfen.

Zwischenruf: Ist jetzt das Alte Testament außer Kraft gesetzt?

Viele Christen und auch Nichtchristen halten diese Geschichte vom Kind in der Krippe für den Anfang des Christentums. Manche gehen sogar noch weiter und meinen, mit Jesus beginne etwas völlig Neues, das mit dem »Vergangenen«, also den Geschichten des Alten Testaments nichts mehr zu tun habe.

Aber so ist es nicht. Tatsächlich ist dieser provokante Anfang der christlichen Kulturgeschichte nur die Fortsetzung einer langen provokanten Vorgeschichte.

Denn, erinnern wir uns, dieses Kind in der Krippe ist das Kind eines Volkes ehemaliger Sklaven, die einander seit Jahrhunderten erzählen: Wir waren pharaonisches Zugvieh im Sklavenhaus Ägypten – bis uns unser Gott mit starker Hand und unter Zeichen und Wundern daraus befreit hat.

Gott selbst war es, der mithilfe seines Knechts Mose den »ersten Sklavenaufstand der Weltgeschichte« (Nietzsche) angezettelt hat. Auf sein Geheiß rebellierte das Volk gegen das scheinbare Naturgesetz, dass es zwei Klassen von Menschen gibt: hier die Peitschenschwinger, dort diejenigen, auf die die Peitsche niedersaust.

Gegen diese scheinbar natürliche Ordnung der Welt setzte das Gottesvolk sein großes »Hier nicht!« und entwickelte eine neue Sozialordnung nach dem Schema: Im ägyptischen Sklavenhaus war es so, und darum machen wir jetzt das Gegenteil.

Bei uns wird der Fremdling nicht unterdrückt. Witwen und Waisen sind zu schützen. Es darf keine Armen geben. Die Herrschaft von Menschen über Menschen soll aufhören und Frieden einkehren in der Welt. So, auf diese Weise, sollte das Volk Gottes den anderen Völkern vorleben, wie man leben muss, damit das Leben aller gelingt.

Das war der Plan. Das Gottesvolk hat ihn nicht erfüllt. Derjenige, der das in aller Schärfe nun aussprechen wird, wird Jesus sein. Und er wird das bisherige Selbstverständnis der Juden in einem entscheidenden Punkt einschneidend ändern. Sind sie bisher immer davon ausgegangen, dass man Mitglied des Volkes Gottes quasi automatisch durch Geburt und Abstammung von jüdischen Eltern wird, so konfrontiert Jesus seine Zeitgenossen mit der schockierenden Behauptung: Die richtige Abstammung nützt gar nichts.

Mitglied im Volk Gottes wird man jetzt durch eine bewusste persönliche Entscheidung, und diese Entscheidung ist aber nur etwas wert, wenn man vorher seine Sünden bereut hat und bereit ist zur Umkehr. Erst dann, so wird Jesus nun lehren, wird einer eintreten können in das Reich Gottes. Und dieses Reich Gottes – und das ist die anstößigste seiner Neuerungen – hat jetzt allein durch die Tatsache seines Daseins mit ihm und durch ihn bereits begonnen.

Es ist klar, dass er mit dieser neuen Lehre auf den erbitterten Widerstand der etablierten alten Kreise, der Schriftgelehrten, Pharisäer und der Priesterschaft stieß. Die Konflikte waren vorprogrammiert, und das Ende am Kreuz im Grunde auch schon.

Aber noch sind wir ganz am Anfang der Geschichte, beim Kind in der Krippe, das von den Hirten besucht und angebetet worden war. Und das nun wieder Besuch bekommt, diesmal von ganz besonderen, hochgestellten Persönlichkeiten. Davor jedoch muss noch eine wichtige Frage geklärt werden.

Die Weisen aus dem Morgenland

6 › So anschaulich und wortreich der Evangelist Lukas von zwei angekündigten Geburten – Johannes und Jesus – erzählt hat, so verschwiegen übergeht er eine sehr naheliegende Frage: Dass in Marias Bauch ein Kind heranwächst, konnte ihrem Verlobten Josef nicht verborgen bleiben. Was hat er dazu gesagt? Was hat ihm Maria erzählt? Bei Lukas erfahren wir nichts davon.

› Ein anderer, Matthäus, erzählt es. Josef bemerkt natürlich, dass Maria schwanger ist, und denkt: Von mir kann das Kind nicht sein, denn ich habe Maria noch nicht angerührt. Sie muss es von einem anderen haben. Also hat sie mich betrogen. Daher plant Josef, Maria heimlich zu verlassen.

› Kaum hat er das gedacht, erscheint ihm im Traum ein Engel, der ihm die Sache erklärt. »Nein, Maria ist dir nicht untreu geworden, nein, sie hat nicht mit einem anderen Mann geschlafen. Ein Wunder hat sich ereignet. Der Heilige Geist ist über Maria gekommen. Er ist die Ursache des Kindes, es ist Gottes Sohn, und du sollst ihm den Namen Jesus geben.«

› Als Josef erwachte, war er erleichtert. Maria hatte nichts Böses getan. Daher bekennt er sich zu ihr als seiner Frau und für die Öffentlichkeit als Vater des Kindes. Josef, Maria und das Kind Jesus sind jetzt nach außen hin eine scheinbar normale Familie, aber dieses Kind da in der Krippe ist alles andere als ein normales Kind. Maria weiß das. Josef weiß es nun auch, aber zum Erstaunen beider Eltern weiß es offenbar auch schon die Welt.

› Darum sind ja die Hirten zu Besuch gekommen. Und nun naht weiterer Besuch, diesmal von ganz weit her und von ganz besonderen Leuten: die »Weisen aus dem Morgenland«. Die kommen nach Jerusalem und fragen: »Wo ist der neugeborene König der Juden? Wir haben seinen Stern aufgehen sehen und sind gekommen, ihn anzubeten.«

› Dass es drei Könige waren, jeder von ihnen aus einem anderen Erdteil kam – Afrika, Asien, Europa, – einer davon daher schwarz war, und sie auf die Namen Caspar, Melchior und Balthasar hörten, ist eine spätere Legendenbildung. Nichts davon steht in der Bibel. Noch nicht einmal, dass es drei waren, steht drin, sondern nur, dass Weise aus dem Morgenland nach Jerusalem kamen. Und es steht auch nur bei Matthäus. Die anderen drei Evangelisten wissen nichts davon.

› Die Frage der Sterndeuter nach einem neugeborenen König der Juden spricht sich herum in Jerusalem bis hin zum Hof des Königs Herodes, der gewaltig erschrickt und denkt: König der Juden? Das bin doch ich. Sollte mir etwa plötzlich und ohne mein Wissen eine Konkurrenz erwachsen sein? Durch wen? Und wo?

› Seine Berater sagen ihm: »Wahrscheinlich in Betlehem, denn beim Propheten Micha steht so eine Andeutung, dass von dort, also von Betlehem, ein Fürst kommen soll, der das Volk Israel weiden soll.«

› Der schlaue Herodes lässt die fremden Sterndeuter heimlich zu sich bringen, gibt ihnen den Tipp, in Betlehem zu suchen und bittet sie, ihm davon zu erzählen, wenn sie das Kind gefunden haben. Er wolle es auch besuchen und anbeten. In Wahrheit will er den Rivalen töten, sobald er weiß, wo er sich befindet.

› Doch davon ahnen die Weisen nichts. Sie ziehen weiter in Richtung Betlehem, wie es ihnen Herodes geraten hat. Der Stern, der bis Jerusalem vor ihnen hergezogen war, zieht auch in diese Richtung. Daher sind sie sicher, auf dem richtigen Weg zu sein. So nähern sie sich dem Stall von Betlehem, und genau über ihm bleibt der Stern stehen. Da wussten sie, wir sind am Ziel, da drin muss das Kind sein.

› Hocherfreut gehen sie hinein, sehen Maria und Josef und das Kind in der Krippe, knien nieder und beten das Kind an. Sie haben Geschenke mitgebracht: Gold, Weihrauch und Myrrhe.

› Danach machen sie sich wieder auf den Heimweg, aber den Besuch bei Herodes meiden sie, denn im Traum wurde ihnen geraten, nicht zu Herodes zu gehen. Als der merkt, dass die Weisen schon über alle Berge sind, wird er maßlos wütend. In seinem Zorn ordnet er an, in Betlehem und der ganzen Umgebung alle neugeborenen Knaben zu töten und die ein- und zweijährigen auch.

› So geschieht es. Aber das Kind in der Krippe ist nicht unter den Getöteten, denn gleich nach dem Abschied der Sterndeuter ist Josef wieder ein Engel im Traum erschienen, der ihm sagte: »Nimm das Kind und seine Mutter und fliehe mit ihnen nach Ägypten, denn ihr seid in höchster Gefahr. König Herodes lässt nach eurem Kind suchen, um es umzubringen.«

› So flieht die Familie des Josef nach Ägypten und bleibt dort, bis ihm wieder ein Engel erscheint und sagt: »Herodes ist tot, ihr könnt zurückkehren in eure Heimat, nach Nazaret.«

Zwischenfrage: Warum erfahren wir nicht, wie das Baby zum Kind und das Kind zum Erwachsenen reifte?

Normalerweise müssten jetzt Kindheitsgeschichten kommen, Erzählungen darüber, wie aus dem Kind in der Krippe ein Krabbelkind wurde, und wie es sich weiter entwickelte zum Kleinkind und schließlich zu einem Teenager. Wir würden gern erfahren, ob Jesus ein lustiges oder ernstes Kind war, ob es seinen Eltern immer nur Freude oder auch mal Kummer gemacht, hin und wieder einen Streich gespielt hat, Mitglied einer Kinderbande war und mit anderen Kindern durch die Gegend gezogen ist.

Aber für Homestorys sind die Evangelisten nicht zu haben. Sie sind, wie wir gleich sehen werden, ausschließlich am öffentlichen Wirken Jesu interessiert. Privates wird nur erzählt, wenn es auch politisch ist und theologisch relevant, darum wird die Geschichte von der Geburt eines Gottessohnes in einem Stall in Betlehem und den Hirten, die als Erste davon erfahren, erzählt.

Gott ist mit den ärmlichen, unbedeutenden, normalen Menschen, will uns diese Geschichte sagen, nicht mit den Großkopferten, Reichen, Mächtigen. Und sie will mithilfe zahlreicher Anspielungen auf Texte der Tora und durch Aufzählung der Stammbäume beweisen, dass dieses Kind in der Krippe von David abstammt und in Betlehem geboren wurde, wie es in der Tora vom kommenden Messias geweissagt wurde. Darum auch die Geschichte vom Kindermord des Herodes – um an den Kindermord in Ägypten zu erinnern, als der Pharao angeordnet hatte, jeden neugeborenen Knaben der Israeliten zu töten.

Das zwölfjährige Wunderkind und seine verständnislosen Eltern

7› Eine Kindheitsgeschichte gibt es aber doch, eine einzige, und nur Lukas erzählt sie. Jedoch hat sie nichts zu tun mit Kindheitsgeschichten, wie wir sie kennen. Sie ist nur eine theologische Konstruktion, die deutlich machen soll: Schon mit zwölf Jahren war dieser Jesus ein besonderer Mensch, Sohn Gottes eben. Indirekt, möglicherweise sogar unbeabsichtigt, ist dieser Geschichte jedoch auch zu entnehmen: Jesus war offenbar ein ganz normales Kind, das mit anderen Kindern durch die Gegend zog. Direkt und mit Absicht wird aber erzählt: Schon mit zwölf war Jesus so etwas wie ein religiöses Genie, das die gelehrtesten Männer des Landes in Erstaunen versetzte.

› Dazu lässt Lukas Jesu Eltern mit allen anderen Familien aus Nazaret nach Jerusalem pilgern, um dort das Passahfest zu feiern, jenes Fest, das an den Auszug der Israeliten aus Ägypten erinnert. Nach dem Fest machen sich die Leute aus Nazaret auf den rund 100 Kilometer langen beschwerlichen Heimweg.

› Die Kinder bilden offenbar eine eigene Gruppe und marschieren in gehörigem Abstand zu ihren Eltern mit nach Hause. Unter diesen Kindern wird auch Jesus sein, denken Maria und Josef. Erst nach Stunden fällt ihnen auf, dass sie ihren zwölfjährigen Jesus schon lange nicht mehr gesehen haben. Und jetzt merken sie voller Schreck: Er ist nicht bei den Kindern. Wo aber dann?

Sie rufen ihn, suchen ihn, finden ihn nicht, gehen daher den ganzen Weg wieder zurück bis nach Jerusalem, wo sie ihn erst nach drei Tagen im Tempel aufstöbern. Dort sehen sie ihn mitten unter den Schriftgelehrten sitzen, die sich über seinen Verstand und seine klugen Fragen und Antworten wundern.

› Die ganze Angst fiel von den Eltern ab, aber auch Groll stieg hoch. »Mein Kind, warum hast du uns das angetan«, tadelt Maria, »dein Vater und ich haben dich überall verzweifelt gesucht und befürchtet, dir sei etwas Schlimmes passiert.«

› Aber der Zwölfjährige antwortet ganz ruhig und seinerseits vorwurfsvoll: »Warum habt ihr mich gesucht? Wusstet ihr nicht, dass ich im Tempel sein muss, im Haus meines Vaters?«

› Die Eltern verstehen das nicht, wundern sich nur, und gehen nun zurück nach Nazaret, diesmal mit dem Sohn, der anscheinend doch kein Kind war wie alle anderen. Schon mit zwölf ein bisschen wunderlich und für seine Eltern nicht mehr ganz verständlich. Und Lukas berichtet nur noch, der Knabe habe zugenommen an Weisheit, Alter und Gnade bei Gott und den Menschen.

› Mehr erfahren wir über die Kindheit und Jugend von Jesus nicht. Die nächsten Geschichten, die erzählt werden, handeln allesamt schon vom erwachsenen Jesus.

› Bei Markus fängt die Geschichte hier erst an. Er erzählt nichts von Ankündigungen der Geburten von Johannes und Jesus, nichts von der Geburt im Stall, nichts von den Hirten und den Sterndeutern, nichts von der Flucht vor Herodes nach Ägypten. Markus beginnt sofort mit Johannes dem Täufer, den er als Boten und Wegbereiter für Jesus vorstellt.

› Hochphilosophisch klingt der Anfang des Evangeliums nach Johannes – der mit dem Täufer nichts zu tun hat, es ist nur eine zufällige Namensgleichheit. Sind die ersten Sätze des Johannes-Evangeliums auch schwer verständlich, so sind dennoch auch sie berühmt geworden, fast so bekannt wie die Weihnachtsgeschichte des Lukas, vielleicht wegen ihres geheimnisvollen Klanges und ihrer Magie:

› *Im Anfang war das Wort, und das Wort war bei Gott, und Gott war das*

Wort. Dasselbe war im Anfang bei Gott. .... So klingt der Sound des Evangelisten Johannes.

› Auch er weiß nichts von der Geburt in der Krippe, nichts von den Weisen aus dem Morgenland und nichts vom zwölfjährigen Jesus im Tempel. Auch Johannes steigt ein mit dem erwachsenen Jesus und dem erwachsenen Täufer.

Der Rufer in der Wüste – Johannes der Täufer

8 › Wie es der Engel gegenüber Zacharias einst angedeutet hatte: Sein Sohn Johannes hat sich tatsächlich zu einem besonderen Menschen entwickelt. Er lebt nicht nur als Eremit in der Wüste, trägt ein Gewand aus Kamelhaaren, dazu einen ledernen Gürtel, und ernährt sich von Heuschrecken und wildem Honig.

› Dieser Mann ruft jetzt am Ufer des Jordans zur Umkehr und Buße auf, denn, so sagt er, *das Himmelreich ist nahe herbeigekommen.* Auf das Wort »Himmelreich« sollte man die Evangelisten nicht festnageln. Sie haben mehrere Worte dafür, sprechen daher oft auch von der Gottesherrschaft oder dem Reich Gottes. Es ist immer dasselbe, aber was damit eigentlich gemeint ist, bleibt lange ein Rätsel. Jesus wird später versuchen, den Begriff mit etlichen Gleichnissen zu erklären.

› Aber mit der Sache, die damit gemeint ist, bewegt sich Johannes im Rahmen des damals allgemein Erwarteten. Viele Zeitgenossen des Johannes waren von einer allgemeinen Endzeitstimmung erfasst und dachten: Das Ende der Welt ist nah.

› Sie lebten in der Hoffnung, die von Jesaja vorhergesagte Zeitenwende, den Umsturz aller Verhältnisse durch ihren Gott oder durch das Kommen eines Messias demnächst zu erleben. Die Vorstellungen darüber, wie das geschehen und was sich dabei ereignen würde, gingen weit auseinander. Die einen erwarteten, dass Gott vom Himmel herabsteigt und mit seinen himmlischen Heerscharen die Römer zum Teufel jagt. Andere erwarteten, dass sie selbst in den Himmel auffahren und von allem weltlichen Leid – Armut, Krankheit, Tod – erlöst würden. Wieder andere erwarteten das Kommen eines Messias, wussten aber nicht, woran sie ihn erkennen sollten. Nur wenn der die Römer vertreiben könnte, wäre es klar. Daher waren die Ohren immer gespitzt, wenn einer darauf zu sprechen kam.

› Johannes nährte die Hoffnung auf eine bald bevorstehende Zeitenwende, indem er dunkle Andeutungen machte über einen, der da kommen wird. Er hütete sich aber, konkret auszuführen, was geschehen würde. Stattdessen beschränkte er sich darauf, die Menschen dazu aufzurufen, sich auf das Ereignis vorzubereiten durch Umkehr und Buße. Jeder solle aufhören, im gewohnten Stil weiterzuleben, und anfangen, seine Sünden zu bereuen und ein neues Leben zu führen.

› Scheinbar richtet er sich mit dieser Botschaft an jeden Einzelnen, das tut er auch, aber da er damit jeden Einzelnen meint, ist das gesamte Volk Israel gemeint. Johannes ist jetzt derjenige, der schärfer noch als alle Propheten vor ihm ausspricht, dass das Volk den ihm von Gott zugedachten Auftrag nicht erfüllt hat. Darum werde nun bald einer kommen, der diesen Auftrag wieder ernst nimmt

› Er selbst, so beschreibt er seine Rolle, sei nur der Vorbote des Kommenden, darum taufe er nur mit Wasser. Aber nach ihm werde einer kommen, der sei stärker als er, der werde mit dem Heiligen Geist und mit Feuer taufen.

› So wird Johannes in den Evangelien zu dem Mann, der die Endzeitstimmung und Messiashoffnungen aufgreift und die öffentliche Aufmerksamkeit auf Jesus lenkt. Er, Johannes, so bezeugen die Evangelisten, ist der Erste, der Jesus als den Messias erkannt hat, mit dem eine vollkommen neue Zeit beginnen soll.

Der Himmel öffnet sich, eine Taube fliegt herab – Jesus wird getauft

9› Dann kommt er, der Mann, den Johannes ankündigte, und von dem er sagte, er werde mit dem Heiligen Geist und mit Feuer taufen. Aber er kommt ohne himmlische Heerscharen, ohne großes Getöse oder irgendein Tamtam. Nein, ganz bescheiden, als anscheinend ganz normaler Mensch hat sich der Angekündigte unter das Volk gemischt. Mit der Volksmenge strömt Jesus in Richtung Wüste, um sich am Ufer des Jordans Johannes' Predigt anzuhören und sich von ihm taufen zu lassen. Niemand unter den Leuten am Jordan hat auch nur den Schimmer einer Ahnung, dass unter ihnen der Messias ist.

› Als aber Jesus an der Reihe ist und vor Johannes steht, durchfährt den Täufer ein Schauer. Er hat sofort erkannt, wer da vor ihm steht. Wir wissen nicht, woran er ihn erkannt hatte, wodurch und wieso. Laut Lukas hat Johannes es einfach gewusst: Das ist er. Das ist der, den ich die ganze Zeit angekündigt habe.

› Und denkt dann verblüfft: Aber was will er? Was soll das? Wieso will er sich von mir taufen lassen? Verrückt.

› Und spricht es aus: »Du kommst zu mir, um dich von mir taufen zu lassen? Wie absurd! Umgekehrt muss es sein. Ich habe es nötig, mich von dir taufen zu lassen! Ich bin nicht wert, dass ich dir die Riemen deiner Sandalen löse.«

› Aber Jesus antwortete ganz ruhig: »Lass nur. Taufe mich, wie du alle anderen getauft hast, denn so ist es am besten, glaub mir.«

› Johannes lässt es zu. Tauft ihn. Und als der von Johannes getaufte Jesus aus dem Wasser steigt, da geschieht es: Der Himmel öffnet sich über ihm, und er sieht den Geist

Gottes wie eine Taube herabfahren und über sich kommen. Und aus dem Himmel sagte eine Stimme: »**Dies ist** *mein lieber Sohn, an dem ich Wohlgefallen habe.*«

› Ob nur Jesus das gesehen und gehört hat? Oder Johannes und die anderen auch? Die Evangelisten Markus, Matthäus und Lukas lassen es offen. Bei ihnen klingt es so, als ob nur Jesus davon etwas mitbekommen hätte. Der Evangelist Johannes dagegen berichtet, der Täufer habe es gesehen.

Getauft. Aber noch nicht geprüft

10 › Jesus ist nun getauft und von Johannes erkannt als der Mann, mit dem die neue Zeit anbrechen wird, wie es in der jüdischen Bibel, besonders bei Jesaja, prophezeit wurde. Jesus könnte jetzt also beginnen, in der Öffentlichkeit zu handeln, zu predigen, zu lehren, Wunder zu tun.

› Aber er muss sich erst noch einer Bewährungsprobe unterziehen. Deshalb zieht er sich nun zurück in die Wüste, um dort 40 Tage lang zu fasten. Da erscheint dem hungrigen, durstigen, in der Wüste geschwächten und vereinsamten Jesus der Teufel, der natürlich immer dann angreift, wenn ihm die Gelegenheit am günstigsten erscheint.

› Also sagt der Teufel zu Jesus: »Wenn du wirklich der Sohn Gottes bist, dann mach aus diesem Stein Brot.«

› Du kannst reich und vermögend werden, heißt das, du musst nur aus Steinen Brot machen, danach wirst du dein Leben im größten Luxus verbringen. Aber Jesus lässt den Teufel abblitzen mit einem berühmten Wort aus der Tora: *»Der Mensch lebt nicht allein vom Brot.«*

› So schnell gibt ein Teufel natürlich nicht auf. Daher führt er Jesus nun hoch hinauf auf einen Berg, zeigt ihm alle Reiche der ganzen Welt und sagt: »Über alle diese Reiche und ihre ganze Schönheit habe ich Macht. Ich überlasse dir diese Macht – wenn du mich anbetest.« Wieder gibt Jesus dem Teufel einen Korb mit einem Wort aus der Tora: *»Du sollst nur deinen Gott anbeten und ihm allein dienen«.*

› Der Teufel probiert es ein drittes Mal, führt Jesus nach Jerusalem, besteigt mit ihm die Zinnen des Tempels und versucht es diesmal selbst mit einem Wort aus der Tora: »Bist du Gottes Sohn, so wirf dich von hier hinunter, denn es steht geschrieben, dass Engel dich beschützen und auffangen werden, bevor du den Boden berührst.«

› Auch darauf antwortet Jesus mit der Tora: »Du sollst mit Gott keine Spielchen spielen.«

› Nun gibt der Teufel auf und verschwindet. Sein Versuch, mit Jesus einen Pakt zu schließen und ihn dadurch unter seine Kontrolle zu bekommen, ist gescheitert.

› Und Jesus ist jetzt bereit für seine Mission. Ab jetzt wird er öffentlich das Wort ergreifen. Zunächst allerdings am falschen Ort, in Nazaret, seiner Heimatstadt.

DER ERWACHSENE JESUS VERLÄSST SEINE ALTE FAMILIE UND GRÜNDET EINE NEUE

Jesus wird aus der Stadt gejagt

1 › Zurück in Nazaret ging Jesus in die Synagoge, um aus der Tora vorzulesen. Er las eine Stelle aus dem Jesaja-Buch, wo es heißt: Gottes Blick ruht auf mir. Mich hat er geschickt, um das Evangelium den Armen zu verkünden und den Gefangenen die Freiheit. Die Blinden sollen sehend werden und die Zerschlagenen erlöst.

› So weit, so gut. Das kannten seine Zuhörer. Nun erwarteten sie eine Auslegung dieses Wortes. Die lieferte Jesus. Aber was er sagte, war unerhört, eine Provokation, eine Gotteslästerung. Oder eine wahre Überraschung?

› Jesus sagte: »Heute ist dieses Wort der Schrift erfüllt vor euren Ohren.«

› Was? Meint der etwa, er sei derjenige, von dem Jesaja spricht? Was bildet der sich ein? Ist er nicht der Sohn dieses Zimmermanns Josef? Ist nicht Maria seine Mutter? Und seine Brüder, das sind doch Jakobus, Josef, Judas und Simon. Und seine Schwestern kennen wir auch. Und so einer maßt sich an, etwas Besseres zu sein als wir, gar ein von Gott Gesandter?

› Wütend treiben sie ihn aus der Synagoge und aus der Stadt hinaus. Jesus machte die Erfahrung, die wohl schon viele Genies gemacht haben und noch machen bis heute: Ein Prophet gilt nirgends weniger als in seinem Vaterland, seiner Familie und bei seinen Verwandten.

› Man mag es nicht, wenn einer, den man lange kennt, und von dem man immer annahm, er sei auch nur einer wie alle anderen, plötzlich anders ist, auffällt, herausragt. Deshalb ist es ratsam, seine Vaterstadt beizeiten zu verlassen.

› Genau das tut Jesus jetzt. Wir wissen nicht, was er seinen Eltern und Brüdern sagt, ob er sich offiziell von ihnen verabschiedet, ob er ihnen sagt, dass er seinem Vater, dem Zimmermann, ab sofort nicht mehr zur Hand gehen, seine Heimat verlassen und als Wanderprediger durchs Land ziehen wird.

› Wir wissen auch nicht, was Maria und Josef ihrem Sohn erzählt haben. Haben sie ihm von ihrer Engelserscheinung erzählt? Haben sie ihm erzählt, dass nicht Josef, sondern der Heilige Geist sein Vater ist, dass er der erwartete Messias ist? Wusste also Jesus von Anfang an, dass er der Messias und der Sohn Gottes ist?

› Das bleibt in allen Geschichten der Evangelisten seltsam in der Schwebe. Die Evangelisten wissen es. Sie bezeugen ihn als Sohn Gottes. Aber Jesus selbst redet mal so und mal so, und mal macht er ein Geheimnis daraus, scheint es also zu wissen.

› Aber jedenfalls: Ab jetzt beginnt seine Zeit als Wanderprediger. Von einem Tag auf den anderen, und ohne dass wir erfahren, wie es dabei zuging, verlässt er seinen Vater, seine Mutter, seine Brüder, seinen Heimatort und macht sich auf den Weg nach Galiläa, zum See Gennesaret, elf Stunden Fußmarsch von Nazaret entfernt. Bald wird er sagen, dass mit seinem Kommen das Reich Gottes angebrochen sei.

Ein Meister schart Jünger um sich und bildet mit ihnen eine neue Familie

2 › Jesus zieht nun durch die Städte und Dörfer rund um den See Gennesaret, geht in private Häuser, stellt sich auf öffentliche Plätze und predigt über das kommende Reich Gottes, ruft zur Nachfolge auf, interpretiert die Tora so überraschend neu, dass sich schon bald die Geister scheiden werden an ihm. Offenbar ist er ein begabter Redner mit einer besonderen Ausstrahlung, der verständlich spricht, interessante Geschichten erzählt und daher rasch die Aufmerksamkeit und Sympathie der einfachen Leute gewinnt. Bald schon hat er eine große Schar von Zuhörern, die ihn mit Fragen löchern und ihm viel abverlangen.

› Um ein bisschen Abstand zu ihnen zu gewinnen und besser gesehen zu werden, bittet er eines Tages zwei Fischer, die gerade ihre Netze reinigen, ihn ein bisschen hinauszurudern, damit er vom Boot aus zu den Menschen sprechen kann.

› Als er mit seiner Ansprache fertig ist, bittet er Simon Petrus, dem das Boot gehört, um etwas, was diesem als verrückt erscheint: Er solle hinausrudern auf den See und seine Netze auswerfen. Normalerweise fangen sie ihre Fische nachts bis zum Morgengrauen. Aber jetzt ist es Tag und schon in der Nacht haben sie kaum etwas gefangen. »Aber gut«, sagt Simon Petrus, »wenn du meinst, dann tu ich dir halt den Gefallen.«

› Sie fahren hinaus, Petrus wirft die Netze aus – und die füllen sich in atemberaubendem Tempo, es werden immer mehr Fische, so viele, dass die Netze schon reißen. Petrus winkt seinen Gefährten zu, dass sie kommen und ebenfalls die Netze ins Wasser werfen. Auch die füllen sich. Am Ende sind beide Boote so randvoll mit Fischen, dass sie zu sinken drohen.

› Als Petrus das sieht, fällt er Jesus zu Füßen und sagt: »Du, geh weg! Ich bin ein Sünder.« Denn ein Schrecken war ihn in gefahren, und in die anderen beiden, Jakobus und Johannes, auch. Wir wissen nicht, wie Jesus darauf reagierte, was er ihnen sagte, aber was er gesagt hatte, muss so eindrücklich gewesen sein, dass die drei Fischer Petrus, Jakobus und Johannes eine einschneidende, ihr Leben von Grund auf verändernde Entscheidung treffen: Sie hängen ihren Fischerberuf an den Nagel. Sie verlassen ihre Häuser, ihre Eltern, ihre Verwandten und ziehen nun mit Jesus in eine ungewisse Zukunft.

› Im Lauf der Zeit folgen Jesus immer mehr Menschen, um zu sehen, was er tut, und zu hören, was er sagt. Viele kommen regelmäßig, entwickeln ein persönliches, vertrauensvolles Verhältnis zu ihm. Unter diesen Menschen wählt er weitere Jünger – Apostel nannte er sie – aus, bis es zwölf waren, und beruft sie in seinen engsten Kreis. Zwölf Apostel, die für die zwölf Stämme Israels stehen, sind seine ersten »Nachfolger«. Aber es sind keine Schüler, die zu ihm wie zu einem Rabbi in die Schule gehen und ihm dienen. In der Beziehung zwischen Jesus und seinen Jüngern entwickelt sich ein neues, bisher nicht bekanntes Miteinander.

› In der alten Rabbi-Schüler-Beziehung ist es der Schüler, der sich einen Rabbi sucht. Hier aber hat sich Jesus seine Jünger gesucht. Es war nicht ihre Idee und nicht ihr Wille, über Nacht ihre sichere wirtschaftliche Existenz aufzugeben und diesem noch relativ unbekannten Wanderprediger zu folgen. Nein, zwischen ihnen und Jesus hat sich etwas ereignet, was man vielleicht am besten als »Widerfahrnis« bezeichnet. Ihnen ist Gott widerfahren. In diesem »Widerfahrnis« erkannten sie: Gott will es. Diesem Willen unterwarfen sie sich und das nennt Jesus »Glaube«.

› Dass nun eine neue Art von Miteinander entsteht in diesem Kreis, werden wir später noch häufiger sehen, daher für jetzt nur so viel: Zu den Pflichten eines Rabbiner-Schülers gehörte es, seinem Lehrer zu dienen. Er verrichtete tatsächlich im Haus des Rabbiners all die Tätigkeiten, für die normalerweise ein Knecht oder eine Magd zuständig sind – putzen, waschen, einkaufen, kochen, bedienen.

› Jesus wird dieses Verhältnis, wie wir bald sehen werden, umdrehen. Er ist es, der den anderen dient. Und diese fordert er auf, einander zu dienen. Es ist eine neue Art von Familie, die da jetzt entsteht. Aus ihr soll sich eine neue Art von Gesellschaft entwickeln und daraus das Reich Gottes.

› Bleibt noch die Frage, wer diese zwölf Apostel waren, wie sie hießen, und wozu Jesus sie brauchte. Die letzte Frage – wozu? – ist einfacher zu beantworten als die Frage nach den Namen.

› Als Jesus seinen Zwölferkreis beisammenhatte, sagte er ihnen, was ihr Auftrag sei. »Geht und predigt und sprecht: Das Himmelreich ist nahe herbeigekommen. Macht Kranke gesund, weckt Tote auf, macht Aussätzige rein, treibt Dämonen aus. Aber nehmt keinen Lohn dafür. Belastet euch nicht mit Geld, Eigentum, Besitz. Ihr sollt weder Gold noch Silber noch Kupfer in euren Gürteln haben, auch keine Tasche für den Weg, auch nicht zwei Hemden, keine Schuhe, nicht einmal einen Stecken.

› Und: Geht nicht zu den Heiden und nicht in eine Stadt der Samariter, sondern zu den verlorenen Schafen aus dem Hause Israel.«

› Jesus wendet sich also an sein eigenes Volk, nicht an die Römer, nicht einmal an die verwandten Samariter, schon gar nicht an die ganze Welt. Nein, um das alttestamentliche Volk namens Israel geht es ihm. Für Israel ist seine Botschaft bestimmt, denn das ist ja der

Plan: Gottes eigenes Volk soll der Welt vorleben, wie man leben muss, damit das Leben aller, also auch das der anderen Völker, gelingt.

› Aber dazu muss sich erst einmal Israel unter die Gottesherrschaft begeben. Viele in Israel meinen zwar, sie stünden längst unter der Gottesherrschaft, aber Jesus wird ihnen nun klarmachen, dass das ein Irrtum ist. Und seine Jünger sollen das auch tun.

› Ihnen sagt er: »Wenn ihr in eine Stadt oder ein Dorf kommt, dann erkundigt euch, ob jemand dort ist, der es wert ist, eure Botschaft zu hören. Bei dem bleibt, bis ihr weiterzieht. Dann kehre euer Friede dort ein. Ist er es aber nicht wert, so wende sich euer Friede wieder zu euch. Und wenn euch jemand nicht aufnehmen will, so verlasst das Haus oder die Stadt und schüttelt den Staub von euren Füßen.« Das war Jesu Auftrag an die Zwölf.

› Die Berühmtesten von ihnen sind natürlich Petrus und Judas Iskariot. Petrus wurde zu dem Fels, auf den Jesus seine Kirche bauen wollte, Judas zu seinem Verräter. Berühmt ist auch der »ungläubige Thomas«, der nicht glauben konnte, dass Jesus von den Toten auferstanden ist, weshalb Jesus ihm die Wunden an seiner Hand zeigte, die von den Nägeln am Kreuz geblieben waren.

› Zu diesen dreien kommen Jakobus und Johannes, die beiden Fischer, die wir schon kennengelernt haben, Kollegen des Petrus. Die anderen, unbekannteren Jünger heißen bei Lukas: Andreas, Bruder des Petrus, Philippus und Bartholomäus, Matthäus, Jakobus, Sohn des Alphäus, Simon, der Zelot, und noch einen Judas gibt es, Sohn des Jakobus.

› Die Evangelisten Markus und Matthäus kennen keinen zweiten Judas und keinen Simon, den Zeloten, sondern nennen dafür Thaddäus und Simon Kananäus. Eine besondere Rolle spielt keiner der vier, daher sind uns ihre Namen auch kaum bekannt.

Jesus lehrt, predigt, heilt Kranke

3 › In einer der Städte am See begegnete Jesus einem Mann voller Aussatz. Aussatz ist eine hoch ansteckende Krankheit, heute nennt man sie Lepra, bei der die Nerven absterben und die Blutgefäße durch Verdickung des Blutes verstopfen. Weil man sich so schnell anstecken konnte, wurde der Kontakt mit den Erkrankten vermieden. Oft wurden sie aus der Gemeinschaft ausgestoßen, manchmal in Reservate – frühe Quarantänestationen – gebracht. Diese Isolation ist vermutlich der Ursprung für das deutsche Wort Aussatz, denn es handelt sich um Ausgesetzte, die man sich vom Leib hält.

› So ein Aussätziger fällt nun vor Jesus nieder und bittet darum, ihn zu heilen. Es wird nicht mitgeteilt, woher der Kranke von Jesus gehört hat, wie er ihn erkannt hat, und was ihn glauben lässt, dass Jesus ihm helfen könne. So berühmt ist er noch nicht. Seine Karriere als »Wunderheiler« fängt gerade erst an.

› Ja, er soll schon Dämonen ausgetrieben haben, heißt es, aber vom Aussatz geheilt hat er noch keinen. Das passiert jetzt, indem er etwas macht, was niemand getan hätte aus Furcht vor Ansteckung: Er beendet das Ausgesetztsein des Kranken, stellt eine körperliche Nähe her, berührt den Aussätzigen mit seiner Hand. Und sagt nur: »Sei rein.«

› Und tatsächlich ist der Aussatz verschwunden.

› Er solle es aber niemandem sagen, bittet Jesus. Nur einem Priester im Tempel solle er sich zeigen und zum Dank etwas opfern.

› Danach zieht Jesus sich wieder in die Wüste zurück, um zu beten. Unterdessen sprach es sich aber doch herum, dass Jesus Kranke heilen kann, denn natürlich hat der Priester, dem sich der ehemals Aussätzige zeigte, nicht geschwiegen.

› Als er wieder nach Gennesaret kam, wurde er schnell erkannt, und die Leute verbreiteten in Windeseile in der ganzen Stadt die Nachricht, dass er da sei, was zur Folge hatte, dass man die Kranken zu ihm brachte. Und er heilte sie alle, Lahme, Blinde, Verkrüppelte, Taube, Stumme. Auch in den umliegenden Dörfern, die er besuchte, brachte man die Kranken auf Tragen zu ihm auf den Markt, wo sie ihn baten, nur den Saum seines Gewandes berühren zu dürfen. Und alle, die ihn berührten, wurden gesund.

› Einen Mondsüchtigen befreite er von seiner Mondsucht. Aus Besessenen trieb er die Dämonen aus. Einmal entwichen aus so einem Besessenen so viele Dämonen, dass sie nicht wussten, wohin, und so fuhren sie in eine Schweineherde, die sich daraufhin ins Meer stürzte.

› Die Stummen redeten, die Verkrüppelten wurden gesund, die Lahmen gingen, die Blinden sahen, die Tauben hörten wieder. Das sind die Zeichen, mit denen die Evangelisten ausdrücken wollen, dass mit Jesus etwas Neues begonnen hat.

› Manchmal war es gar nicht nötig, dass ein Kranker selbst zu ihm kam oder er zu einem Kranken ging. Einmal war er in Kafernaum, wo er gebeten wurde, das Haus eines Hauptmanns aufzusuchen, der sich heftig um seinen todkranken Knecht sorgte. Also ließ Jesus sich zu dem Haus des Hauptmanns führen. Noch bevor er dort ankam, liefen ihm Freunde des Hauptmanns entgegen, die ihm von ihm ausrichten ließen, er sei es nicht wert, dass Jesus zu ihm ins Haus komme. Er solle nur ein Wort sprechen, dann werde sein Knecht schon wieder gesund werden.

› Nun war es Jesus, der sich wunderte über so viel Vertrauen, weshalb er sagte: »Jemanden, der so glaubt, habe ich in ganz Israel nicht getroffen.« Immer ist es der Glaube, der heilt, das betont Jesus nach fast jedem Wunder.

› Als die Boten wieder nach Hause kamen, fanden sie den Knecht des Hauptmanns gesund.

Jesus gebietet über die Kräfte der Natur

4 › Zu den Zeichen, mit denen die Evangelisten Jesus als mit göttlicher Vollmacht ausgestatteten Messias zeigen wollen, gehören auch Naturwunder. Daher erzählen sie, dass Jesus seinen Jüngern im Boot zu Fuß auf dem Wasser entgegenkam. Er hatte sie vom Ufer aus gesehen und bemerkt, wie sie wegen eines heftigen Windes trotz aller Mühe kaum vorankamen und sich ängstigten. Also lief er ihnen entgegen. Aber das ängstigte sie noch mehr. Sie hielten ihn für ein Gespenst, bis er zu ihnen sagte: »Ihr Angsthasen, ich bin's doch, warum fürchtet ihr euch so?«

› Matthäus ergänzt diese Geschichte noch mit einer Petrus-Anekdote. Als der sah, was Jesus konnte, wollte er das auch können und sagte, Jesus solle ihm befehlen, zu ihm zu kommen. Jesus tat ihm den Gefallen, sprach: »Komm her.« Petrus stieg aus dem Boot aufs Wasser, lief auf Jesus zu, als aber plötzlich eine starke Bö kam, bekam er Angst, und in dem Moment platschte er ins Wasser und schrie um Hilfe. Jesus streckte die Hand aus, ergriff ihn und sagte tadelnd zu ihm: »Du Kleingläubiger, warum hast du gezweifelt?«

› Wieder ging es also um den Glauben, um Vertrauen. Darum geht es auch in der berühmteren Geschichte, in der Jesus schlafend im Boot liegt, während ein Sturm aufzieht und das Boot zu kentern droht. Die Jünger wecken Jesus, sind in Todesangst und Panik, während Jesus seelenruhig zum Wind und zum Wasser sagt: »Schweig! Verstumme!« Augenblicklich herrscht Ruhe. Und er fragt seine Jünger: »Warum seid ihr so furchtsam, vertraut ihr Gott immer noch nicht?«

Die Hochzeit zu Kana

5 › In Kana in Galiläa wurde eine Hochzeit gefeiert. Jesus war unter den geladenen Gästen, auch seine Jünger, und Maria, seine Mutter. Leider ging der Hochzeitsgesellschaft der Wein aus. Da sagte Maria zu ihrem Sohn: »Mach was.«

› Jesus reagiert auf dieses Ansinnen zunächst ungehalten, ja geradezu grob: »*Weib, was habe ich mit dir zu schaffen*«, herrscht er sie an.

› Maria jedoch bleibt ganz ruhig und sagt den Dienern, sie sollen einfach tun, was er sagt.

› Und Jesus, der sechs leere steinerne Krüge herumstehen sieht, lässt sie mit Wasser füllen. Als sie voll sind sagt er: »Schöpft eine Kelle heraus und bringt sie dem Speisemeister.«

› Nachdem der Speisemeister den Wein gekostet hatte, der Wasser gewesen war, rief er den Bräutigam und schimpfte mit ihm. »Man schenkt doch immer zuerst den guten Wein aus, solange die Leute noch nüchtern sind. Und erst wenn sie betrunken sind und nichts mehr merken, serviert man ihnen den schlechteren Wein.«

› Niemand hatte dem Speisemeister gesagt, dass es Jesus war, der aus Wasser diesen guten Wein erst gemacht hat, nachdem der schlechte getrunken war.

Wie mehr als 5.000 Menschen von zwei Fischen und fünf Broten satt wurden

6 › Je bekannter Jesus wurde, desto stärker wuchs die Zahl seiner Zuhörer. Die Marktplätze der Städte und Dörfer wurden dafür allmählich zu klein, außerdem störten der Marktlärm und der normale Betrieb in so einer Stadt. Jesus wich daher immer häufiger in die Natur aus, an Orte, an denen er von erhöhter Stelle aus zu den Leuten sprechen konnte, sodass alle ihn sahen und hörten.

› Manchmal waren diese Orte in der freien Natur ganz schön weit weg von jeglicher Zivilisation und einmal wurde das zum Problem. Die Abenddämmerung hatte schon eingesetzt, und es war höchste Zeit, die nächstgelegenen Dörfer und Höfe anzusteuern, um noch etwas zu essen zu kriegen.

› Die Jünger machten sich schon Sorgen, daher mahnten sie Jesus, jetzt Schluss zu machen und das Volk aufzufordern, zu gehen. »Wir sind hier weit weg vom nächsten Ort.«

› Aber Jesus antwortete: »Gebt ihnen was zu essen.«

› Verblüfft sagten sie: »Aber wir haben nicht mehr als fünf Brote und zwei Fische. Wenn die Leute hierbleiben sollen, müssen wir einkaufen gehen. Das wird schwierig. Es sind ungefähr 5.000 Männer hier, dazu Frauen und Kinder.«

› Jesus sagte, sie sollen sich in Gruppen zu je fünfzig lagern.

› Das taten sie und ließen sich alle nieder.

› Dann nahm Jesus die fünf Brote und zwei Fische und sah auf zum Himmel und segnete sie, brach die Brote und gab sie den Jüngern, dass sie dem Volk austeilten.

› Sie aßen und alle wurden satt. Die Reste, die übrig blieben, füllten zwölf Körbe.

Jesus weckt Tote auf

7 › In einer Stadt namens Nain sahen Jesus und seine Jünger einen großen Trauerzug. An der Spitze ging eine Witwe, die weinte, denn nach ihrem Mann hatte sie nun auch ihren einzigen Sohn verloren.

› Die Frau tat Jesus leid. Daher ging er zum Sarg, schaute kurz auf den Toten und sagte: »Jüngling, steh auf.« Und der Tote richtete sich auf, begann sogar zu reden, und Jesus gab der Witwe ihren Sohn zurück.

› Diejenigen, die das gesehen hatten, wurden von Furcht ergriffen. Zugleich lobten sie Gott und sagten: »Es ist ein großer Prophet unter uns aufgestanden. Gott hat sein Volk besucht.«

› In einer anderen Stadt rannte ein Vorsteher der Synagoge zu Jesus. Der Mann hieß Jairus, fiel vor Jesus auf die Knie und bat ihn, in sein Haus zu kommen, denn seine einzige Tochter, zwölf Jahre, liege im Sterben.

› Jesus machte sich auf den Weg, um zu helfen, kam aber nur langsam voran, weil sich ein großes Gedränge um ihn gebildet hatte. In dem Gedränge spürt er plötzlich, dass er von jemand berührt wurde und eine große Kraft von ihm ausging. Er fragte seine Jünger: »Wer hat mich berührt?« Die wussten es nicht. Aber es näherte sich eine Frau, die sagte: »Ich war das. Ich leide seit zwölf Jahren unter schweren Blutungen, mein ganzes Geld habe ich schon für Ärzte ausgegeben, aber keiner konnte mir helfen. Aber jetzt, nachdem ich dein Gewand berührt habe, hat das Bluten aufgehört.«

› Jesus antwortete: »Dein Glaube hat dich gesund gemacht; geh hin in Frieden und sei gesund von deiner Plage!«

› Während er redete, kamen Leute vom Vorsteher der Synagoge und sagten: »Es ist leider zu spät. Dein Kind ist soeben gestorben.«

› Jesus jedoch sagte zu Jairus: »Hab keine Angst, glaube nur und führe mich in dein Haus.« Dort fand er viele Menschen, die laut jammerten und weinten. Zu denen sagte er: »Was lärmt und weint ihr? Das Kind ist nicht gestorben, sondern es schläft.«

› Sie lachten ihn aus. Er trieb sie hinaus und ging mit den Eltern zu dem Mädchen, ergriff dessen Hand und sagte: »Mädchen, steh auf!« Und das Mädchen stand auf und lief herum wie früher. Die Leute aber waren entsetzt.

› Das passierte auch in Bethanien, wo Lazarus wohnte, ein Freund von Jesus. Lazarus war todkrank. Seine Schwestern, die Jesus ebenfalls gut kannte, ließen daher nach ihm rufen, aber Jesus ließ sich Zeit, so viel Zeit, dass Lazarus starb und begraben wurde. Jesus kam erst vier Tage nach dessen Tod, ließ sich zum Grab führen und ordnete an, den Stein wegzuheben, mit dem das Grab verschlossen war.

› Lazarus' Schwester sagte: »Aber er stinkt bereits. Er liegt da schon seit vier Tagen drin.«

› Jesus antwortete: »Habe ich dir nicht gesagt, dass du einfach Gott vertrauen sollst?« Da hoben sie den Stein weg. Und Jesus rief mit lauter Stimme: »Lazarus, komm heraus!«

Und Lazarus kam heraus. Sein Gesicht war noch verborgen unter dem Schweißtuch, seine Füße und Hände waren umwickelt mit Grabtüchern.

› Viele von denen, die das gesehen hatten, glaubten nun an Jesus.

Zwei Zwischenfragen

Wer soll das alles glauben?

Jesus war also ein Wundertäter. Ein Zauberer wie Harry Potter. Es sind diese Geschichten, die es vielen Menschen im 21. Jahrhundert schwer machen, die biblischen Geschichten ernst zu nehmen.

Im Leben dieser Menschen kommen Totenauferweckungen nicht vor. Wenn es einen gäbe, der Wasser in Wein verwandeln kann, wäre er ein schwerreicher Mann. Wenn jemand Orkane, Erdbeben, Tsunamis, Vulkanausbrüche durchs bloße Wort stoppen könnte, würden wir ihn alle kennen, denn er wäre weltberühmt. Und wenn einer durch bloßes Handauflegen jeden Krebskranken zuverlässig heilen könnte, würde er unter dem Ansturm der Kranken in kürzester Zeit erdrückt.

Auch aus der Geschichte ist uns von Historikern nicht ein einziges Beispiel überliefert von Menschen, die mit fünf Broten und zwei Fischen 5.000 hungrige Männer satt bekommen haben plus Frauen und Kinder. Wir kennen so etwas nur aus alten Mythen, Sagen, Legenden und Märchen. Und wenn uns heute jemand täuschend echt vorgaukelt, dass er zaubern könne, wissen wir, dass er es nicht kann, sondern ein geschickter Trickkünstler ist.

Pfarrer und Theologen tun sich daher schwer mit diesen Geschichten. Viele reden drum herum, andere geben unumwunden zu: So war es nicht. Oder sagen zumindest: So kann es nicht gewesen sein. Und verweisen auf andere antike Mythen, in denen besondere Menschen auftreten, die Wunder vollbracht haben.

Daher, so sagen die meisten Theologen, müssen wir auch diese biblischen Erzählungen über die Wundertaten Jesu als Mythen lesen. Die Evangelisten, antike Menschen, wollten ihren Zeitgenossen mit diesen Geschichten vermitteln, wie außergewöhnlich dieser Mensch und Gottessohn Jesus gewesen ist.

Sehr gläubige, sehr fromme Menschen beharren darauf: Doch, Jesus hat diese Wunder wirklich vollbracht. Als Sohn Gottes war ihm nichts unmöglich.

Wenn es so wäre: Würde es für unser Leben einen Unterschied machen? Die Wunder wären dann damals passiert, als Jesus durch Galiläa zog. Danach sind seinen Aposteln noch einige Wunder gelungen, aber dann wurden es immer weniger, und seit Beginn der Aufklärung kommen sie praktisch überhaupt nicht mehr vor.

Es nützt einem Kranken nicht viel, Gott um Genesung zu bitten. In ganz, ganz seltenen Fällen soll es immer mal wieder zu »Spontanheilungen« kommen, hört man gelegentlich, aber wesentlich zuverlässiger als das Gebet um ein Wunder hilft das Antibiotikum oder der chirurgische Eingriff.

Und wie viele Großmütter haben schon für ihre Kinder und Enkel gebetet, Gott, Jesus Maria oder ein Heiliger möge sie behüten, vor Unglück und Krankheit schützen – und dann sind sie im Krieg von Granaten zerfetzt worden, durch einen Unfall gestorben, unheilbar erkrankt, und kein Gebet hat sie gerettet. Seit Jahrhunderten wird in allen Kirchen dieser Welt für den Frieden gebetet, aber die Welt war zu allen Zeiten erfüllt von Kriegsgeschrei, und ist es immer noch.

Damit ist nicht gesagt, das Beten sinnlos sei. Wer für andere betet, denkt an sie. Das ist ein Wert an sich.

Aber man soll sich keine Wunder davon erhoffen und sich lieber klarmachen: Ob die Geschichten über die Wunder historisch wahr sind, ob man sie hätte filmen können, wenn es damals schon iPhones gegeben hätte, das ist für den christlichen Glauben nicht entscheidend.

Und genau das hat Jesus selbst gesagt: *»Selig sind, die nicht sehen und doch glauben!«* Und nach fast jedem Wunder hat er gesagt: *»Dein Glaube hat dir geholfen.«* Oder: *»Dir sind deine Sünden vergeben.«*

Darüber liest man schnell hinweg, weil das Spektakuläre eines Wunders alles andere in den Schatten stellt und einen großen Raum einnimmt. Aber es ist gerade dieses »Kleingedruckte«, und es ist das, was zwischen den Zeilen und zwischen den Wundern steht, auf das es heute entscheidend ankommt. Nicht das Wunder weckt Glauben, sondern es ist gerade der Glaube, durch den Dinge möglich werden, die man gemeinhin für unmöglich hält.

Wenn das alles nur Mythen und Sagen für antike Menschen sind – was haben sie uns dann heute noch zu sagen?

Aus der Summe der Wundererzählungen lässt sich ableiten: Jesus war mit denen, die in irgendeiner Form Hilfe brauchten. Ihnen half er. Ihre Leiden beseitigte oder linderte er.

Es lässt sich außerdem sagen: Manche Wundergeschichten sind wichtig, manche weniger wichtig. Ein Kriterium für Wichtigkeit ist, wie häufig eine Geschichte erzählt wird. Und da ist die Geschichte vom Brotwunder der Spitzenreiter.

Alle vier Evangelisten erzählen von der Speisung der Fünftausend. Und Markus und Matthäus erzählen darüber hinaus auch noch von einer Speisung der Viertausend. Sechsmal erzählen die Evangelisten also vom Brotwunder. Warum ist ihnen das so wichtig? Weil sie sagen wollen, dass im Reich Gottes Überfluss herrscht. Niemand muss eifersüchtig seinen Besitz verteidigen. Es ist genug für alle da. Damit knüpfen sie an die alttestamentliche Verheißung vom »Land, in dem Milch und Honig fließen« an. Und damit relativieren sie das Jesuswort: *»Der Mensch lebt nicht allein vom Brot.«*

Ja, sagen sie, es stimmt schon, der Mensch lebt nicht vom Brot allein. Aber vom Wort allein kann er auch nicht leben. Er braucht beides, das Wort und das Brot. Und für beides ist gesorgt im Reich Gottes – allerdings nur, wenn dort endlich so gelebt wird, wie Gott es von Anfang an gewollt hat: solidarisch. Streben nach Wohlstand ist gut, aber nur, wenn er gerecht verteilt wird, wenn der Wohlhabendere bereit ist, seinen Wohlstand zu teilen. Nur dann wird genug für alle da sein und für den Wohlhabenden noch immer genug übrig bleiben.

Das steht so nicht in der Wundererzählung, aber in einem scheinbar nebensächlichen Detail steckt es doch. Nachdem Jesus berichtet wurde, dass es nur fünf Brote und zwei Fische gibt, sagte er, die Leute sollten sich als Mahlgemeinschaften im grünen Gras lagern, in Gruppen zu hundert und zu fünfzig. Das ist die Anweisung für den Aufbau von Gemeinde. Fünfzig, maximal hundert Mitglieder bilden eine Gemeinde. Wenn es mehr werden, bilden sie eine neue Gemeinde. Die Gemeinden vernetzen sich und wachsen zur Kirche zusammen. In diesen Gemeinden gilt das Gesetz Gottes. Dort wird solidarisch gearbeitet, gelebt, gewirtschaftet, und das Erwirtschaftete gerecht verteilt. Daraus erwächst das Reich Gottes, in dem genug für alle da ist.

Die Evangelisten wenden sich also gegen ein rein spirituelles Verständnis eines Reiches Gottes, in dem niemand satt wird. Ganz materialistisch beharren sie darauf: Es muss genügend Brot da sein. Und: Es wird genügend Brot da sein, wenn ihr glaubt.

Da sind wir nun bei einem der zentralen Wörter aus der Botschaft Jesu. Er kommt immer wieder darauf zurück: Glaube. Glaube ist der Boden, aus dem das Reich Gottes wächst. Was aber ist damit gemeint, mit Glaube?

Dass damit nicht gemeint sein kann, die wundersamen Geschichten für wahr zu halten, erfahren wir, wenn wir uns jetzt der Predigt Jesu zuwenden. Daraus ist zu lernen: Glauben ist Tun. Glauben ist eine Praxis. Glauben ist eine Lebensweise, nämlich zu vertrauen. Glauben ist Denken, Hoffen, Reden, aber vor allem: Lieben.

Die Evangelisten erzählen viele Geschichten vom Reden und Handeln Jesu, und nicht immer versteht man, warum es erzählt wird und was mit dem einen oder anderen Wort eigentlich gemeint ist. Oft ist die Rede Jesu düster, manchmal sprechen die Evangelisten in Rätseln. Vieles versteht man nur, wenn man tief in die Geschichten des Alten Testaments einsteigt und sich mit den verschiedenen Entwicklungsstufen, Erzählschichten und Deutungen der alten Texte auseinandersetzt.

Ist also die Sache mit Gott und mit Jesus etwas ungeheuer Schwieriges, Kompliziertes und schwer Verständliches? Etwas, das sich einem nur erschließt, wenn man Theologie studiert? Nein. In Wahrheit ist es sehr einfach. Das, worum es Jesus im Kern gegangen ist, versteht jede und jeder. Man muss nicht ein einziges der unüberschaubar vielen gelehrsamen Werke aus den Theologenbibliotheken kennen, wenn man nur zwei Geschichten des Neuen Testaments liest, in denen alles drinsteht, was man wissen muss.

JESUS – DER RADIKALE NEUINTERPRET DER ALTEN SCHRIFTEN

Das Gleichnis vom barmherzigen Samariter

1 › Die erste Geschichte ist ein Gleichnis. Jesus liebte Gleichnisse. Sie waren seine bevorzugte Erklärform. Mithilfe von Gleichnissen konnte er kurz und knapp darlegen, worauf es wirklich ankommt. Mit einem Gleichnis beantwortete er meist eine Frage, die ihm von seinen Jüngern, von Leuten aus dem Volk oder von Schriftgelehrten gestellt wurde.

› Letztere stellten ihm gerne Schein- und Fangfragen, um sein Wissen und seine Kompetenz als Lehrer zu testen. Manchen von ihnen passte es nicht, dass da so ein dahergelaufener Wanderprediger, der nie Theologie studiert hat und sich auch sonst keine Verdienste erworben hat, mehr Zulauf vom Volk hat als sie, die eigentlichen Schriftgelehrten.

› Und so testet ein Gelehrter eines Tages mal wieder Jesus mit einer Frage, deren Antwort der Fragesteller längst kennt: »Meister, was muss ich tun, um das ewige Leben zu erben?«

› Jesus, der das Spiel durchschaut und sich nicht prüfen lassen will wie ein Schüler, antwortet mit einer Gegenfrage: »Na, was steht denn im Gesetz?«

› Der Prüfer antwortet: *»Du sollst den Herrn, deinen Gott, lieben mit deinem ganzen Herzen und deiner ganzen Seele, mit deiner ganzen Kraft und deinem ganzen Denken und deinen Nächsten wie dich selbst.«*

› »Genau«, sagt Jesus, »also tu's einfach.«

› Nun wird der Gesetzeslehrer ernst und stellt Jesus eine Frage, die ihn vermutlich wirklich beschäftigt, weil sie das ganze Judentum schon seit Langem beschäftigt und nie eindeutig beantwortet wurde: »Wer ist denn mein Nächster?«

› Sind meine »Nächsten« all diejenigen, die um mich herum sind – Eltern, Geschwister, Verwandte, Freunde, Bekannte, Schulfreunde, Vereinskameraden, das Dorf, die Menschen in der Stadt, die Menschen derselben Nation? Oder etwa alle Menschen, auch die in der Ferne, die am anderen Ende der Welt leben?

› Einigkeit herrschte natürlich darüber, dass alle Angehörigen des jüdischen Volkes die Nächsten jedes einzelnen Juden sind. Aber was ist mit den Fremden, die unter ihnen leben?

› Die auch, sagt die Tora: »Fremde in eurem Land sollt ihr behandeln wie Einheimische und lieben wie euch selbst; denn ihr seid selbst Fremde in Ägypten gewesen.«

› Und was ist mit den römischen Unterdrückern? Was ist mit den Fremden, die nicht hier leben, sondern nur durchreisen? Da herrschte Unsicherheit. Die wird nun von Jesus beseitigt, indem er eines seiner berühmtesten Gleichnisse erzählt, vielleicht das berühmteste überhaupt, eine der wirkungsvollsten

Geschichten, die sich tief in unsere Kultur eingebrannt hat:

› Ein Mann wurde auf dem Weg von Jerusalem nach Jericho von Räubern überfallen, ausgeraubt und niedergeschlagen. Halb tot haben sie ihn liegen lassen. Zufällig kam ein Priester vorbei, sah ihn und ging vorüber. Danach kam ein Levit, sah den Schwerverletzten und ging vorüber. Ein Dritter nähert sich ihm, ein Samaritaner. Der hatte Mitleid, ging zu ihm hin, goss Öl und Wein auf seine Wunden und verband sie. Dann hob er ihn auf sein eigenes Reittier, brachte ihn zu einer Herberge und gab dem Wirt Geld, damit er sich um den Überfallenen kümmere. Und sagte: »Falls das Geld nicht reichen sollte, mach dir keine Sorgen, ich komme wieder und bezahle alles.«

› Nun fragt Jesus den Gesetzeslehrer: »Wer von diesen dreien meinst du, ist dem der Nächste geworden, der von den Räubern überfallen wurde?«

› Der Gesetzeslehrer antwortete: »Derjenige, der sich um den Überfallenen gekümmert hat.«

› Da sagte Jesus zu ihm: »Dann geh und handle du genauso.«

Die vier Pointen des Gleichnisses vom barmherzigen Samariter

2› Der Weg von Jerusalem nach Jericho ist Teil eines internationalen Handelswegs, der zwei Kontinente miteinander verbindet: Asien und Afrika. Hier verkehren also Menschen aus aller Herren Länder. Es hätte daher nahegelegen, dass Jesus nähere Angaben über Herkunft, Hautfarbe, Religion und Nationalität des Überfallenen und auch der Räuber macht.

› Tut er aber nicht. Weil es keine Rolle spielt. Da ist einer, der Hilfe braucht. Das allein ist entscheidend. Und woher die Räuber kommen, ist egal. Das ist die erste Pointe.

› Die zweite ist: Die Nationalität derer, die nicht helfen, ist nicht egal. Zwei Juden, noch dazu zwei religiös Herausgehobene, ein Priester und ein Tempeldiener, gehen vorbei.

› Drittens: Der dritte, der schließlich hilft, ist kein Jude, sondern ein Samaritaner. In der deutschen Bibelübersetzung ist daraus »Samariter« geworden. Samaritaner aus dem Nachbarland Samaria waren »Verwandte« Israels, allerdings fehlgeleitete Abtrünnige, gegen die man im vermeintlich rechtgläubigen Juda eine besonders hohe Abneigung hatte. Hätte Jesus dem Helfer eine afrikanische, römische oder sonst eine Nationalität gegeben, wäre die Provokation nur halb so groß gewesen. Dass es aber ausgerechnet einer aus Samaria ist, der hilft, versetzte den Zuhörern einen Stich, und das war von Jesus auch so beabsichtigt, denn seine jüdischen Zeitgenossen wiegten sich in trügerischer Sicherheit.

› Dank ihrer Auserwähltheit und ihrer Exklusivbeziehung zu ihrem

Gott wähnten sie sich quasi »von Natur aus« auf der richtigen Seite. Dieser Sicherheit versetzt Jesus mit seinem Gleichnis einen empfindlichen Stich. Es gibt diesen Automatismus nicht, sagt er seinen Landsleuten. Gott interessiert nicht die Volkszugehörigkeit, sondern das Herz des Einzelnen. Das ist eine der wesentlichen Neuerungen, die durch Jesus ins jüdische Volk kommen. Damit erregt er Anstoß.

› Damit bereitet er die Internationalisierung und Öffnung seiner Botschaft für die Welt vor. Und nicht nur mit dieser Geschichte vom barmherzigen Samariter tut er das. Auch an anderen Stellen durchbricht er den jüdischen Exklusivitätsanspruch und das alte Clan-Denken, zum Beispiel in jener scheinbar befremdlichen Episode mit seiner Familie. Er spricht gerade zu einer Volksmenge, als ihm einer zuflüstert, draußen stünden seine Mutter und seine Brüder und wollten ihn sprechen. Da fragt er: »Wer ist meine Mutter, und wer sind meine Brüder?«

› Dann streckt er seine Hand aus über seine Jünger und sagt: »Die hier sind meine Mutter und meine Brüder! Ich habe jetzt eine neue Familie. Zu ihr gehört, wer den Willen Gottes tut.«

› Die alten Familienbande zählen nicht mehr im Reich Gottes. Die neue Familie Gottes besteht aus Menschen, die nicht miteinander verwandt sind, aber zu viel engeren Verwandten werden, wenn sie sich unter den Einflussbereich Gottes stellen und dessen Willen tun. Und da ist jeder willkommen, egal, ob Jude, Grieche, Römer oder Afrikaner.

› Verstanden hatten das seine Jünger damals noch nicht. Da musste erst Paulus kommen. Der hatte es kapiert und dann daraus die Konsequenzen gezogen, indem er den Heiden das Evangelium predigte und ihnen den Zutritt zum Volk Gottes verschaffte durch die Taufe.

› Die Geschichte vom barmherzigen Samariter hat noch eine Schlusspointe, das vierte bemerkenswerte Element dieses Gleichnisses: Es ging ja um die Frage, wer mein Nächster sei. Entsprechend hätte Jesus am Schluss den Schriftgelehrten fragen müssen: »Und, wer ist nun in dieser Geschichte mein Nächster?« Und der Schriftgelehrte hätte antworten müssen: »Der von den Räubern halbtot Geschlagene.«

› Stattdessen dreht Jesus die Frage um und formuliert ziemlich kompliziert: »Wer von diesen dreien meinst du, ist dem der Nächste geworden, der von den Räubern überfallen wurde?«

› Der Gesetzeslehrer versteht und antwortet: »Der barmherzig an ihm gehandelt hat.«

› Damit will Jesus sagen: Wer mein Nächster ist, ist falsch gefragt. Richtig müsste die Frage lauten: Wem bin ich der Nächste? Und darauf lautet die Antwort: Jedem, der Hilfe braucht, habe ich der Nächste zu sein. Und zwar ohne erst eine Reihe von Fragen zu klären, wie etwa: Welche Nationalität hat der Hilfsbedürftige, welche Religion, könnte ich mich an ihm verunreinigen, bin ich wirklich zuständig, müsste nicht jemand anders helfen, ist er nicht selbst schuld an seiner Lage? All das spielt keine Rolle. Jemand braucht Hilfe, also habe ich ihm der Nächste zu sein. Nächstenliebe heißt klipp und klar und ganz einfach: Tun, was nötig ist.

› So hat Jesus es auch selbst praktiziert, zum Beispiel gegenüber einem römischen Hauptmann, der ihn um Hilfe für seinen kranken Diener bat. Da hat Jesus nicht gesagt: Dir helfe ich nicht, denn du bist ein Angehöriger der fremden Besatzungsmacht, die mein Volk unterdrückt. Nein, er hat ihm geholfen, sogar seinen Glauben und sein Vertrauen gelobt und sein eigenes Volk dafür kritisiert, dass es über solch ein Gottvertrauen nicht verfüge.

› Wieder klingt an, dass so ein »Volksfremder« würdiger sein kann, Mitglied des Volkes Gottes zu sein als diejenigen, die ihre Mitgliedschaft ihrer Geburt verdanken. Denen sagt er: Abgerechnet wird zum Schluss, und da wird die Herkunft das Letzte sein, was zählt.

Die einfachen Kriterien des Weltenrichters

3› Was wirklich zählt vor Gott, das bekräftigt Jesus ein weiteres Mal mit seiner Predigt über das »Weltgericht«. Es ist die zweite Geschichte, die man kennen muss, um zu wissen, was es heißt, an Jesus zu glauben.

› Mit »Weltgericht« ist die Vorstellung gemeint, dass die Welt irgendwann einmal ein Ende haben und dann über alle Menschen gerichtet wird. Von Gott. Er ist der Weltenrichter. Und er wird nach ganz einfachen und für jedermann verständlichen Kriterien urteilen, lehrte Jesus.

› Der Richter wird die gesamte Menschheit in zwei Gruppen einteilen. Zur ersten Gruppe wird er sagen: »Kommt her, ihr seid gesegnet, denn ich war hungrig und ihr habt mir zu essen gegeben; ich war durstig und ihr habt mir zu trinken gegeben; ich war fremd und ihr habt mich aufgenommen; ich war nackt und ihr habt mich bekleidet; ich war krank und ihr habt mich gepflegt; ich war im Gefängnis und ihr habt mich besucht.«

› Dann werden diese Gesegneten verblüfft fragen: »Aber Herr, wann haben wir dich je hungrig gesehen und dir zu essen gegeben oder durstig und dir zu trinken gegeben? Wir wissen nichts davon, auch nichts davon, dass wir dich bei uns aufgenommen, gekleidet oder dich im Gefängnis besucht hätten.«

› Worauf der Richter antworten wird: *»Was ihr einem meiner geringsten Brüder getan habt, das habt ihr mir getan.«*

› Zur anderen Gruppe wird er sagen: »Ihr habt all das nicht getan. Nun tragt die Konsequenzen.«

› Gott wird den Einzelnen also nicht fragen: Hast du die Gesetze befolgt? Hast du dich immer an die Fasten- und Speisegebote gehalten, deine religiösen Pflichten erfüllt?

Genauso uninteressant wird die Frage sein: Bist du Jude, Grieche, Heide, Römer, Mann, Frau, jung, alt, schwarz, weiß?

› Das alles wird am Ende aller Tage keine Rolle spielen. Einzig interessant wird die Frage sein: Bist du dem Hilfsbedürftigen zu Hilfe gekommen oder nicht? Hast du getan, was nötig war?

› Damit aber verstößt Jesus gegen die offizielle Lehrmeinung aller Schriftgelehrten und Hohepriester, für die einer erst dann ein guter Jude ist, wenn er die 365 Verbote und 248 Gebote befolgt, die in der Tora stehen. Jesus reduziert diese Gesetzesbürokratie radikal auf bloße Nächstenliebe, die aus einem reinen Herz kommt.

› Damit eckt er an bei den Angehörigen der jüdischen Oberschicht. Und nicht nur einmal. Immer wieder sagt er ihnen: Eure Tugenden – Fasten, Einhaltung der Sabbatregeln, Unterscheidung zwischen reinen und unreinen Speisen – zählen nicht vor Gott. Was einzig zählt vor Gott ist euer Herz. Das wird er sich ansehen, nichts sonst. Und das erzählen die zwei einfachen Geschichten vom barmherzigen Samariter und vom Weltgericht.

Warum sich Jesus bei der jüdischen Oberschicht verhasst macht

4 › Immer wieder greift Jesus die Schriftgelehrten und Pharisäer als Heuchler an. Der Streit entzündet sich meistens daran, dass Jesus und seine Jünger es mit den formalen religiösen Vorschriften nicht so genau nehmen. Die Pharisäer beobachten, dass die Jünger am Sabbat Ähren auf dem Kornfeld sammeln, was verboten ist. Dass sie einmal gegessen haben, ohne sich vorher die Hände gewaschen zu haben, was gegen die Reinheitsgebote verstößt.

› Jesus hält dagegen: Was nützt all diese äußerliche Reinheit, wenn es in eurem Innern schmutzig zugeht, in euren Gedanken, in eurem Herzen, in heimlichen Taten zu eurem eigenen Vorteil? Und wie scheinheilig und heuchlerisch ist es, diese religiösen Äußerlichkeiten immer dann zu verwässern und umzuinterpretieren, wenn sie unbequem werden? Und wie falsch ist es, den Buchstaben des Gesetzes penibel zu befolgen, aber gegen seinen Geist regelmäßig zu verstoßen?

› Wie er das meint, erklärt Jesus an einem Beispiel, das für uns Menschen des 21. Jahrhunderts nicht auf Anhieb verständlich ist, für seine Zeitgenossen aber schon. Er zitiert das vierte Gebot: Du sollst Vater und Mutter ehren – eine klare Ansage. Das verstehen wir auch heute noch. Aber dann fragt er die Schriftgelehrten, Was habt ihr daraus gemacht? Ihr habt das Gebot verwässert, damit es bequemer zu erfüllen ist, und daher die »Korban«-Regel erfunden.«

› Mit dem Zauberwort »Korban« konnte einer seinen Besitz oder auch nur das Geld, das er in seiner Tasche trug, als »geweiht« und damit »Gott gehörend« bezeichnen. Hatte er bedürftige Eltern, die ihn um Geld baten, konnte er sagen: Ich würde euch ja gerne helfen, aber ich habe selbst fast nichts, denn das bisschen, das ich habe, ist bereits Gott geweiht und also jedem Zugriff entzogen. In Wahrheit behielt der Besitzer den Zugriff darauf.

› »Und so, wie ihr euch aus diesem Gebot davonstehlt«, sagt Jesus, »so macht ihr's mit allem. Ihr drückt euch vor der Hauptsache und engagiert euch fürs Nebensächliche.« Deshalb reagierte Jesus unwirsch auf die Frage, warum seine Jünger Brot mit ungewaschenen Händen essen. »Auf euch trifft zu, was schon bei Jesaja geschrieben steht«, schimpfte er: »Dies Volk ehrt mich mit den Lippen, aber ihr Herz ist fern von mir.«

› Ihr verfälscht Gottes Gebot, sagt er, schlimmer noch, ihr ersetzt es durch eure eigenen Lehren, um dem strengen Anspruch Gottes auszuweichen. Seine Gebote erfüllt ihr nur pro forma und nach dem Buchstaben, aber gegen ihren Geist verstoßt ihr permanent.

› Es ist ja auch leichter, eine unreine Speise zu meiden, als einem in Not Geratenen zu helfen. Daher kümmert ihr euch mit großer Leidenschaft um Speisegebote und andere Äußerlichkeiten, aber den von Räubern Ausgeraubten lasst ihr im Graben liegen, und eure eigenen Eltern lasst ihr Not leiden. Darum seid ihr Heuchler.

› In dieser Heuchelei sieht Jesus eine der Ursachen dafür, dass es in Israel nicht klappt mit Gottes Plan. Gott wollte ein Volk, in dem die Beziehungen der Menschen untereinander auf eine neue Grundlage gestellt werden. Daraus sollte eine neue Gesellschaft erwachsen, die ausstrahlt in die Welt, diese durchdringt wie ein Sauerteig oder sie würzt wie das Salz die Suppe.

› Aber es geschah nicht. Warum nicht? Wegen eurer verstockten Herzen, sagt Jesus.

› Es ist klar, dass das nicht alle gern gehört haben.

Jesu Konflikte mit den moralisch Hochanständigen

5› Aus den vielen einzelnen Streitgesprächen, die Jesus mit den Hohepriestern, Schriftgelehrten, und besonders den Pharisäern führte, entwickelte sich im Lauf der Zeit eine prinzipielle Gegnerschaft. Warum? Pharisäer waren eine angesehene Gruppe in der Gesellschaft. Sie genossen großes Vertrauen, weil sie nicht mit den Römern zusammenarbeiteten, hochanständig lebten, die Schrift ernst nahmen und ihrem Gott nach bestem Wissen und Gewissen dienten.

› Jesus hatte durchaus Respekt vor dieser Haltung, fühlte deshalb vermutlich auch eine innere Nähe zu den Pharisäern. Zugleich setzte er sich gerade deshalb aufs Schärfste mit ihnen auseinander, denn man kritisiert besonders das, woran einem etwas liegt.

› Er sah, wie die Pharisäer ihre Hochanständigkeit stolz und selbstgerecht öffentlich zelebrierten. Durch dieses permanente Zurschaustellen der eigenen moralischen Überlegenheit entwerteten sie in den Augen Jesu ihre anerkennenswerte Haltung. Und: Jesus ließ sich nicht täuschen. Er kannte die Menschen und wusste stets, dass es bei jedem eine Kluft gibt zwischen dem, wie sich einer öffentlich darstellt und inszeniert, und wie er wirklich ist. Je perfekter sich einer darzustellen wusste, desto misstrauischer wurde er. Jesus hatte einen scharfen Blick für die Wahrheit hinter den Kulissen. Und da sah er eben, dass gerade die moralisch Eitlen oft noch stärker von Neid, Missgunst, Habgier, Rachsucht und Mordlust getrieben wurden, als die, auf die sie herabsahen, die Zöllner zum Beispiel, denen immer bewusst war, dass es nichts gab, worauf sie sich etwas einbilden konnten.

Der tugendstolze Pharisäer und der demütige Zöllner

6 › Zöllner waren die am meisten verachtete Berufsgruppe, weil sie für die Römer die Steuern eintrieben und dabei oft bestechlich waren. Jesus aber wusste: Jeder wird mit dem Potenzial geboren, ein Lügner, Dieb, Erpresser, Räuber, Mörder zu werden. Und wenn er es dennoch nicht wird, ist das meist eher durch glückliche Umstände, Zufälle und günstige Bedingungen zu erklären als durch eigenes Verdienst. Jeder ist ein Sünder, jeder hat seine schmutzigen Geheimnisse, jeder pflegt seine kleinen Verlogenheiten und gibt sich gern moralisch dort, wo es ihm nichts abverlangt. Wo es ihn aber etwas kostet, da geht er gern Kompromisse ein. Daher sollten die Menschen aufhören, sich gegenseitig zu belehren und sich über andere moralisch zu erheben, denn einer ist nicht besser als der andere.

› Wenn überhaupt, dann ist derjenige besser als die anderen, der seine eigenen Fehler kennt und sich dafür schämt und sich vornimmt, dagegen anzukämpfen. Im berühmten Gleichnis vom Zöllner und einem Pharisäer erläutert Jesus genau diesen Zusammenhang:

› Es gingen zwei Menschen hinauf in den Tempel, um zu beten, der eine ein Pharisäer, der andere ein Zöllner. Der Pharisäer betete bei sich selbst so: *»Ich danke dir, Gott, dass ich nicht bin wie die anderen Leute, Räuber, Ungerechte, Ehebrecher, oder auch wie dieser Zöllner.* Ich faste zweimal in der Woche und spende zehn Prozent meines Einkommens.«

› Der Zöllner dagegen hielt respektvoll Abstand zum Zentrum des Tempels, schlug sich auf die Brust und sagte: *»Gott, sei mir Sünder gnädig!«*

› Der reuige Zöllner ist näher bei Gott als der tugendstolze Pharisäer.

Jesu zweifelhafter Umgang mit »zwielichtigem Gesindel«

7› Jesus lehrte Demut und bläute seinen Jüngern immer wieder ein: Ihr sollt nicht übereinander herrschen wollen, sondern einander dienen. Die Letzten werden die Ersten sein. Und hört auf, einander zu belehren, denn keiner steht moralisch höher als die anderen, vielmehr steht ihr alle unten, bei den Sündern.

› Jesus predigte das nicht nur, er lebte es auch und provozierte die Pharisäer noch mehr. Diese rechneten es sich hoch an, dass sie den Umgang mit moralisch fragwürdigen Menschen mieden, Distanz hielten zu Heiden, deren Häuser nicht betraten, sich jeglichen Kontakt zu Zöllnern, Ehebrecherinnen, Huren, »zwielichtigem Gesindel« verboten.

› Jesus tat das Gegenteil. So, wie er keine Berührungsängste gegenüber Aussätzigen und Kranken kannte, so kannte er auch keine Berührungsängste gegenüber Gruppen, die einen schlechten Ruf hatten. Er riss die Schranken zwischen gesellschaftlich verschiedenen Schichten nieder, hatte daher auch kein Problem, in das Haus des Zöllners Matthäus zu gehen und dort mit dessen Freunden und Bekannten – ebenfalls Zöllner und Sünder – zu essen und zu trinken. Schlimmer noch, Gipfel der Provokation: Er nahm diesen Zöllner in die Gemeinschaft seiner Jünger auf.

› Die Pharisäer dachten, damit mache er sich nun endgültig mit den Sündern gemein und billige deren zweifelhafte Machenschaften. Eben das tat Jesus nicht. Er wollte diese Menschen durchaus von ihrem sündigen Verhalten abbringen, aber wusste: Das wird nicht gelingen, wenn er den Umgang mit ihnen meidet oder ihnen die Moralkeule auf den Kopf haut. Ein Mensch muss zunächst einmal von einem anderen Menschen bedingungslos angenommen werden. Dann kann er sich – vielleicht – ändern.

› Daher antwortet Jesus den Pharisäern, als sie ihn fragten, warum er sich mit solchem Gesindel herumtreibt: »Nicht die Starken brauchen den Arzt, sondern die Kranken.« Und: »Ich bin nicht wegen der Starken und Gerechten gekommen, sondern wegen der Schwachen, der Sünder.«

› Die Pharisäer verstanden es nicht. Wollten es nicht verstehen, verstanden nur: Das ist ein Angriff auf uns und unsere Art zu leben und Gott zu dienen. Dass sie selbst mindestens solche Sünder sind wie die Zöllner, und dass Jesus' Aufruf zur Umkehr auch und gerade an sie geht – diesen Gedanken konnten und wollten sie nicht an sich heranlassen. Das hätte ja erfordert, dass sie die hohe Meinung, die sie von sich hatten, aufgeben müssten.

› Deshalb begannen sie, diesen Jesus zu hassen. Deshalb begannen sie, Beweismaterial gegen Jesus zu sammeln, um ihn vor Gericht bringen zu können.

Jesu Kampf um die Verlorenen

8 › Die Pharisäer verstanden nicht, dass Jesus sich mit Menschen von zweifelhaftem Ruf umgab. Als sie ihn wieder einmal dafür kritisieren, dass er mit solchen Menschen Tischgemeinschaft hat, versucht er es mit drei Gleichnissen, zuerst mit dem vom verlorenen Schaf: Welcher Mensch, fragt er, ist unter euch, der hundert Schafe hat und, wenn er eines von ihnen verliert, nicht die neunundneunzig vorübergehend in der Wüste lässt, um nach dem verlorenen zu suchen, bis er's findet?

› Und wenn er's gefunden hat, so legt er sich's auf die Schultern voller Freude. Und wenn er heimkommt, ruft er seine Freunde und Nachbarn und sagt: Freut euch mit mir; denn ich habe mein Schaf gefunden, das verloren war.

› Und genauso, sagt Jesus, wird man sich im Himmel über einen einzigen reuigen Sünder mehr freuen als über neunundneunzig Gerechte.

› Danach versucht er es mit dem Gleichnis von der Frau, die zehn Silbergroschen hat, einen davon verliert, so lange sucht, bis sie ihn findet, und sich darüber mehr freut als über die verbliebenen neun.

› Schließlich das berühmte Gleichnis vom verlorenen Sohn: Ein Mann hatte zwei Söhne. Der jüngere von ihnen verlangte vom Vater sein ihm zustehendes Erbteil. Der Vater gab es ihm.

› Der Sohn zog damit in ein fernes Land und verprasste es. Als er nichts mehr hatte und zufällig auch noch eine Hungersnot ausbrach, verdingte er sich bei einem Bauern als Schweinehirt. Der Lohn reichte nicht, um sich satt essen zu können. Er war so hungrig, dass er gern vom Schweinefutter gegessen hätte, um satt zu werden, aber das war ihm verboten.

› Da musste er an zu Hause denken, an seinen Vater, der viele Tagelöhner beschäftigt, die Brot in Fülle haben, während er hier am Verhungern ist. Ihn erfasste tiefe Reue, und er beschloss, zu seinem Vater zurückzukehren und ihm zu sagen: »Vater, ich weiß, ich habe dich enttäuscht und bin nicht mehr wert, dein Sohn zu sein, aber mache mich bitte zu einem deiner Tagelöhner.«

› Und so machte er sich auf den Weg nach Hause. Als er so nahe war, dass er in der Ferne sein Vaterhaus erkannte, sah der Vater ihn, als ob er die ganze Zeit gewartet und Ausschau nach ihm gehalten hätte. Er lief seinem Sohn entgegen, fiel ihm um den Hals und küsste ihn.

› Der Sohn, der einen kühlen Empfang erwartet hatte und jetzt noch bitterer bereut, was er getan hatte, bittet seinen Vater, als Tagelöhner bei ihm arbeiten zu dürfen. Der Vater geht gar nicht darauf ein, befiehlt seinen Knechten, schnell das beste Gewand, Schuhe und einen Ring zu bringen und ihn damit zu kleiden. Und das gemästete Kalb soll geschlachtet und ein Fest gefeiert werden, denn »ich hatte meinen Sohn verloren und wieder zurückbekommen. Es war, als ob er tot gewesen wäre und jetzt wieder lebendig.« Und sie fingen an, fröhlich zu feiern.

› Als aber der ältere Sohn von der Feldarbeit nach Hause kam, das ganze Gesinde singen und tanzen sah und er erfuhr, dass ein Fest gefeiert würde, weil sein Bruder zurückgekommen ist, wurde er wütend und weigerte sich, mitzufeiern. Der Vater bekam das mit, ging zu ihm hin und bat ihn, doch mitzufeiern.

› Zornig antwortete der ältere Sohn: »So viele Jahre diene ich dir, nie habe ich ein Gebot übertreten oder dir Kummer bereitet, aber nie hast du mir einen Bock gegeben, dass ich mit meinen Freunden fröhlich feiere. Aber wenn dieser Taugenichts aus der Fremde zurückkommt, wo er dein Hab und Gut mit Huren verprasst hat, wird für ihn ein Kalb geschlachtet.«

› Worauf der Vater antwortete: »Mein Sohn, du warst und bist doch immerzu an meiner Seite. Dir ist es nie schlecht ergangen wie deinem Bruder, der längst bereute, was er uns angetan hat. Freue dich doch darüber, und freu dich, dass er wieder da ist.«

› Sich selbst und vor anderen aus freien Stücken einzugestehen, dass man ein Egoist war, ein Schuft, ein Schwein, tut weh, fällt unendlich schwer, und darum kommt es so selten vor. Eben deshalb ist es ein großer Moment, wenn es geschieht, und ein Grund zu großer Freude, wie im Fall des verlorenen Sohnes.

› Auch die, die sich nichts haben zuschulden kommen lassen, sollten sich darüber freuen. Denn sie wissen nun: Wenn ich irgendwann in der Zukunft doch auch einmal versage, und ganz bestimmt wird dieser Moment eines Tages kommen, dann kann ich sicher sein, dass mir vergeben wird, wenn ich darum bitte. Und dann kann mein Leben wieder so weitergehen wie das des verlorenen Sohnes.

Jesus und die Ehebrecherin

9 › Die Pharisäer und Schriftgelehrten wollen Jesus loswerden. Er stört ihre Kreise, kratzt an ihrem Ansehen, greift ihre Autorität an. Deshalb sammeln sie nicht nur Beweismaterial gegen ihn, sondern stellen ihm unablässig auch Fallen und Fangfragen.

› Jesus erkennt das, bleibt ganz gelassen, gibt demonstrativ zu erkennen, wie sehr ihn dieser Eifer der Hochmütigen langweilt, zum Beispiel in der Geschichte von der Ehebrecherin. Er ist gerade im Tempel, als ihm die Schriftgelehrten und die Pharisäer eine Frau bringen, diese in die Mitte stellen und sagen: »Meister, diese Frau wurde beim Ehebruch auf frischer Tat ertappt. Nach dem Gesetz des Mose muss sie gesteinigt werden. Was sagst du?«

› Sagt er jetzt, ja, sie muss hingerichtet werden, stellt er sich gegen die römische Besatzungsmacht, denn nur sie hat das Recht auf Hinrichtungen. Plädiert er also für die Hinrichtung, werden sie ihn bei den

Römern verpetzen. Spricht er sich aber gegen die Hinrichtung aus, stellt er sich gegen Moses Gesetz. Dann wäre er ein Fall für die religiöse Gerichtsbarkeit, die den Juden von den Römern überlassen wurde.

› Was also tut Jesus? Er bückt sich und schreibt mit dem Finger auf die Erde. Es wird nicht erzählt, was er da schrieb, ist auch unwichtig. Wichtig ist nur die demonstrative Gelassenheit, mit der er auf die religiösen Eiferer reagiert und ihnen damit unausgesprochen sagt: Ach ihr Armen, ihr langweilt mich mit eurem Eifer. Glaubt ihr, dass ich über jedes Hölzchen springe, das ihr mir vorlegt?

› Die Eiferer aber lassen nicht locker, fragen weiter, fordern eine Antwort. Da richtet er sich auf und sagt: *»Wer von euch ohne Sünde ist, der werfe den ersten Stein.«* Dann bückt er sich wieder und schreibt stumm auf die Erde. Nun geben sie auf. Einer nach dem anderen geht aus dem Tempel hinaus, ohne sich weiter um die Frau zu kümmern. Als Jesus allein mit ihr ist, fragt er sie: »Sind sie alle weg? Hat dich keiner verurteilt?«

› Sie antwortete: »Keiner, Herr.« Darauf er: »Auch ich verurteile dich nicht. *Geh und sündige von jetzt an nicht mehr.«*

Jesus und die Politik

10 › Die Zeit, in der Jesus lebte, war politisch aufgeheizt. Viele seiner Zeitgenossen hatten es satt, unter wechselnden Fremdherrschaften zu leben. Es gab eine große Sehnsucht nach Befreiung von den fremden Mächten. Eine Folge dieser Sehnsucht war die Erwartung, dass bald Rettung aus dem Himmel komme oder durch einen Messias oder durch das von Gott herbeigeführte Weltende und sein Weltgericht.

› Die alten Schriften sind schließlich voll von Anspielungen auf einen Retter, Erlöser, eben einen Messias, der aufräumt, der dem in der Geschichte herumgeschubsten Volk Gottes endlich Gerechtigkeit widerfahren lässt.

› Eine Gruppe, die Zeloten, konnten diesen Tag nicht erwarten und überlegten, wie sie ihn mit Gewalt herbeiführen könnten. Immer wieder sorgten sie für Unruhen und glaubten, im Einklang mit dem Willen Gottes zu handeln, wenn sie gewaltsamen Widerstand gegen die Römer leisteten, sehr zu deren Missfallen. Daher beobachteten sie genau, was sich im Volk tat, und machten kurzen Prozess, wenn irgendein Aufwiegler für zu viel Unruhe sorgte.

› Auch der korrupte König Herodes, der gut lebte von dem Anteil an Steuern, den ihm die Römer gewährten, verfolgte das Treiben der Zeloten und anderer Aufrührer mit Misstrauen. Wenn ihm zu Ohren kam, dass jemand gegen die herrschende Ordnung aufbegehrte, sorgte er dafür, dass der Widerspenstige zum Schweigen gebracht wurde.

› In dieser angespannten Stimmungslage starten die Pharisäer und einige Anhänger des Herodes, einen neuen Versuch, Jesus in Schwierigkeiten zu bringen. Scheinheilig fragen sie: »Meister, wir wissen, wie klug und wahrhaftig du bist, darum wollen wir dich etwas fragen: Ist's recht, dass man dem Kaiser Steuern zahlt, oder nicht?«

› Wieder hätte er sich mit einem klaren Ja oder Nein in eine gefährliche Ecke manövriert. Hätte er gesagt, ja, selbstverständlich gehört es sich, seine Steuern zu zahlen, hätte man ihn im Volk als Römerfreund denunzieren können. Hätte er das Gegenteil gesagt, wären sie zu den Römern gelaufen, um ihn anzuschwärzen.

› Daher antwortet er ungehalten: »Was soll diese ewige Fallenstellerei? Meint ihr, ich durchschaue euch nicht? Für wie dumm haltet ihr mich? Bringt mir einen Silbergroschen!«

› Sie brachten ihm einen. Er fragte sie: »Wessen Bild und Aufschrift ist das?«

› Sie antworteten: »Des Kaisers.«

› Er sagte: »Na also, gebt doch dem Kaiser, was dem Kaiser zusteht, aber gebt Gott, was Gott zusteht.«

› Da ließen sie ihn in Ruhe.

› Jesus war revolutionär, aber er war kein Revoluzzer. Er hielt nichts von den Gewaltfantasien der Zeloten, die einen Gottesstaat errichten wollten. Er sah aber auch die Römer und jede andere weltliche Herrschaft kritisch und machte sich keine Illusionen über deren moralische Qualitäten. Zugleich wusste er: Gewalt ist keine Lösung. Auch die berechtigte Gewalt von Unterdrückten, die für ihre Befreiung kämpfen, führt ja doch meistens dazu, dass die siegreichen Befreier nach einiger Zeit selber wieder zu Unterdrückern werden. Gewalt macht die Welt nicht heil. Was sie heilen könnte, wären die vielen Einzelnen, die ihr Herz ändern.

› Seinen Jüngern hatte er daher einmal gesagt: »Ihr wisst, dass die Herrscher ihre Völker unterdrücken, und dass die vielen großen und kleinen Helfer der Herrscher den Völkern unablässig Gewalt antun. Bei euch aber soll es anders sein. Wer bei euch ein Großer werden will, sei euer Diener, und wer bei euch Erster sein will, sei der Sklave aller.«

› Was Jesus vorhat und auch praktiziert, ist etwas viel Größeres, wirklich Revolutionäres: eine neue Gesellschaft aus Menschen unterschiedlichster Herkunft und Klassen, die sich freiwillig zu Gemeinden zusammenschließen, sich unter den Willen Gottes stellen und alle Klassenschranken und alles Trennende niederreißen. Und dadurch fähig werden, ihre Herzen zu ändern.

› In seiner Gegenwart, bei seinen Tischgemeinschaften, wird diese neue Gesellschaft Wirklichkeit. Sie muss sich jetzt nur noch in ganz Israel und danach in der ganzen Welt verbreiten, gewaltlos, aus kleinsten Anfängen, dann kommt der Umsturz ganz von selbst. Diese kleinen Tischgemeinschaften und neuen Gesellschaften, sollen wie ein Sauerteig sein, der den ganzen Teig durchsäuert, wie das bisschen Salz, das den Geschmack der ganzen Suppe verbessert, wie ein Senfkorn, aus dem eine große Staude wächst, wie ein Licht, das auf einem Berg in der Welt leuchtet.

› In solchen Bildern beschreibt Jesus, was er unter dem »Kommen der Gottesherrschaft« versteht. Es liegt an uns, den Menschen, die ihn hören, den großen Umsturz herbeizuführen, aber eben auf Jesu Art, durch den Glauben an ihn, nicht durch den Glauben an gewaltsame Veränderungen und neue staatliche Strukturen.

› Neue Strukturen braucht es zwar, aber die entstehen durch die Bildung von Gemeinden, die sich unter Gottes Willen stellen. So hat Jesus sich die Weltveränderung vorgestellt.

› Also sind es doch wir selbst, die Menschen, die das Reich Gottes herbeiführen und realisieren müssen? Nein, so ist es auch wieder nicht.

› Wie es ist, erzählt Jesus wieder in einem Gleichnis: Mit dem Reich Gottes ist es so, wie wenn einer Samen auf seinen Acker gesät hat. Er legt sich schlafen und steht wieder auf, es wird Nacht und es wird Tag, der Samen keimt und wächst, und er weiß selbst nicht wie. Ganz von selbst bringt die Erde ihre Frucht: zuerst Halm, dann Ähre, dann volles Korn in der Ähre. Sobald aber die Frucht es erlaubt, legt er die Sichel an, denn die Ernte ist da.

› Was wir tun können, sagt Jesus, ist Säen und Ernten. Auf das, was in der Zeit dazwischen geschieht, haben wir keinen Einfluss. Das Samenkorn wächst wie von selbst, ohne unser Zutun. Wir können allenfalls dafür sorgen, dass die heranwachsende Pflanze nicht vorzeitig von Schädlingen gefressen, von Pilzen befallen oder von Unkraut überwuchert wird. Aber der Wachstumsprozess selbst braucht unseren Eingriff nicht. Das macht Gott, will Jesus damit sagen, kann nur Gott machen, kein Mensch.

Jesus – ein Radikaler im Dienst Gottes

11 › Was Jesus will, eine neue Gesellschaft, gewaltfrei, von selbst wachsend durch freiwilligen Zusammenschluss der Menschen, klingt harmlos. Ist es aber nicht. Tatsächlich verbirgt sich dahinter ein zutiefst radikales Programm, denn es macht Ernst mit dem ersten Gebot: Du sollst Gott über alles lieben und keine anderen Götter haben neben mir.

› Welch einschneidende Konsequenzen das für das Leben des Einzelnen haben kann, wie »verrückt« das eigentlich ist, wird deutlich, wenn man sich nur einmal am Beispiel der Jünger bewusst macht, was die auf sich genommen haben. Auf ein bloßes Wort hin hängen sie ihre sicheren Berufe an den Nagel und folgen Jesus in eine ungewisse Zukunft, als Wanderprediger, ohne Besitz, ohne jegliche Sicherheit, ohne zu wissen, wovon sie am nächsten Tag leben sollen.

› Und Jesus ist sich durchaus bewusst, was er den Menschen zumutet, spricht das auch aus. Als einmal ein Schriftgelehrter zu ihm kam und sagte, er wolle Jesus folgen, wohin immer er auch gehe, warnte Jesus ihn mit den Worten: *»Die Füchse haben Gruben und die Vögel unter dem Himmel haben Nester; aber der Menschensohn hat kein Zuhause.«*

› Ein anderer, der ihm ebenfalls nachfolgen will, sagte zu Jesus: »Herr, erlaube mir, dass ich vorher noch meinen Vater begrabe.«

› Aber Jesus antwortet mit brutaler Härte: *»Folge mir nach und lass die Toten ihre Toten begraben.«*

› Nachfolge duldet keinen Aufschub und vor allem keine Ausreden von der Sorte: Erst muss ich dies noch tun und dann das erledigen, danach jenes, dann komme ich. Darauf antwortet Jesus: Nein. Du kommst jetzt. Sofort. Oder gar nicht.

› Das erste Gebot ernst zu nehmen, sich ernsthaft unter Gottes Willen zu stellen, bedeutet etwas für den modernen Menschen fast Unannehmbares: seine Unabhängigkeit aufzugeben.

› Selten wird das in den Kirchen heute so gepredigt, aber Jesus hat es bei unterschiedlichen Gelegenheiten immer wieder so gesagt: Nachfolge heißt, sein bisheriges Leben samt aller Gewohnheiten aufgeben und mit allem, was man ist, eine Wende um 180 Grad herbeiführen. Nachfolge heißt: alles auf eine Karte setzen wie jener Mensch, der einen Schatz in einem fremden Acker fand, ihn wieder eingrub, danach alles verkaufte, was er hatte, und mit dem Erlös den Acker kaufte. Oder wie jener Kaufmann, der gute Perlen suchte, und als er eine sehr kostbare fand, alles verkaufte, um jene eine Perle zu erwerben.

› Wer mir nachfolgen will, sagt Jesus, der distanziere sich von sich selbst und nehme sein Kreuz auf sich. Denn wer immer nur auf sich sieht, auf seinen Besitz, seine Macht, seine Lust, sein Wohlergehen, wird eben darum nie glücklich werden. Sein Herz nicht an Zweit- und Drittrangiges hängen – darauf komme es an. Denn: *»Was hülfe es dem Menschen, wenn er die ganze Welt gewönne und nähme doch Schaden an seiner Seele?«*

› Der Clou an der Sache ist: Wer seine eigene Unabhängigkeit aufgibt, um sich ganz Gott zu unterstellen, der ist der unabhängigste und freieste Mensch überhaupt und muss auf dieser Welt weder Tod noch Teufel fürchten und schon gar nicht irgendwelche weltlichen Mächte. Solche Menschen sind die gefährlichsten Widersacher der Gewaltherrscher dieser Welt.

Der reiche Jüngling

12 › Immer wieder spricht Jesus vom Glauben, von der Nachfolge, vom kommenden Reich Gottes, von der Gottesherrschaft, die mit ihm schon begonnen hat. Was meint er damit?

› Wenn er sagt, gehe hin, dein Glaube hat dir geholfen, ist klar: Er meint damit, Glaube sei so etwas wie Vertrauen zu ihm, Vertrauen in ihn. Glauben heißt aber auch nachfolgen, und nachfolgen heißt, tun: den Nackten kleiden, dem Hungernden zu essen geben. Ins Zentrum dessen aber, was Glaube heißt, gelangen wir mit der Geschichte des reichen Jünglings. So einer kam zu Jesus, und fragte ihn: »Meister, was soll ich tun, damit ich das ewige Leben ererbe?«

› Jesus antwortete: »Du kennst doch die Gebote. Nicht töten, nicht ehebrechen, nicht stehlen, nicht lügen, Vater und Mutter ehren und so weiter.«

› Habe er alles befolgt, antwortete der junge Mann.

› »Sehr gut«, sagte Jesus, »aber eines fehlt noch. Du bist reich. Trenne dich von deinem Reichtum, beschenke die Armen damit, dann komm wieder und folge mir nach.«

› Da ging der junge Mann traurig davon. Das war ihm dann doch zu viel.

› Daraufhin sprach Jesus zu seinen Jüngern das berühmte Wort: *»Es ist leichter, dass ein Kamel durch ein Nadelöhr gehe, als dass ein Reicher ins Reich Gottes komme.«*

› Heißt Glaube und Nachfolge also: alles verkaufen, was man hat und es den Armen geben?

› Nein, das heißt es nicht. Jedenfalls nicht in jedem Fall. Glaube, so sagt diese Geschichte, ist das, woran du dein Herz hängst. Bei dem einen ist das sein Reichtum, beim anderen die Macht, beim dritten die Lust, beim vierten die eigene Geltung und so weiter. Bei den meisten ist es alles zusammen. Es gibt viele Götter und Götzen, an die Menschen ihr Herz hängen. Wer aber diesem Jesus nachfolgen will, muss sein Herz an Gott hängen. Und von den anderen Göttern ablassen. Nur so entsteht die neue Gesellschaft. Und weil das so unglaublich schwer ist, haben wir diese neue Gesellschaft bis heute nicht, denn verlangt wird da tatsächlich: alles aufgeben, was du hast und was du bist.

› Aber steht das jetzt nicht im Widerspruch zum eben erzählten Gleichnis vom Säen und Ernten? Wir müssen nur säen, sagt Jesus da, den Rest macht Gott. Dann aber sagt er: Wir müssen alles opfern, woran unser Herz hängt, alles aufgeben, was uns immer lieb und teuer war, sonst wird es nichts mit dem Reich Gottes.

› Was also jetzt? Können wir uns beruhigt zurücklehnen und die Sache Gott machen lassen, oder müssen wir jedem Tag aufstehen und immer aufs Neue, wie Luther es einmal sagte, den alten Adam in uns ersäufen?

› Wenn man beides ernst nimmt, kann die Antwort nur lauten: Beides stimmt. Ignatius von Loyola hat das einmal – sinngemäß – auf den Nenner gebracht: Vertraue ganz so auf Gott, als ob alles von ihm und nichts von dir abhinge. Zugleich handle aber so, als ob alles von dir abhinge und von Gott überhaupt nichts käme.

Vaterunser – das Gebet aller Gebete

13 › Wenn Heiden ihren Göttern opfern oder sie um Hilfe bitten, tun sie das in dem Glauben, diese Götter beeinflussen und für sich selbst ein günstiges Schicksal herausschlagen zu können. Viele christliche Beter glauben das auch. Aber das ist ein Irrtum. Zwischen einem heidnischen und einem wahrhaft christlichen Gebet liegen Welten. Das christliche Gebet ist etwas völlig anderes als der Versuch, Gott für seine eigenen Wünsche und Interessen einzuspannen.

› Zwar spricht nichts dagegen, für jemanden zu beten, der sich einer lebensgefährlichen Operation unterziehen muss, oder in einer misslichen Situation ein Stoßgebet in den Himmel zu schicken. Aber dabei sollte der Beter stets im Hinterkopf behalten, dass ein christliches Gebet kein magischer Spruch ist, mit dem man Gott wie einen dienstbaren Geist aus der Flasche herbeirufen kann, damit er einem seinen Willen erfüllt.

› Für eine einzelne konkrete Person oder auch nur eine gute Sache zu beten, heißt vor allem: an diese Person oder diese gute Sache zu denken. Es ist eine kleine virtuelle Liebestat, der hoffentlich reale, hilfreiche Taten folgen.

› Auch das öffentliche Schau-Beten – seht her, wie fromm ich bin – hat nichts mit christlichem Beten zu tun. Wie christliches Beten wirklich geht, hat Jesus gesagt, als ihn seine Jünger baten, sie beten zu lehren.

› Da sagte er zunächst, wie man nicht beten soll, nämlich nicht wie die Heuchler, die gern in den Synagogen und an den Straßenecken stehen und beten, damit die Leute sie sehen. Er wandte sich also gegen das Show-Beten, die persönliche Inszenierung. Ihr dagegen, sagte er seinen Jüngern, sollt euch zurückziehen in eure Kämmerlein, die Tür hinter euch zuschließen und nicht viel plappern wie die Heiden, denn euer Vater weiß doch sowieso, was ihr braucht.

› Wenn ihr also betet, dann so – und da sprach Jesus die Worte, die als das »Vaterunser« der christlichen Kulturgeschichte eingraviert wurden:

Vater unser im Himmel! Geheiligt werde dein Name. Dein Reich komme. Dein Wille geschehe, wie im Himmel, so auf Erden. Unser tägliches Brot gib uns heute. Und vergib uns unsere Schuld, wie auch wir vergeben unsern Schuldigern. Und führe uns nicht in Versuchung, sondern erlöse uns von dem Bösen. Denn dein ist das Reich und die Kraft und die Herrlichkeit in Ewigkeit. Amen.

› Auf drei Wörtchen kommt's an in diesem Gebet: unser, dein, wir.

Und auf zwei Wörtchen, die ausdrücklich nicht dastehen: ich, mein.

› Nicht MEIN Wille geschehe, sondern DEINER, Gottes Wille. Nicht: gib mir MEIN täglich Brot, sondern: gib uns UNSER täglich Brot.

› Jeder Beter ist Teil einer Gemeinschaft, heißt das. Es geht nicht primär um ihn und sein individuelles Wohl, sondern um das der Gemeinschaft. Ist für sie gesorgt, ist auch für ihn gesorgt. Ihm wird es auf Dauer nur gut gehen, wenn es auch den anderen gut geht. Aber das ist kein Automatismus, ist nichts, worauf man sich verlassen sollte, denn: Dein Wille geschehe, nicht meiner und auch nicht unserer.

› Und dann ist da noch dieses »Dein Reich komme«. Hat Jesus nicht an anderer Stelle gesagt, dieses Reich sei schon da, habe zumindest mit ihm begonnen? Wozu dann noch die Bitte, dass es kommen möge?

› Wieder gilt beides. Das Reich Gottes ist schon angebrochen, hat begonnen. Wie es in ihm zugeht, kann man in Jesu Umgebung erkennen. Das Verhältnis der Menschen untereinander ist neu geregelt. Das übereinander Herrschenwollen ist abgeschafft, einander Dienenwollen ist jetzt angesagt. Aber das ist halt bisher nur im kleinen Kreis um Jesus so. Der Rest der Welt funktioniert noch nach dem alten Muster. Das Reich Gottes ist also noch längst nicht vollendet. Darum die Bitte »Dein Reich komme« – überall auf der Welt.

Bergpredigt

14 › Die Bibel ist Gottes Wort, so heißt es. Wir wissen aber längst: Die Bibel ist nicht als fertiges Buch vom Himmel gefallen. Es war auch nicht so, dass Gott den Verfassern der biblischen Texte jedes Wort diktiert hat. Nein, die Bibel ist von Menschen geschrieben worden, von Menschen allerdings, die sich größtmögliche Mühe gegeben hatten, zu erahnen, zu erfühlen, zu verstehen, was eigentlich Gottes Wille und Plan ist. Das haben sie sich nicht im stillen Kämmerlein ausgedacht, sondern im Gespräch mit anderen, in der Reflexion über die Geschichte ihres Volkes und im Nachdenken über das, was die Verstorbenen an Geschichten und Texten schon hinterlassen haben.

› Man kann also sagen: Die Bibel ist Gottes Wort, vermengt mit Menschenwort. Und das Verhältnis zwischen den Anteilen an menschlichen und göttlichen Gedanken ist keine Konstante. Mal ist der Menschenanteil sehr hoch, mal eher gering. Und natürlich ist es für jeden einzelnen Leser schwer, das eine vom anderen zu unterscheiden. Es ist dennoch annähernd möglich, wenn man all diese Texte vor und zurück und immer wieder neu liest. Dann erfasst man Entwicklungen und Zusammenhänge, die verborgen im Text schlummern und es einem ermöglichen zu sagen: Hier spricht wirklich Gott und da spricht eher der Mensch.

› Jesus war nun geradezu ein Meister darin, in den alten Schriften Gottes Wort vom Menschenwort zu unterscheiden. Diese Unterscheidung macht er in seiner berühmten Bergpredigt. Sie ist einer der wichtigsten Texte des Neuen Testaments, des christlichen Glaubens und unserer ganzen Kultur. Was er da sagt, ist so etwas wie Gotteswort in Reinform. Als solches verschärft es manches, was in der jüdischen Bibel steht, verstärkt und verdeutlicht vieles, und entschärft, ja erledigt auch einiges von dem, was Bestandteil unseres Alten Testaments ist.

› Das Vaterunser, das gerade vorgestellt wurde, ist ein kleiner Teil dieser Bergpredigt. Die ganze sich über zwei Kapitel des Matthäusevangeliums erstreckende Predigt ist so etwas wie eine Art »Regierungsprogramm« fürs Reich Gottes. Dieses Programm beginnt mit den »Seligpreisungen« – ein Wort zum Weghören, weil es so altmodisch und so fromm daherkommt. Dabei handelt es sich aber wieder einmal um etwas wahrhaft Revolutionäres, eine Umwertung der Werte, der heidnischen Werte und der Werte, die auch bei uns bis heute hoch im Kurs stehen, denn was wünschen wir uns zum Geburtstag und zu Festtagen? Glück, Gesundheit, Erfolg, Wohlstand, Kraft, Energie, und kein Leid soll unser Leben trüben, kein Kummer uns sorgen.

› Und was hält Jesus dagegen? Seligkeit statt Glück. Und diese Seligkeit ist in so gut wie allem das Gegenteil von dem, was wir für wünschenswert halten.

› Er preist die Leidenden, nicht die Glücklichen; die Sanftmütigen, nicht die Cleveren; die Barmherzigen, nicht die Kaltschnäuzigen; die Friedlichen, nicht die Aggressiven; die Friedliebenden, nicht die Konkurrenzhuber, die Verfolgten, nicht die Mächtigen.

› Im Original liest sich diese »Regierungserklärung« so:

Selig sind, die da geistlich arm sind; denn ihrer ist das Himmelreich.
Selig sind, die da Leid tragen; denn sie sollen getröstet werden.
Selig sind die Sanftmütigen; denn sie werden das Erdreich besitzen.
Selig sind, die da hungert und dürstet nach der Gerechtigkeit; denn sie sollen satt werden.
Selig sind die Barmherzigen; denn sie werden Barmherzigkeit erlangen.
Selig sind, die reinen Herzens sind; denn sie werden Gott schauen.
Selig sind, die Frieden stiften; denn sie werden Gottes Kinder heißen.
Selig sind, die um der Gerechtigkeit willen verfolgt werden; denn ihrer ist das Himmelreich.
Selig seid ihr, wenn euch die Menschen um meinetwillen schmähen und verfolgen und allerlei Böses gegen euch reden und dabei lügen.

Ich aber sage euch ...

15 › Es gibt unter Christen die weit verbreitete Meinung, Jesus habe mit der Tora, unserem Alten Testament, gebrochen und seine eigene Botschaft dagegengesetzt. Das kann man so nicht sagen, auch wenn manche Sätze der Bergpredigt so klingen, besonders jene »Ich aber sage Euch«-Sätze, in denen er scheinbar einen Gegensatz zwischen der Tora und seiner Botschaft zum Ausdruck bringen will, insbesondere zu den Themen Töten, Ehebruch, Schwören, Vergelten, Feindesliebe.

› Es ist aber nur scheinbar so. Lesen wir einfach die betreffenden Sätze, hier verkürzt wiedergegeben:

› Vom Töten: *Ihr habt gehört, dass zu den Alten gesagt ist: Du sollst nicht töten. Wer tötet, soll vor Gericht verurteilt werden. Ich aber sage euch:* Schon wenn du mit einem inneren Groll gegen deinen Bruder in den Tempel gehst, um dort etwas zu opfern, machst du dich schuldig. Auch dann, wenn es umgekehrt ist, wenn du weißt, dass dein Bruder etwas gegen dich hat, und du gehst trotzdem in den Tempel, machst du dich schuldig. Darum gehe zuerst zu deinem Bruder und versöhne dich mit ihm. Danach kannst du dann opfern.

› Vom Ehebrechen: *Ihr habt gehört, dass gesagt ist: Du sollst nicht ehebrechen. Ich aber sage euch:* Der Ehebruch beginnt schon im Kopf und im Herzen und mit dem begehrlichen Blick auf eine Frau.

› Vom Schwören: Ihr habt weiter gehört, dass ihr keinen falschen Eid ablegen und ihr euch an eure Schwüre halten sollt. *Ich aber sage euch, dass ihr überhaupt nicht schwören sollt. Eure Rede sei: Ja, ja; nein, nein.* Alles was darüber hinausgeht, das ist übel.

› Vom Vergelten: *Ihr habt gehört, dass gesagt ist: Auge um Auge, Zahn um Zahn.* Ich aber sage euch: Wenn dich jemand auf deine rechte Backe schlägt, dem halte auch die andere hin. Wenn jemand dir deinen Rock nehmen will, dann lass ihm auch den Mantel. *Und wenn dich jemand zwingen will, eine Meile mit ihm zu gehen, so geh mit ihm zwei. Gib dem, der dich bittet.*

› Von der Feindesliebe: *Ihr habt gehört, dass gesagt ist: Du sollst deinen Nächsten lieben und deinen Feind hassen. Ich aber sage euch: Liebt eure Feinde und bittet für die, die euch verfolgen.*

Die Goldene Regel

16 › Jesus wiederholt in der Bergpredigt und fasst noch einmal zusammen, was er zu anderer Zeit an anderen Orten so oder so ähnlich schon gesagt hatte, zum Beispiel:

› Wenn du Almosen gibst, sollst du es nicht rausposaunen, wie es die Heuchler tun in den Synagogen und auf den Gassen, damit sie von den Leuten gepriesen werden. Wenn du etwas abgibst, dann tu es im Verborgenen und lass deine linke Hand nicht wissen, was die rechte tut, so, als ob du selbst nicht wüsstest, was du Gutes getan hast.

› Mit derselben Haltung soll man auch fasten, also für sich, zu Hause, ohne viel Aufhebens davon zu machen, statt mit Leidensmiene öffentlich durch die Straßen zu ziehen, damit alle sehen, was für ein Held der Entbehrung man ist.

› Und dann kommt dieses scheinbar weltfremde Wort vom Schätzesammeln und Sorgen: Ihr könnt nicht Gott dienen und dem Geld. Darum: Sorgt euch nicht um euer Leben, eure Ernährung, eure Gesundheit, eure Fitness und um eure Kleidung.

› Seht die Vögel unter dem Himmel an: Sie säen nicht, sie ernten nicht, sie füllen keine Scheunen mit Vorräten, und ihr himmlischer Vater ernährt sie trotzdem.

› Oder seht euch die Lilien an. Sie arbeiten nicht, sie spinnen nicht, und nicht einmal König Salomo ist so schön gekleidet gewesen wie eine von ihnen.

› Also hört auf, euch um das Morgen zu sorgen. Strebt zuerst nach dem Reich Gottes, und alles andere wird euch von selbst zufallen.

› Und: Richtet nicht! Jeder und jede kehre zunächst einmal vor der eigenen Haustür. Weiter: Das Heilige sollt ihr nicht den Hunden geben, und eure Perlen nicht vor die Säue werfen.

› Schließlich: *Bittet, so wird euch gegeben; suchet, so werdet ihr finden; klopfet an, so wird euch aufgetan.*

› Zum Ende läuft die Bergpredigt auf die Goldene Regel zu, die Zusammenfassung, die alles, die ganze Tora noch einmal radikal vereinfacht. Noch kürzer als das Gleichnis vom barmherzigen Samariter oder die Geschichte vom Weltgericht, in der gefragt wird, wer die Nackten gekleidet und die Hungrigen gesättigt hat, lässt Jesus jetzt Gottes Willen auf einen einzigen Satz zusammenschnurren: »Alles nun, was ihr wollt, das euch die Leute tun sollen, das tut ihr ihnen auch!« Der Volksmund hat daraus auch das Umgekehrte abgeleitet, das ebenso gültig und im Einklang mit dem Geist der Bergpredigt ist: Was du nicht willst, das man dir tu, das füg auch keinem andern zu.

Vier Zwischenfragen

War Jesus ein weltfremder, realitätsferner Traumtänzer?

Sich nicht sorgen, sich um nichts kümmern, leben wie die Vögel am Himmel oder wie die Narzissen im Garten? Das kann Jesus nicht ernst gemeint haben, oder?

Das hieße ja: Jede Anstrengung meiden. Wozu Schule, wozu Studium? Wozu noch Arbeit, Altersvorsorge, Sparpläne,

Vorsorgeuntersuchungen, Sport? Brücken und Häuser bauen, ohne vorher statische Berechnungen anzustellen? Forschen, entwickeln, wirtschaften, planen einfach bleiben lassen? Nein, das ist doch irre!

Das wäre es, wenn Jesus damit ein Programm für die Welt, für Regierungen und weltliche Staaten formuliert hätte. Hat er aber nicht. Man muss bei jedem Jesuswort fast immer fragen: Zu wem spricht er jetzt gerade? Wen meint er? Uns alle? Die Heiden, die Römer, Griechen und Juden? Oder nur seine Volksgenossen, die Juden? Oder nur seine jeweiligen Zuhörer? Oder etwa nur seine Jünger?

Tatsächlich meint Jesus mal die einen und mal andere, so gut wie nie aber die Heiden, die römische Staatsmacht und andere Völker. Seine Predigt war beschränkt auf Israel.

Und im Fall des Sorgens hat er wohl vor allem seine Jünger gemeint, die mit ihm als Wanderprediger durch Galiläa ziehen und am Tag nicht wissen, wo sie am Abend etwas zu essen bekommen und in der Nacht schlafen werden. Nur ihnen, die er ja angewiesen hatte, weder Brot noch Geld noch eine Tasche mit auf den Weg zu nehmen und ihnen sogar einen Wanderstab verbot, hatte er gesagt: Macht euch darüber keine Gedanken, es wird sich schon etwas finden. Und es hat sich auch immer etwas gefunden. Und zwar deshalb, weil andere sehr wohl gearbeitet, gespart, vorgesorgt und Häuser gebaut hatten.

Jesus und seine Zwölf waren geradezu darauf angewiesen, dass andere für sie sorgten, ihnen zu essen und zu trinken gaben, Übernachtungsmöglichkeiten boten. Diese anderen waren Anhänger, Freunde, Sympathisanten, Förderer, Helfer, die ihn gehört und seine Botschaft angenommen und versucht haben, sie auf ihre Weise zu verwirklichen.

Erst durch deren Unterstützung war es Jesus und seinen Jüngern möglich, die Botschaft vom Reich Gottes in Galiläa zu verbreiten. Nur deshalb mussten sich die Jünger keine Sorgen um den Alltag machen. Sie haben sich auf ein Netz von Menschen verlassen, die sie zuverlässig mit dem Nötigsten versorgten. Und in diesem Netz entstand das Neue, das neue menschliche Miteinander, die neue Gesellschaft, die neue Familie, all das, was später »Gemeinde« genannt wurde und die alten Clanstrukturen und überhaupt alle alten Organisationsformen aushebelte.

In so einer Gemeinde muss nun tatsächlich nicht mehr jeder für alles sorgen. Es genügt, wenn er seinen ihm möglichen Beitrag zum Aufbau von Gemeinde leistet und sich darauf verlässt, dass er Hilfe bekommt, wenn er Hilfe wirklich braucht.

Auch um sein »Standing«, seinen gesellschaftlichen Status, sein Ansehen, seine Reputation muss man sich nicht mehr kümmern. Alle dienen einander so, wie sie es können. Es gibt kein Mobbing mehr, kein heimliches Getuschel hinter den Rücken von anderen, kein Stühlesägen, keine Konkurrenz, keinen Neid. Das Leben in einer Gemeinde von liebenden Dienern befreit von den Sorgen, die man draußen in der Welt hätte. Es nimmt einem die Last von den Schultern, befähigt einen, sich ganz auf den Aufbau und das Gedeihen der Gemeinde zu konzentrieren.

Den Feind lieben – wer schafft das denn?

Die linke Backe hinhalten, wenn man zuvor auf die rechte geschlagen wurde, gar den Feind lieben und für die bitten, die einen schikanieren und massakrieren – verlangt Jesus da nicht zu viel von uns? Ist es überhaupt wünschenswert, dass wir so handeln? Soll ein Polizist tatenlos zusehen, wenn ein wehrloser Mensch von Räubern niedergeschlagen und ausgeraubt wird? Sollen sich ganze Völker widerstandslos ergeben, wenn es einem Gewaltherrscher gefällt, sie zu überfallen, zu unterjochen, auszurauben und zu versklaven? Hätte die freie Welt Hitler gewähren lassen sollen, bis der letzte Jude ermordet und die ganze Welt von den Nazis beherrscht worden wäre? Das ist doch verrückt!

Ja, das wäre in der Tat verrückt. Wieder muss man daher, bevor man urteilt, fragen, zu wem und in welchem Kontext Jesus hier spricht. Und wieder ist es nicht die Welt, nicht der Staat oder ein Kaiser – dem soll man doch bekanntlich geben, was sein ist –, den Jesus meint, sondern es sind die eigenen Anhänger, die Jesus anspricht. In der neuen Gesellschaft, die gerade erst entsteht, da sollen diese Weisungen gelten, denn nur dort, wo sich jeder auf Jesus verpflichtet hat, kann man das von Jesus Geforderte leben, außerhalb wäre es Wahnsinn. Dort, wo sich das Neue ereignet, braucht es keinen Staat mehr, keine Polizei und kein Militär. In der normalen Welt jedoch braucht es sie weiterhin.

Jesus ruft also zu radikalem Gewaltverzicht auf, weil nur so die endlos in die Höhe sich schraubende Spirale aus Gewalt, Vergeltung, Vergeltung der Vergeltung gestoppt und durchbrochen werden kann. Aber er weiß: Realisierbar ist das nur in jener »Reich Gottes« genannten Welt, die noch auf ihre Vollendung wartet.

Genauso ist es mit der Feindesliebe. Die Fähigkeit, sogar seine Feinde zu lieben und für die zu bitten, die einen verfolgen, erwächst einem nicht aus eigener Kraft, schon gar nicht in der alten Welt, sondern braucht einen Raum, in dem schon die Strukturen der neuen Welt geschaffen wurden. Nur dort, wo es solche Gemeinden mit den neuen Regeln des Zusammenlebens gibt, kann einem Menschen die Gnade zuteilwerden, seine Feinde lieben zu können.

Jesus und dessen Jünger, seine Anhänger, auch noch Paulus und die ersten Urgemeinden hatten erwartet, dass sie die Vollendung dieses Reiches Gottes noch erleben werden. Das war ein Irrtum. Zwei Jahrtausende später warten wir noch immer darauf.

Aber immerhin ist da einmal ein Ziel formuliert worden, an dem wir unser Handeln ausrichten können. Und vor allem hat es geholfen, das Alte Testament besser zu verstehen. Es fällt uns nun leichter, Gotteswort vom Menschenwort zu unterscheiden. Daher können wir heute sagen: Manch schreckliche Dinge, die im Alten Testament stehen, können nicht mit Gott begründet werden. Da haben irrende Menschen gesprochen, und nur sie, nicht Gott.

Zum Beispiel im Psalm 139, wo es heißt: *»Sollte ich nicht hassen, die dich hassen, o Herr, nicht verabscheuen, die sich gegen dich empören? Ich hasse sie mit glühendem Hass, sie sind mir zu Feinden geworden.«*

Solche Hassrede ist die von Menschen, nicht von Gott. Das können wir heute sagen, weil wir die Bergpredigt haben. Ebenso verhält es sich mit manch blutrünstiger Beschreibung der Landnahme und Eroberungsfeldzüge in Kanaan, als das Volk Israel sein verheißenes Land in Besitz genommen hat. So soll Gott seinem Volk befohlen haben, nach der Eroberung von Jericho alles zu töten, was in der Stadt lebt, Mann und Weib, Jung und Alt, Rinder, Schafe, Esel.

Nein, das kann der Herr des Volkes Gottes nicht gesagt haben. Und es kann auch nicht wahr sein, was über den Krieg gegen die Midianiter geschrieben wurde. Da haben die Israeliten angeblich die Frauen und Kinder gefangen genommen und sie und alle geraubten Güter zu Mose gebracht. Der soll daraufhin seine Soldaten voller Zorn gefragt haben: Warum habt ihr alle Frauen und Mädchen leben lassen? Und befohlen haben, sie alle zu töten.

Abgesehen davon, dass es bis heute nicht einen einzigen außerbiblischen Hinweis und keinen einzigen archäologischen Fund gibt, der auf solche Rachefeldzüge hindeutet, kann man getrost vermuten: Solche Geschichten sind wahrscheinlich Gewaltfantasien eines in der Welt herumgeschubsten Volkes, das sich zur Unterhaltung am Lagerfeuer Gruselmärchen erzählte, wie das überall auf der Welt zu allen Zeiten der Brauch gewesen ist. Und mit Gewissheit sagen lässt sich: Die Behauptung, dass Gott solch blutrünstige Taten gefordert hätte oder heute noch fordern würde, lässt sich nach Jesu Aufruf zu absolutem Gewaltverzicht und seinem Gebot der Feindesliebe einfach nicht mehr aufrechterhalten.

Ist die Nächstenliebe eine christliche Erfindung?

Ein altes christliches Vorurteil lautet, das Alte Testament sei ein Buch der Rache und des Zorns, und erst mit dem Neuen Testament beginne die Entwicklung zum Humanen, zur Liebe und zur Feindesliebe. Das ist falsch.

Das Alte Testament liefert keine Legitimation für Hass und Gewalt, auch wenn es an einzelnen Stellen scheinbar dazu anstiftet. In der Schrift als Ganzem ist nämlich schon dort, also lange vor der Bergpredigt, eine deutliche Entwicklung zum Humanen erkennbar. Sie führt von der Blutrache zur Nächstenliebe. Schon im Alten Testament lesen wir: *»Du sollst deinen Nächsten lieben wie dich selbst. Ich bin der Herr.«* Für Jesus blieb daher nur noch zu klären, wer »mein Nächster« ist. Diese Frage hat er im Gleichnis vom barmherzigen Samariter beantwortet.

Auch die Feindesliebe war schon im Alten Testament angelegt, denn es fordert dazu auf, seinem Feind zu Hilfe zu kommen. Wenn zum Beispiel jemandem ein verirrtes Rind oder ein Esel über den Weg läuft, und man weiß: Das Tier gehört meinem Feind, dann soll man es seinem Besitzer zurückbringen. Generell gilt: *»Freue dich nicht über das Unglück deines Feindes.«* Sollte jemand noch immer daran zweifeln, dass schon das Alte Testament menschenfreundlich war, so räumt Jesus in der Bergpredigt letzte Zweifel daran aus und bringt eine radikale Klarheit in das Problem.

Schließlich: Wenn er sagt, das Töten beginnt schon mit der bloßen Wut und der Ehebruch mit dem bloßen Begehren, wiederholt er bereits Gesagtes: Ehebruch, Raub, Mord, Vergewaltigung, Betrug beginnen im Kopf und im Herzen. Vom Gedanken bis zur Tat ist es manchmal nur ein kurzer Weg. Darum kommt es darauf an, schon die Gedanken, sein Herz, seine Worte zu kontrollieren und zu beherrschen, nicht erst das Verhalten. Es geht Jesus immer ums menschliche Herz.

Was meint das Wort »Ich bringe euch nicht den Frieden, sondern das Schwert«?

Gewaltverzicht, Liebesgebot, Feindesliebe, Lob der Friedfertigen und Sanftmütigen – das alles verführt viele Christen und Nichtchristen dazu, Jesus für einen harmlosen »Friedenssäusler« zu halten, ihn mit einem piep-piep-piep-wir-haben-uns-alle-lieb-Softie zu verwechseln, den man nicht so ernst nehmen muss. Das ist ein großer Irrtum. Wir haben schon häufiger gesehen, dass zwischen etlichen Aussagen Jesu ein Spannungsverhältnis besteht, dass sie sich zu widersprechen scheinen. Derselbe Mensch, der die Sanftmütigen preist, hat von sich auch gesagt, dass er nicht gekommen ist, um Frieden zu bringen, sondern das Schwert. Seine eigene Familie hat er schroff zurechtgewiesen. Gegenüber der jüdischen Oberschicht – Schriftgelehrten, Pharisäern, dem Hohen Rat – verhielt er sich häufig barsch, angriffslustig, ja geradezu aggressiv. Und er, der gesagt hat, man solle nicht über andere richten, richtet dauernd über die Pharisäer und droht mit dem Weltgericht. Wie passt das zusammen? Zunächst: Wenn Jesus sagt, er bringe das Schwert, dann meint er nicht die Waffe aus Metall, sondern das Schwert als Metapher, als Instrument, die Geister zu scheiden. Und tatsächlich scheiden sich ja an ihm die Geister bis heute.

Als Jesus in die Geschichte eintrat und sah, dass Israel nicht das Volk Gottes ist, das Gott gebraucht hätte, um die Welt zu verändern, hat Jesus das ausgesprochen. Die bloße Beschreibung dessen, was ist, ruft dann immer und überall, damals wie heute, jene auf den Plan, die mit den bestehenden Zuständen höchst einverstanden sind, weil sie von den Zuständen profitieren, weil sie durch die Zustände in privilegierte Stellungen gekommen sind und bereit sind, diese, ihre Privilegien, mit Zähnen und Klauen zu verteidigen.

So war es auch in Israel zur Zeit Jesu. Dort hatte die jüdische Oberschicht früh erkannt, dass es ihnen an den Kragen gehen würde und sie mit Entmachtung und Enteignung zu rechnen hätten, wenn dieser Jesus das Sagen bekäme im Land. Man muss sich nur erinnern, was Lukas gleich im ersten Kapitel als »Marias Loblied« wiedergibt. Das hat die schwangere Maria gesungen, als sie ihre Verwandte Elisabeth besucht hatte. Darin heißt es: *»Er stößt die Gewaltigen vom Thron und erhebt die Niedrigen. Die Hungrigen füllt er mit Gütern und lässt die Reichen leer ausgehen.«*

Das ist kein »Lobgesang«, das ist ein Revolutionslied. Und damit lässt Lukas sein Evangelium beginnen!

So war es unvermeidlich, dass Jesus in Konflikt mit den herrschenden Mächten geriet, mit den Pharisäern, den Schriftgelehrten, dem Hohen Rat, den Hohepriestern, König Herodes, mit der römischen Besatzungsmacht und außerdem noch mit Gruppierungen wie den Zeloten, die einer anderen Reich-Gottes-Vorstellung anhingen als Jesus. All diesen Gruppen hatte Jesus seinen Widerstand entgegengesetzt, gewaltlos zwar, aber unvermeidlich. Es ging gar nicht anders.

Er musste diesen Konflikt ausfechten, um den ursprünglichen Auftrag des Gottesvolks wiederherzustellen. So machte er sich praktisch die gesamte jüdische Oberschicht zum Feind. Er hat sie nicht gehasst. Er hat ihnen nur in aller Härte deren eigene Verhärtungen vorgehalten, sie wegen ihrer versteinerten Herzen angeklagt. Ohne Hass, eher mit Trauer. Aber dafür wurde er von ihnen gehasst, denn mit seiner Anklage gefährdete er ihre Posten und Pöstchen, ihr Ansehen und ihr Einkommen. Sie mussten sehen, wie sie diesen Unruhestifter wieder loswerden konnten.

Schon zu Beginn des dritten Markuskapitels lesen wir daher, dass die Pharisäer Mordpläne schmiedeten.

Jesu Ende zeichnete sich also schon früh ab. Einem wachen Geist wie ihm blieb das natürlich nicht verborgen. Er war bereit, diesen Weg zu gehen, bis zum bitteren Ende. Um der Sache Gottes willen.

JESUS GEHT IN DIE HAUPTSTADT – DER ANFANG VON SEINEM ENDE

Ein sanftmütiger König reitet auf einem Eselsfohlen in Jerusalem ein

1› Jesus ist geboren und aufgewachsen in der Provinz, in einem Kaff namens Nazaret. Gepredigt hat er dann längere Zeit in der Provinz Galiläa. Aber er wusste: Wer etwas verändern will, muss sich irgendwann in die Hauptstadt begeben, ins Zentrum der Macht, in die Höhle des Löwen.

› Eines Tages ist es so weit. Er marschiert mit seinen Jüngern aus Galiläa nach Jerusalem. Es ist klar, dass die Evangelisten aus solch einem bedeutsamen Schritt wieder eine sehr theologische Geschichte konstruieren.

› Als die Zwölf mit ihrem Meister bei Bethanien am Ölberg angekommen sind, so erzählen die Evangelisten nun, sendet Jesus zwei seiner Jünger in das vor ihnen liegende Dorf und sagt ihnen: Wenn ihr hineinkommt, werdet ihr einen jungen Esel angebunden finden, auf dem noch nie ein Mensch gesessen hat. Bindet ihn los und bringt ihn mir. Falls euch jemand fragt, was ihr da tut, antwortet einfach: Der Herr braucht es, aber er wird das Tier bald wieder zurückbringen.«

› Also gehen die zwei los, kommen ins Dorf, finden tatsächlich das Eselskind angebunden an einer Tür, binden es los, werden gesehen und gefragt, was sie da tun. Und antworten, was Jesus ihnen aufgetragen hatte. Damit geben sich die Leute zufrieden.

› Sie bringen den Esel zu Jesus, legen ihre Kleider darauf, er reitet auf dem Esel in Jerusalem ein. Sein Gefolge, das ihm voran- und hinterhergeht und mit ihm in Jerusalem einzieht, ruft: »Hosianna! Gelobt sei, der da kommt in dem Namen des Herrn! Gelobt sei das Reich unseres Vaters David, das da kommt! Hosianna in der Höhe!«

› Und eine sehr große Menge breitet ihre Kleider auf den Weg. Andere streuen Palmzweige auf den Weg.

› Als Jesus so in Jerusalem einzog, war die Aufregung in der ganzen Stadt groß. Viele fragten sich: »Wer ist der?« Und die Leute aus dem Gefolge sagten: »Das ist der Prophet Jesus aus Nazaret in Galiläa.«

› So steht es bei Markus, Matthäus, Lukas, Johannes. Aber bei Matthäus lesen wir außerdem, warum die Geschichte so und nicht anders erzählt werden muss. Weil es nämlich so in der Tora längst angekündigt war. Beim Propheten Sacharja lesen wir von einem sanftmütigen König, der auf einem Eselsfohlen reitet.

› Aus dem Ereignis mit den Palmzweigen wurde der Palmsonntag, der letzte Sonntag vor Ostern, mit dem die Karwoche beginnt.

Ein zorniger Gottessohn wirft die Geschäftemacher aus dem Tempel

2 › Kaum war Jesus in Jerusalem angekommen, erregte er auch schon allergrößtes Aufsehen. Er ging in den Tempel, und was sah er? Händler, Geldwechsler und Taubenverkäufer. Sie hatten den Tempel in einen Basar verwandelt.

› Wütend bahnte er sich einen Weg durch die Marktschreier, stieß die Tische der Geldwechsler und die Taubenkäfige um und trieb Händler und Käufer aus dem Tempel hinaus. Und sagte: »Steht nicht geschrieben, mein Haus soll ein Bethaus sein für alle Völker? *Ihr aber habt eine Räuberhöhle daraus gemacht!*«

› Der Vorfall wurde den Hohepriestern und Schriftgelehrten gemeldet. Und was taten sie? Sie berieten sich, wie sie ihn umbringen könnten, denn sie fürchteten sich vor ihm. Weil sie merkten, dass ihm das Volk viel Aufmerksamkeit schenkte und sich wunderte über seine Lehre und seine klare verständliche Sprache. »Er redet nicht wie die Schriftgelehrten«, kommentierten seine Zuhörer.

› Nach dieser Tempelreinigungsaktion kamen Blinde und Lahme zu ihm in den Tempel und er heilte sie. Auch wieder etwas, was die Hohen Herren ängstigte.

› Aber vor allem waren sie wütend über Jesu Tempelaktion, denn der Tempel war ein gutes Geschäft. Er machte die Stadt zum Wallfahrtszentrum und sicherte damit die Einkünfte der Stadt, der Bevölkerung und vor allem der örtlichen Oberschicht – wieder ein Grund mehr, diesen Jesus aus der Welt zu schaffen.

Die Mordpläne gegen Jesus reifen und ein Verräter ist auch zur Stelle

3 › Jesus predigt jetzt in Jerusalem, heilt Kranke und hat viel Zulauf. Die Oberen sehen es mit großer Entrüstung, fühlen ohnmächtige Wut und beraten sich. Im Palast des Hohepriesters, er heißt Kaiphas, versammeln sich die anderen Hohepriester, Schriftgelehrten und Ältesten des Volkes. Sie beschließen: Jesus muss weg. Die Frage ist nur: Wie, wo und wann sollen wir ihn ergreifen? Wer soll es tun? Und wie töten wir ihn? Wie finden wir ihn überhaupt?

› Ihnen war klar: Im Volk ist er beliebt. Wir können ihn nicht einfach töten, schon gar nicht jetzt, kurz vor dem Passahfest, zu dem viele Pilger aus dem ganzen Land in die Stadt strömen. Wenn wir ihn jetzt ergriffen und töteten, gäbe das rasch einen Aufstand. Wir müssen das mit so wenig Aufsehen wie möglich über die Bühne bringen, am besten erst nach dem Fest, wenn die Pilger wieder aus der Stadt sind.

› Ein Problem der Herren, die Frage, wie man Jesus finden kann, löste sich von selbst. Sie erhielten Besuch. Von Judas Iskariot, einem der Zwölf. Er fragte: »Was bietet ihr mir, wenn ich euch sage, wo ihr ihn findet und wann eine günstige Gelegenheit ist, ihn gefangen zu nehmen?«

› Sie boten dreißig Silberlinge.

› Er nahm sie. Ging zurück zu Jesus und den anderen Jüngern und wartete auf eine günstige Gelegenheit.

Das letzte Abendmahl

4 › Jesus ahnt früh, dass er aus dem Konflikt mit der Obrigkeit kaum lebend herauskommen wird. Er kennt deren elementare Interessen. Er spürt deren Hass. Er kann sich zusammenreimen, was sie im Schilde führen, und macht im Kreis seiner Jünger mehrmals Andeutungen und Anspielungen auf seinen bald bevorstehenden Tod. Die verstehen es nicht. Sie haben noch nicht das wache Bewusstsein für das, was sich unsichtbar über ihnen zusammenbraut. Sie verstehen es auch noch nicht bei ihrer letzten Zusammenkunft mit Jesus, beim letzten gemeinsamen Mahl.

› Es ist Passah, das Fest, an dem Israel seiner Befreiung aus Ägypten gedenkt. Da werden, wie Gott es ihnen damals geheißen hatte, überall im Land Lämmer geschlachtet und in den Großfamilien gegessen. Jesus wird das Fest nicht mit seiner alten leiblichen Familie feiern, sondern mit seiner neuen, allerdings im engsten Kreis, und das heißt: im Kreis seiner zwölf Jünger.

› Da keiner von ihnen mehr etwas besitzt, kein Haus, kein Geld für ein Lamm, nichts, fragen sie ihn: »Wo sollen wir feiern?«

› Jesus schickt zwei von ihnen in die Stadt und sagt: »Euch wird ein Mensch begegnen, der trägt einen Krug mit Wasser, dem folgt. Er führt euch in ein Haus und dort fragt den Hausherrn nach einem Platz für uns. Er wird euch einen geräumigen schönen Saal zeigen, dort werden wir feiern.«

› Es steht nicht in den Texten, aber man kann vermuten: Jesus hat geahnt, dass dies wohl sein letztes Passahfest sein wird, das er mit seinen Getreuen feiern kann. Er hat daher schon rechtzeitig Vorkehrungen getroffen, hat einen seiner Unterstützer gebeten, ihm einen schönen Raum herzurichten und für Essen und Getränke zu sorgen, denn er wollte, dass es ein würdiger, bedeutsamer Abschied wird.

› Dann wird es Abend. Sie kommen zusammen in dem festlich hergerichteten Raum. Sie beginnen mit dem Essen. Jesus muss unterdessen Wind davon bekommen haben, dass Judas ihn verraten hat. Der Abend wird also noch trauriger, als er eh schon erwartet hatte.

› Er erspart seinen Jüngern die bittere Wahrheit nicht und sagt ihnen, dass ein Verräter mit am Tisch sitzt.

› Sie reagieren merkwürdig. Statt entsetzt zu fragen, wer der Verräter sei, fragt einer nach dem anderen traurig und betroffen: »Bin ich's?«

› Warum fragen sie so? Jeder, der ihn nicht verraten hat, musste doch wissen, dass er's nicht war. Offenbar hatten sie zu dem Zeitpunkt noch nicht begriffen, dass Jesus das mit dem Verrat ganz wörtlich gemeint hat, während sie vermutlich noch dachten, mit »Verrat« meine er so etwas wie: wird mich verlassen, wird mir nicht mehr glauben, wird schlecht über mich reden bei den Leuten.

› Die Sache wird an jenem Abend nicht mehr geklärt. Jesus wiederholt nur, es sei einer aus dem engsten Kreis, einer »von den Zwölfen«.

› Dann konzentriert er sich ganz auf die bedeutsamen Worte, Gesten und Handlungen, die er sich vermutlich vorher schon gründlich überlegt hatte. Er wollte, dass der Abend den Jüngern im Gedächtnis bleibt.

› Und so *nahm er das Brot, dankte und brach's und gab's ihnen und sprach: »Nehmt; das ist mein Leib.« Dann nahm er den Kelch, dankte und gab ihnen den*; und sie tranken alle daraus. Und sagte: *»Das ist mein Blut des Bundes, das für viele vergossen wird.«*

› Diese Worte werden seit Jahrhunderten in den christlichen Kirchen der Welt bei den Gottesdiensten, Messen, Abendmahlsfeiern nachgesprochen. Diese Abendmahlsszene ist während der vergangenen Jahrhunderte mehr als tausendmal gemalt, geschnitzt, in Stein gehauen, besungen, bedichtet und zu musikalischen Meisterwerken verarbeitet worden. Und sie ist tausendfach theologisch erforscht, gedeutet und interpretiert worden, immer wieder anders, immer wieder neu.

› Daher wäre es reine Willkür, sich hier für eine ganz bestimmte Auslegung zu entscheiden und diese zu präsentieren. Es wäre auch nicht der Platz dafür.

› Es genügt vorerst zu wissen: Die Szene gehört zu den Ursprüngen unserer Kultur, ist Teil ihrer zentralen Geschichten, markiert den Anfang von etwas grundlegend Neuem. Die alten Clanstrukturen zählen nicht mehr, die Bedeutung verwandtschaftlicher Beziehungen ist relativiert. Was da um den Abendmahlstisch sitzt, ist eine neue Familie, der Kern einer neuen, klassenlosen Gesellschaft.

› Nach beendetem Mahl stimmten sie den Lobgesang an und gingen hinaus in die Dunkelheit, an den Ölberg. Im Hinausgehen deutet Jesus seinen Jüngern in dunklen Worten an, dass sie ihn alle verlassen werden.

› Worauf Petrus empört erwidert: »Niemals!«

› Jesus antwortet: »Warte es nur ab. Noch in dieser Nacht, bevor der Hahn kräht, wirst du mich dreimal verleugnen.«

› »Nein«, bekräftigt Petrus fest, »selbst wenn ich mit dir sterben müsste, werde ich dich nicht verleugnen. Das Gleiche sagten auch alle anderen Jünger.

Jesus verblüfft seine Jünger, indem er ihnen die Füße wäscht

5 › Jesus hat Kranke geheilt, Tote auferweckt und viele andere Wunder vollbracht, die ihm einen gewissen Ruhm verliehen haben. Soeben ist er unter Hosianna-Rufen auf einem Esel in Jerusalem eingeritten. Dann kam der Tag, an dem er mit seinen Jüngern zum letzten Mal essen und ihnen eröffnen wird, dass einer von ihnen ein Verräter ist.

› Bei dieser Gelegenheit ereignet sich aber auch noch etwas anderes. Nur Johannes erzählt diese Geschichte.

› Danach ist Jesus nach dem Essen plötzlich aufgestanden, hat seine Kleider abgelegt, sich eine Schürze umgebunden und eine große Schüssel mit Wasser gefüllt. Mit dieser Schüssel ging er zu einem Jünger, kniete sich vor ihn hin, wusch dessen Füße und trocknete sie mit den Zipfeln seiner Schürze. Danach ging er zum nächsten und allen weiteren, um dasselbe zu tun.

› Normalerweise ist das die Arbeit von Sklaven. Es ist ungefähr so, als wenn der Chef im Büro plötzlich vor aller Augen das Klo putzen würde.

› Daher waren die Jünger so perplex, ja geradezu schockiert, dass sie es sich wie gelähmt gefallen ließen. Erst als die Reihe an Petrus kam, protestierte dieser lauthals: »Du, mein Herr und Meister, willst mir die Füße waschen? Niemals! Kommt überhaupt nicht infrage!«

› Jesus antwortet ihm wie ein Vater dem Kind: »Ich weiß, du verstehst das jetzt nicht, lass es trotzdem einfach geschehen, du wirst es später verstehen.«

› Petrus zetert weiter und Jesus sagt zu ihm: »Wenn ich dich nicht wasche, kannst du nicht mein Jünger sein.« Was so viel heißt wie: Du hast mal wieder nichts begriffen.

› Nun lässt Petrus es geschehen. Petrus wäre jedoch nicht Petrus, wenn er es einfach wie alle anderen schweigend über sich ergehen ließe. Nein, er muss jetzt mit Nachdruck ein paar Worte sagen, die deutlich machen sollen, dass es in seinem Kopf »klick« gemacht und er nun alles verstanden hat. Allerdings belegen seine Worte das Gegenteil. Er sagt nämlich: »Gut, dann aber nicht nur die Füße, sondern auch die Hände und den Kopf.« Dass er seine Zustimmung jetzt so übertreibt, soll beweisen, wie schnell er verstanden hat und wie sehr er eins ist mit seinem Meister.

› Der ignoriert ihn wortlos, macht weiter mit dem Füßewaschen, und als er fertig ist und sich wieder angezogen hat, sagt er: *»Zu Recht nennt ihr mich euren Herrn und Meister. Aber ihr habt jetzt gesehen, was ein Meister tut. Er herrscht nicht und lässt sich nicht bedienen, sondern dient und bedient die anderen, wäscht ihnen sogar die Füße. So sollt ihr es auch machen.«*

› Verstanden haben das die Jünger tatsächlich erst nach dem Tod ihres Meisters. Bis zum heutigen Tag haben es nur die wenigsten begriffen, denn mit der Fußwaschungsaktion hatte Jesus der natürlichen Ordnung der Dinge und der Welt einen gewaltigen Schlag versetzt. Dieses Füßewaschen könnte man in heutiger Sprache als den Versuch deuten, seine Jünger tief in ihrem Herzen »umzuprogrammieren«.

› Wir Menschen sind Meister im Überleben, hervorgegangen aus einem Millionen Jahre währenden Kampf ums Dasein. In diesem Kampf hat es sich als vorteilhaft erwiesen, Rudel zu bilden und sich einem Rudelführer zu unterstellen, der am stärksten, gerissensten, überlegensten ist und daher die größte Beute macht. Das Rudel sicherte auch den Schwächeren das Überleben, führte aber dazu, dass sich Rangordnungen herausbildeten.

› Der Stärkste durfte als Erster an den Trog, der Schwächste zuletzt. Der Stärkste durfte die Weibchen begatten, der Schwächste kam nicht zum Zug.

› Diese Erfahrung ist uns so in unsere Gene eingebrannt, dass wir ganz von selbst in den Kategorien »überlegen, unterlegen, ebenbürtig« denken. Weil wir so natürlich denken, sind unsere Gesellschaften hierarchisch gegliedert. Ganz oben die Starken, Mächtigen, Wichtigen, Reichen, Intelligenten und Schönen, die hohes »Ansehen« genießen, weil alle auf sie sehen, sich alle an ihnen orientieren. In der Mitte diejenigen, die es nicht geschafft haben nach ganz oben, aber von den Oberen bevorzugt behandelt werden müssen, damit diese Mitte nicht rebellisch wird. Unten das Fußvolk, das die Arbeit macht, keinen Ruhm dafür erntet, gering entlohnt wird. Ganz darunter jene Underdogs, auf die auch das Fußvolk herabschaut, damit es jemanden hat, an dem es sich aufrichten kann.

› In diesen Kategorien haben die Jünger gedacht. In diesen Kategorien wurde später in der Kirche wieder gedacht. In diesen Kategorien wird noch heute gedacht. Wir können gar nicht anders, als heimlich zufrieden zu sein, wenn wir jemanden sehen, der im Rang unter uns steht oder dicker, kleiner, dümmer, ärmer, unbegabter, hässlicher ist als wir selbst. Um uns das so nicht eingestehen zu müssen, bemühen wir uns, nett zu den »Unterlegenen« zu sein, Mitleid zu haben, es ihnen aber nicht zu deutlich zu zeigen.

› Jesus wusste das. Jesus erlebte dieses Denken immer wieder bei seinen eigenen Leuten. Es sprang ihm aus ihren Fragen entgegen: Was wird unser Lohn im Reich Gottes sein? Wo werden wir sitzen? Bei wem? Jesu Predigten von der bevorstehenden Gottesherrschaft erweckten in ihnen Machtfantasien, Siegerträume, Heldenruhmsucht.

› Deswegen immer wieder diese Ermahnung an sie: *Wer unter euch der Erste sein will, der diene allen anderen.* Deswegen die Fußwaschung.

› Sie bedeutet nicht die Aufhebung jeder Hierarchie, sondern ihre Umkehrung. Jesus sagte ja: Zu Recht nennt ihr mich euren Meister.

› Aber das ist er, weil er sich ihnen gegenüber verhält, als wäre er ihr geringster Diener. Und er wird es, weil er schon bald die größte Last schultern wird, die man sich denken kann: das Kreuz.

› Darum gibt er ihnen jetzt bei diesem letzten Abendmahl das, was ihm am wichtigsten ist, mit auf den Weg: Seht her, sagte Jesus, so wie ich mit euch umgehe, so sollt ihr untereinander und mit den anderen Menschen umgehen. Lieben sollt ihr, statt Bewunderung einzufordern. Nah sollt ihr einander sein, statt durch Oben und Unten Distanzen aufzubauen. Aufhören sollt ihr damit, euch und alle anderen in das Schema überlegen-unterlegen-ebenbürtig zu pressen. Sprengt es endlich, dieses Schema, das die Ursache für so viel Neid, Missgunst, üble Nachrede, Verhängnisse und Katastrophen ist. Wascht einander die Füße.

› Es ist gegen unsere Natur, so zu denken und zu handeln. Aber wenn wir wollen, dass diese Welt heil wird, haben wir keine andere Wahl, als diese Natur in uns zu überwinden.

› Ritualisiert lebt dieser Gedanke fort in der Gründonnerstagszeremonie des Papstes. An jedem Gründonnerstag wäscht der Papst normalen Menschen die Füße und küsst diese. Der jetzige Papst macht das bevorzugt in Gefängnissen mit den Füßen von Häftlingen.

› Es ist ein Ritual, ein Symbol, noch nicht Realität geworden. Aber es vermittelt eine Ahnung davon, wie es sein könnte, wenn es Realität würde.

› Es zu realisieren, liegt nicht in unserer Kraft. Nur in der Gemeinschaft von Glaubenden kann Gott so etwas gelingen lassen, lehrt die Bibel. Dort, wo es gelingt, ist das Reich Gottes, und wie es dort zugeht, davon vermittelt die Geschichte von der Fußwaschung eine Ahnung.

Im Garten Getsemani

6 › Jesus und seine Jünger haben das letzte Mal miteinander gegessen und getrunken. Seinen Jüngern wurden von Jesus die Füße gewaschen. Danach verlassen sie das Haus, gehen zum Ölberg und ziehen weiter in einen Garten namens Getsemani. Schon dort beginnen sich Jesu Prophezeiungen von der Schwachheit seiner Jünger zu erfüllen.

› »Setzt euch hierher«, sagt er zu ihnen, »ich gehe dorthin und bete.« Petrus und die zwei Söhne des Zebedäus nahm er mit sich und begann zu beten. Und zu zagen. Todesangst steigt allmählich in ihm hoch. »Ich bin zu Tode betrübt«, sagt er zu den dreien, »bitte bleibt hier und wacht mit mir.«

› Er selbst geht noch ein wenig weiter, fällt nieder und betet: »Mein Vater, ich bitte dich, lass diesen Kelch an mir vorübergehen. Doch nicht, was ich will, sondern was du willst, soll geschehen.« Jesus will nicht sterben, aber ahnt, dass es sein muss, und er verspricht, sich Gottes Willen zu fügen.

› Dann geht er zurück zu den dreien und findet sie schlafend. Und sagt zu Petrus: »Konntet ihr denn nicht eine Stunde mit mir wachen?«

› Ein zweites Mal entfernt er sich

von ihnen, bittet Gott noch einmal um sein Leben, erklärt noch einmal, dass er sich seinem Willen beugen werde, kehrt wieder zurück zu den dreien und findet sie schlafend. Dasselbe wiederholt sich ein drittes Mal.

› Dann erblickt er Judas. Mit bewaffneten Männern, einer Polizeitruppe des Hohepriesters, kommt er heran und sagt jetzt zu einem der Polizisten: »Der, den ich küssen werde, der ist es.«

› Und so geht er jetzt auf Jesus zu, grüßt ihn und küsst ihn.

› Jesus schaut ihn an und sagt: »So weit ist es mit dir gekommen?«

› Nach diesem Judaskuss rückt der Polizeitrupp an, ergreift Jesus, fesselt ihn, verhaftet ihn.

› In dem Moment zieht Petrus sein Schwert und haut Malchus, einem der Polizisten, dessen rechtes Ohr ab. Tadelnd sagt Jesus zu ihm, er solle sein Schwert wegstecken. Jesus will gewaltlos bleiben bis zuletzt. Bei Lukas heißt es noch, Jesus habe seine Hand an Malchus abgehauenes Ohr gelegt und geheilt.

› Die Polizisten führen Jesus ab.

› In diesem Moment machen sich die Jünger entsetzt aus dem Staub und verstecken sich, denn sie haben plötzlich Angst, dass auch sie noch verhaftet würden. Nur einer, Petrus, folgt im gehörigen Abstand unauffällig der Polizistentruppe, um zu sehen, wohin sie Jesus bringen würden.

Vor dem jüdischen Gericht

7 › Sie bringen Jesus zum Hohepriester Kaiphas. Man muss dazu wissen, dass Hohepriester nicht nur Priester- und Tempeldienste versahen in Israel, sondern auch weltliche Angelegenheiten regelten, wie eben zum Beispiel auch Polizei- und Justizaufgaben.

› Von Kaiphas weiß man, dass er sich außergewöhnlich lange an der Macht halten konnte, nämlich von 18–37 nach Christus. Das lässt den Schluss zu, dass es sich bei ihm um einen sehr gerissenen, wendigen, mit allen Wassern gewaschenen Politprofi gehandelt haben muss, mit einem mächtigen Clan und einer starken Hausmacht im Rücken. Er hätte viel zu verlieren gehabt, wenn Jesus tatsächlich, wie Kaiphas es ihm unterstellte, das Volk gegen ihn aufgewiegelt und entmachtet hätte. Er hatte offenbar nie verstanden, dass Jesus so etwas gar nicht im Sinn hatte.

› Dieser Kaiphas leitet nun also die Nachtsitzung, in der Jesus angeklagt und vernommen wird. Anwesend sind praktisch alle Vertreter der jüdischen Oberschicht, ehemalige Hohepriester, Schriftgelehrte, Pharisäer und sonstige Privilegierte, die ganze Truppe derer, die sich Jesus zu Feinden gemacht hatte.

› Die machten Jesus nun den Prozess. Sie wollten ihn nicht einfach umbringen, sondern ihm schlimmste Vergehen beweisen, damit sie ihn ganz legal aus dem Weg räumen können. Alle Machthaber machen das so, wenn sie ihre Feinde vernichten wollen. Es muss zumindest den Anschein von Legalität haben.

› Sie begannen, verschiedene Zeugen zu vernehmen und merkten: Einer widerspricht dem anderen. Daraus ließ sich nichts Verwertbares konstruieren.

› Also verhörten sie jetzt Jesus selbst und fragten ihn als Erstes, was er zu den gegen ihn erhobenen Vorwürfen und Zeugenaussagen antworte. Jesus schwieg.

› Daher fragte der Hohepriester jetzt ganz direkt: »Bist du Christus, der Sohn Gottes?«

› Was genau Jesus darauf antwortet, lässt sich bis heute nicht mit Sicherheit sagen, denn nun widersprechen sich auch die Evangelisten und sogar die verschiedenen Bibelübersetzungen.

› Es war ja auch niemand von Jesu Anhängern dabei. Sie selbst konnten es also gar nicht wissen. Daher ist unter Theologen bis heute umstritten, ob Jesus für sich selbst reklamiert hat, der Messias und Gottes Sohn zu sein. Die Unsicherheit über Jesu Hoheitstitel und sein Selbstverständnis zieht sich durch alle vier Evangelien. Messias, Menschensohn, Gottessohn, König der Juden – mal sind das Titel, die ihm von anderen zugesprochen werden, mal hat es den Anschein, dass er selbst sie auf sich anwendet, dann wieder verlangt er von seinen Jüngern, diese Zuschreibungen geheim zu halten. Das ist der Grund, warum die Theologen bis heute vom »Messiasgeheimnis« sprechen.

› Einigkeit jedoch herrschte im hohen Rat des Kaiphas. Der brauchte, um Jesus legal in den Tod befördern zu können von ihm die Aussage: Ja, ich bin Gottes Sohn. Wenn Jesus ihm den Gefallen nicht getan haben sollte, dann wurde seine Aussage von den Juristen des Kaiphas eben so zurechtgebogen, dass sie passte und man daher sagen konnte: Er hat Gott gelästert – in Israel ein handfestes Verbrechen, das mit dem Tod zu ahnden ist.

› Die Todesstrafe zu vollstrecken, stand den Juden aber nicht zu. Das durften nur die Römer. Daher führten sie Jesus nun zum Statthalter des römischen Kaisers, zu Pontius Pilatus.

… da krähte der Hahn

8 › Von Petrus muss noch erzählt werden, bevor wir der Verhandlung bei Pilatus folgen. Petrus war den Polizisten nachgegangen und steht nun unter vielen anderen Leuten, hauptsächlich Knechten, Mägden und Beamten des Hohepriesters, in dessen Hof. Dort wärmt Petrus sich an einem Feuer die Hände und will sehen, wie es weitergeht, wann sie Jesus wieder herausführen und wohin.

› Aber da kommt plötzlich eine von den Mägden des Hohepriesters auf ihn zu, betrachtet ihn aufmerksam und sagt auf einmal: »Du bist doch einer von den Anhängern dieses Jesus von Nazaret.«

› Petrus aber verneint das. Vorsichtshalber verlässt er das Feuer und geht hinaus in die Torhalle. Dort sieht ihn eine andere und sagt in Hörweite zu Petrus zu den Umstehenden: »Der dort ist doch auch einer von denen, die zu diesem Jesus von Nazaret gehören.«

› Wieder widerspricht Petrus und schwört: »Ich kenne den Menschen nicht.«

› Nach einer kleinen Weile kommen mehrere Leute auf ihn zu und sagen zu Petrus: »Doch, wirklich, du bist einer von denen, das kann man hören, denn deine Sprache verrät dich.« Offenbar sprach man in Galiläa, wo Petrus herkommt, ein wenig anders als in Jerusalem.

› Abermals schwört er, dass er diesen Menschen nicht kenne. Und da kräht der Hahn.

› Jetzt erinnert sich Petrus an das Wort, das Jesus an jenem Abend zu ihm gesagt hatte: »Noch in dieser Nacht, bevor der Hahn kräht, wirst du mich dreimal verleugnen.« Und Petrus geht hinaus und weint bitterlich.

› An diese Geschichte erinnert der Hahn auf den Kirchtürmen – man könnte ihn also als Mahnmal für Aufrichtigkeit interpretieren. Abgesehen davon sitzt er meistens beweglich auf der Kirchturmspitze und dreht sich daher praktischerweise mit dem Wind, zeigt also die Windrichtung an und dient als Wetterhahn.

› Daher sagt man über einen Menschen, auf den kein Verlass ist: Der dreht sich wie der Hahn im Wind.

Vor dem römischen Gericht

9› Die Polizisten, begleitet von einer sensationslüsternen Volksmenge, und angeführt von einer Delegation hoher jüdischer Funktionäre, bringen Jesus zum römischen Statthalter Pontius Pilatus und fordern die Todesstrafe. Wie sie das begründeten, wie Pilatus reagierte, wie sich Jesus verhielt, und was er sagte, darüber berichten die Evangelisten wieder sehr verschieden, zum Teil auch sehr wortkarg. Auch bei Pilatus war ja kein Anhänger von Jesus dabei.

› Man muss vermuten: Den Vorwurf der »Gotteslästerung« haben sie vor Pilatus wohl kaum erhoben, und wenn doch, dann nur als Nebenvorwurf, denn die religiösen Querelen der Juden interessieren einen römischen Statthalter nicht. Wegen so etwas wird er schwerlich einen Angeklagten zum Tode verurteilen. Also werden sich die Hohen Herren etwas anderes ausgedacht haben: Volksverhetzung zum Beispiel, Aufruhr gegen den römischen Kaiser, Sympathien mit den Zeloten. Der Begriff Volksverhetzung fällt auch bei einigen Evangelisten, und einer spricht auch davon, dass wahrheitswidrig behauptet wurde, Jesus habe das Volk angestachelt, keine Steuern mehr an den Kaiser zu zahlen.

› Bei solchen Vorwürfen musste

Pilatus hellhörig werden. Aber hatten die Ankläger Beweise, Zeugen? Anscheinend nicht, und wenn doch, dann wenig überzeugende, denn aus allen vier Evangelien kann man herauslesen: Pilatus tat sich schwer, in Jesus einen Schwerverbrecher zu sehen, der den Tod verdient hatte. Er ahnte, dass sich die jüdischen Ankläger von niedrigen Motiven leiten ließen. Er durchschaute, dass er nur dazu benutzt werden sollte, bei der Beseitigung eines missliebigen Galiläers behilflich zu sein. Die vorgebrachten Beweise erschienen ihm so dürftig, dass er sagte: *»Ich finde keine Schuld an diesem Menschen.«*

› Daher besinnt er sich auf den Brauch, dass der Statthalter zum Passahfest einen verurteilten Kriminellen begnadigt und fragt die Ankläger, ob sie damit einverstanden wären, wenn er Jesus ein paar Peitschenhiebe verpassen und ihn danach freiließe. Zu seinem Erstaunen lehnten sie das ab und sagten: dann lieber Barabbas. Der war laut Johannes ein Räuber, laut Lukas sogar ein Mörder.

› Pilatus versuchte noch, sie umzustimmen. Erfolglos. Sie schrien: *»Kreuzige! Kreuzige ihn!«*

› Ein drittes Mal widersetzt sich Pilatus der Forderung und fragt: *»Was hat er denn Böses getan?* Ich habe keine Schuld an ihm gefunden, die den Tod verdient. Ich will ihn auspeitschen und dann laufen lassen.«

› Nein, schrien sie, wir wollen seinen Tod. Er muss gekreuzigt werden. Sie schrien immer lauter, die ganze Volksmenge rief jetzt: »Kreuzige ihn!«

› Da gab Pilatus nach. Er wollte keine Unruhen in der Stadt und wegen dieses Jesus keine Scherereien mit seinen Vorgesetzten in Rom. Also ließ er Barabbas laufen, und Jesus verurteilte er zum Tode. Dann nahm er Wasser und »wusch seine Hände in Unschuld«, wie man bis zum heutigen Tag sagt, wenn sich einer von seiner Verantwortung freisprechen will.

Das Ende des Judas

10› Als Judas sah, dass Jesus zum Tode verurteilt worden war, bereute er seinen Verrat. Sein schlechtes Gewissen trieb ihn dazu, die dreißig Silberlinge den Hohepriestern und Ältesten zurückzugeben.

› Er ging zu ihnen hin und sagte: »Hier gebe ich euch euer Geld zurück. Ich will es nicht mehr. Ich habe einen Unschuldigen verraten.«

› Die Hohen Herren aber weigerten sich, das Blutgeld zurückzunehmen, daher warf Judas es in den Tempel. Danach zog er sich zurück und erhängte sich.

› Was tun mit dem Geld? Die Hohepriester erkannten sehr wohl, dass sie das schmutzige Geld nicht zum Tempelschatz hinzufügen konnten. Daher beschlossen sie, von dem Geld einen Acker zu kaufen, um daraus einen Friedhof für Fremde zu machen. Daher heißt dieser von Blutgeld gekaufte Fremden-Friedhof »Blutacker«.

› Anders erzählt es die Apostelgeschichte. Dort liest man, Judas habe sich von dem Geld einen Acker gekauft. Und als er darüber ging, stürzte er, sein Körper barst mitten entzwei, seine Eingeweide quollen hervor. Und deshalb wurde dieser Acker »Blutacker« genannt.

Das Leiden und die Qualen beginnen

11 › Nachdem Pilatus sein opportunistisches Todesurteil gesprochen hatte, übergab er Jesus den römischen Soldaten. Ihre Aufgabe war es nun, den Verurteilten zur Hinrichtungsstätte zu bringen, ihn dort ans Kreuz zu nageln und qualvoll sterben zu lassen. Aber das genügte ihnen nicht. Sie lebten nun straffrei ihre perverse Lust am Foltern, Quälen, Verhöhnen und Verspotten aus. Sie streiften ihm einen Purpurmantel über, flochten ihm eine Dornenkrone, und drückten sie ihm so heftig auf den Kopf, dass die Dornen sich in seine Haut bohrten und sein Haupt innerhalb kürzester Zeit blutüberströmt war. Sie verhöhnten und verspotteten ihn, indem sie theatralisch vor ihm auf die Knie gingen und grinsend und lachend riefen: »Gegrüßet seist du, der Juden König!« Dabei spuckten sie ihm ins Gesicht und schlugen ihn mit Stöcken. Und sie geißelten ihn mit Riemen, in denen spitze Knochen- und Metallstücke steckten. Als Pilatus sieht, wie sie den am ganzen Körper blutenden Jesus herausführen, im Purpurmantel gekleidet, mit der Dornenkrone auf dem Kopf, sagt er: *»Seht, welch ein Mensch.«* Er sieht einen Menschen, der all die Demütigungen, Schmerzen, Qualen erleiden musste, die schon vor ihm unzählige Millionen Opfer erlitten hatten und nach ihm erleiden mussten bis auf den heutigen Tag. Und das Unerträgliche daran ist, dass es später auch Christen waren, die sich mit derselben Grausamkeit an ihren Opfern vergingen bis in die jüngste Zeit, und oft sogar in Jesu Christi Namen.

› Aber eines ist anders seitdem. Seit Gottes eigener Sohn dieses Leiden auf sich genommen hat, können die Herrscher dieser Welt ihre Gegner quälen, foltern, demütigen und ihnen das Leben nehmen, aber eines können sie ihnen nicht mehr nehmen: ihre Würde. Wann immer und wo immer ein Folterknecht von seinem Opfer angesehen wird, ist es Jesus, der ihn anblickt. Und es ist Jesus, der mit dem Leidenden ist und an seiner Seite steht. Er schützt ihre Würde bis in den Tod und darüber hinaus, egal, was die Gewaltherrscher und Handlanger sich an Grausamkeit und Gemeinheit einfallen lassen.

Kreuzigung und Tod

12 › Irgendwann hatten Jesu Peiniger genug und die Lust verloren, ihn weiter zu quälen. Daher zogen sie ihm den Purpurmantel aus und seine Kleider zogen sie ihm wieder an. Nun machen sie sich mit Jesus auf den Weg nach Golgota, der Hinrichtungsstätte.

› Unterwegs zwangen sie einen aus der Menge, Simon von Kyrene, das Kreuz zu tragen, nur Johannes erzählt, dass Jesus sein Kreuz selbst trug. Oben angekommen, entkleiden sie Jesus, nageln ihn ans Kreuz und stellen es auf. Sein Martyrium, das sich über viele Stunden hinzog, beginnt, denn man stirbt langsam am Kreuz. Mit ihm werden auch zwei andere gekreuzigt, sodass drei Kreuze auf Golgota in den Himmel ragten, Jesus in der Mitte, je ein Krimineller links und rechts. An Jesu Kreuz brachten sie oben ein Schild an mit der Inschrift: »Jesus von Nazaret. König der Juden« – auch das eine Geste der Verspottung, unterstrichen durch die Mitkreuzigung zweier Verbrecher, die den »Thronrat« symbolisierten, ohne den kein Herrscher auftritt.

› Während die Soldaten seine Kleider verlosen, kommen wieder die Verhöhner und Spötter und rufen: »Hilf dir doch selber, wenn du Gottes Sohn bist, und steig herab vom Kreuz!«

› Auch die Hohepriester, Schriftgelehrten und Ältesten stimmen ein in das Gespött und sagen: »Anderen hat er angeblich geholfen, aber sich selbst kann er nicht helfen. Steig herab vom Kreuz, wenn du der Sohn Gottes bist, dann wollen wir an dich glauben.«

› Sogar einer der Räuber lästert und spottet. Der wird jedoch von dem anderen zurechtgewiesen: »Wir sind zu Recht verurteilt worden, dieser aber hat nichts Unrechtes getan.« Und er sagt zu Jesus: »Denke an mich, wenn du in dein Reich kommst!«

› Jesus antwortet: »Noch heute wirst du mit mir im Paradies sein.«

› Danach wird es finster und Jesus schreit: *»Mein Gott, mein Gott, warum hast du mich verlassen?«* Das waren seine letzten Worte in der Markus- und Matthäus-Version, ehe er starb.

› Bei Lukas hat er zuerst über seine Spötter und Marterer gesagt: *»Vater, vergib ihnen; denn sie wissen nicht, was sie tun!«* Und die letzten Worte vor seinem Tod lauteten: *»Vater, ich befehle meinen Geist in deine Hände!«*

› Bei Johannes ruft er vom Kreuz: »Mich dürstet!« Jemand scheint sich zu erbarmen und führt mithilfe einer Stange einen in Essig getränkten Schwamm an den Mund Jesu. Es kann aber auch sein, dass das geschah, um Jesus zu erfrischen, damit er nicht vorzeitig stirbt, sondern noch länger leidet. Die Evangelisten halten sich mit der Beschreibung der Qualen diskret zurück, teilen nur mit: Als er von dem Essig getrunken hatte, sagte er, *»es ist vollbracht«*. Sein Kopf fiel zur Seite. Jesus war tot.

› In diesem Moment reißt im Tempel der Vorhang entzwei (bei Markus und Matthäus), die Erde bebt, die Felsen zerreißen, die Gräber tun sich auf (nur bei Matthäus). Da erschraken die Menschen und mit ihnen die römischen Soldaten und deren Hauptmann, der nun ausruft: »Wirklich, dieser Jesus muss Gottes Sohn gewesen sein!«

› Bleibt die Frage: Wo waren eigentlich seine Jünger? Nicht da. Sie hatten sich schon im Garten Getsemani aus dem Staub gemacht und sich voller Angst verkrochen und versteckt.

› Starb also Jesus in völliger Einsamkeit, gottverlassen und menschenverlassen? Nicht ganz. Die Frauen waren da, viele, unter ihnen Maria Magdalena und Maria, die Mutter des Jakobus, eine Frau namens Salome, und etliche, die ihm gedient hatten und ihm nachgefolgt waren in Galiläa (bei Markus). Sie haben von ferne zugesehen. Bei Matthäus waren unter den vielen Frauen Maria Magdalena und Maria, die Mutter des Jakobus und die Mutter der Söhne des Zebedäus.

› Anders erzählt es Johannes. Da standen direkt unter dem Kreuz seine Mutter Maria und deren Schwester, Maria Magdalena, und noch eine Maria, die als Frau des Klopas vorgestellt wird. Und: der »Jünger, den Jesus lieb hatte« und den es nur bei Johannes gibt. An sie, die engsten Angehörigen unter dem Kreuz, richtete Jesus seine letzten Worte. Er wünschte, dass seine Mutter Maria den Lieblingsjünger Johannes als ihren Sohn annehme. Maria erfüllte ihm den Wunsch und nahm Johannes zu sich.

Jesus erhält ein würdiges Begräbnis

13 › Eine Kreuzigung galt im gesamten Römischen Reich als die größtmögliche Schande, die einem Menschen widerfahren konnte. Sie durfte daher auch nur über Sklaven und Nichtrömer verhängt werden. Und ein normales, anständiges Begräbnis auf einem Friedhof wurde den Gekreuzigten verweigert. Entweder wurden sie verscharrt, oder man ließ sie am Kreuz hängen und verwesen, wo sie Vögeln und wilden Tieren als Nahrung dienten.

› Josef von Arimathäa, ein wohlhabender Sympathisant Jesu, sorgt dafür, dass dem Leichnam Jesu so etwas erspart bleibt. Er geht zu Pilatus und bittet ihn, die Leiche vom Kreuz nehmen und begraben zu dürfen. Pilatus erlaubt es ihm. Also kauft er für Jesus Leintuch, in das er den Leichnam wickelt und auch ein Felsengrab. In das legt er die Leiche und verschließt es mit einem schweren Stein.

› Johannes erzählt, dass auch Nikodemus, ein heimlicher Anhänger, dazukam und half, Jesus zu begraben. Er hat wohlriechende Kräuter, Öle und Salben gekauft und die Leintücher damit getränkt.

› Zugeschaut haben, dem Grab gegenüber, Maria Magdalena und »die andere Maria« (laut Markus und Matthäus). Auch bei Lukas sahen

Frauen zu, werden aber nicht namentlich genannt. Johannes weiß nichts von den Frauen.

› Und die Männer? Sind noch immer abgetaucht. Vermutlich haben sie sich nicht nur aus Angst versteckt, sondern auch aus Verzweiflung und Enttäuschung über die Ereignisse verkrochen.

› Sie hatten Jesus nie so ganz verstanden. Das ging aus ihren Fragen hervor, die sie sich untereinander gestellt, aber immer wieder auch an Jesus gerichtet hatten, zum Beispiel in der Anfangszeit mit ihm: Sie waren ohne Jesus unterwegs auf dem Weg nach Kafernaum. Als sie dort auf ihn trafen, merkte Jesus, dass sie merkwürdig still waren. Offenbar hatten sie sich gestritten. Daher fragte er sie: »Was ist? Warum seid ihr so still? Was habt ihr unterwegs besprochen?«

› Sie schwiegen, denn sie hatten sich gezankt, wer der Größte unter ihnen sei. Jesus errät das und sagt deshalb, was er künftig noch öfter sagen wird, weil sie es einfach nicht kapieren: Wer der Erste sein will, soll der Letzte sein von allen und aller Diener.

› Ein andermal fragten sie ihn direkt: »Wer wird der Größte sein im Himmelreich?« Da rief Jesus ein Kind zu sich, stellte es in ihre Mitte und sagte ihnen: »Solche Kinder wie diese werden die Größten sein, und wenn ihr nicht umkehrt und werdet wie die Kinder, werdet ihr gar nicht erst hineinkommen in dieses Reich.«

› Sie hatten es wieder nicht verstanden, denn während einer seiner öffentlichen Predigten wurden Kinder zu ihm gebracht, damit er sie segne. Die Jünger aber gingen dazwischen und wollten die Kinder verscheuchen. Da sagte Jesus den unvergesslichen Satz: »*Lasst die Kinder zu mir kommen und wehret ihnen nicht, denn ihnen gehört das Himmelreich.*«

› Die Jünger dachten noch in jenen alttestamentlichen Kategorien von Lohn und Strafe, die schon im Buch Hiob überwunden worden waren. Daher sagten sie eines Tages zu Jesus: »Schau, wir haben alles verlassen und aufgegeben, um dir nachzufolgen. Was werden wir davon haben? Was wird unser Lohn sein?«

› Da scheint Jesus ein Lohnversprechen abzugeben, denn er sagt: »Wer um des Evangeliums willen Haus, Brüder, Schwestern, Mutter, Vater, Kinder und Äcker verlässt, wird alles hundertfach zurückbekommen.« Fügt aber wieder den Satz hinzu: »Die Letzten werden die Ersten sein und umgekehrt.«

› Bis zuletzt verstehen die Jünger nicht, was dieser Satz bedeutet und was Jesus damit sagen will, nämlich: Erst dann, wenn jeder bereit ist, sich zurückzunehmen, an den anderen zu denken statt an sich zuerst, den anderen zu dienen, statt um seinen Rang, seine Stellung und seinen Status zu kämpfen, erst dann wird es sich auszahlen, denn dann entsteht die neue Gesellschaft, die neue Familie, in der alle einander Brüder, Schwestern, Mütter, Väter sind und allen alles gehört, was jeder als seinen Besitz in die Gemeinschaft einbringt.

› Die Jünger aber waren besessen von den politischen Vorstellungen der damaligen Zeit. Daher hatten sie erwartet, dass sich ihr Meister als der zeigt, der eines Tages mit himmlischen Streitmächten aufmarschiert, die Römer triumphal aus dem Land jagt, die ganze Welt in ihre Schranken weist, die Weltherrschaft übernimmt und seine engsten Mitstreiter mit höchsten Ämtern belohnt. Stattdessen: das schändliche Ende am Kreuz, Triumph der Feinde, unangefochtene Herrschaft der Römer.

› Daher dachte vermutlich jeder bei sich: Ich muss verrückt gewesen sein. Ich bin einem Scharlatan nachgelaufen. Alles ein grandioser Irrtum. Wie konnte ich nur so dumm sein. Die Spötter hatten recht. Auf sie hätte ich hören sollen.

› Die Einzigen, die anders oder in diesen Tagen vielleicht auch gar nichts dachten, sondern einfach nur taten, was in solch einer Lage das Normale und Angemessene ist, nämlich trauern, waren die Frauen. Daher geht die Geschichte nun auch mit den Frauen weiter.

Erdbeben, Blitze, Engel, Frauen vor dem leeren Grab und in Ohnmacht fallende Soldaten

14 › Mehrere Frauen machen sich früh am Morgen nach dem Sabbat auf, um wohlriechende Öle zu kaufen und Jesu Leichnam zu salben. Auf ihrem Weg zum Grab ist ihre größte Sorge: Wie kommen wir hinein? Ob wir jemand finden, der uns hilft, den Stein wegzuwälzen?

› Dann nähern sie sich dem Grab und sehen: Der Stein ist weg, das Grab offen. Und leer.

› Bis hierhin stimmen die Erzählungen der Evangelisten überein. In den Einzelheiten – wie viele Frauen, welche, wann – unterscheiden sie sich. Ebenso in der Schilderung der Vorgänge am Grab. Ein junger Mann in weißem Gewand im Grab spricht die Frauen an (laut Markus) und behauptet, Jesus sei auferstanden.

› Zwei Männer kommen auf die Frauen zu (laut Lukas) und sagen ihnen, Jesus sei auferstanden.

› Da rennen die Frauen zu den Jüngern, um ihnen die Sensation zu erzählen. Die aber glauben ihnen nicht. Nur Petrus denkt: Ich kann ja mal nachsehen. Und sieht nur die Leinentücher, und dass das Grab leer ist, und wundert sich, schreibt Lukas lapidar.

› Johannes erzählt, dass Maria Magdalena ganz früh, als es noch finster war, allein zum Grab geht, sieht, dass das Grab leer ist, und sofort zu Petrus läuft und auch zu dem anderen Jünger, »den Jesus lieb hatte«, und sagt: »Sie haben den Leichnam gestohlen. Er ist weg.«

› Ungläubig gehen die beiden Männer mit Maria Magdalena zum Grab und sehen: Tatsächlich, es ist leer. Sie können sich keinen Reim darauf machen, gehen ratlos zurück zu den anderen. Maria Magdalena bleibt vor dem Grab stehen und weint. Noch einmal schaut sie hinein, weil sie nicht glauben kann, dass das Grab leer ist, und sich nicht vorstellen kann, dass der Leichnam gestohlen wurde. Von wem denn? Warum?

› Nun erhält sie Antwort. Zwei Engel in weißen Gewändern sitzen in dem Grab und sagen: »Warum weinst du?« Sie antwortet: »Sie haben meinen Herrn weggenommen, und ich weiß nicht, wo sie ihn hingelegt haben.«

› Als sie das sagt, wendet sie sich um und sieht einen dritten. Es ist Jesus, aber sie erkennt ihn nicht, hält ihn für den Gärtner. Auch er fragt: »Warum weinst du?«

› Nun denkt sie, vielleicht war es der Gärtner, vielleicht hat er die Leiche weggetragen und will daher von ihm wissen, wo sie ist.

› Jesus sagt nur: »Maria!« In dem Moment erkennt sie ihn und sagt auf Hebräisch: »Rabbuni, Meister!« Sie will ihm um den Hals fallen, aber er sagt: »Nein, bitte fass mich nicht an, es ist noch nicht der richtige Zeitpunkt. Geh aber zu meinen Brüdern und sage ihnen, dass ich bald zu meinem Vater in den Himmel gehen werde.« So jedenfalls erzählt es Johannes.

› Am spektakulärsten aber erzählt es Matthäus. Seine Version wurde von allen Malern dankbar aufgenommen: Zwei Frauen, Maria Magdalena und die andere Maria, nähern sich dem Grab, das von Soldaten bewacht wird. Als die beiden Frauen kurz vor dem verschlossenen Grab stehen, beginnt ein Erdbeben, vom Himmel kommt wie ein Blitz ein Engel herunter in schneeweißem Gewand, wälzt den Stein weg und setzt sich drauf.

› Die Wachen fallen vor Schreck in Ohnmacht. Der Engel auf dem Stein spricht nun die Frauen an und sagt: »Habt keine Angst, ich weiß, ihr sucht Jesus, den Gekreuzigten. Aber er ist nicht mehr hier, sondern auferstanden von den Toten. Er geht bereits vor euch her nach Galiläa, folgt ihm, und ihr werdet ihn sehen.«

› Mit großer Furcht und noch größerer Freude rennen die beiden nun zu den Jüngern, um zu berichten. Aber schon auf dem Weg dorthin begegnet ihnen Jesus und sagt: »Seid gegrüßt.«

› Sie fallen vor ihm nieder, umfassen seine Füße und hören ihn sagen, was schon der Engel ihnen aufgetragen hatte: »Erzählt es den anderen, sie sollen nach Galiläa gehen, dort werden sie mich sehen.«

› Das tun sie. Sie rennen in die Stadt zu den Jüngern, aber unterwegs sehen sie auch einige von den Wachen, die offenbar wieder zu sich gekommen sind und zu den Hohepriestern eilen, um ihnen von dem Vorgefallenen zu berichten.

› Rasch treten sie zusammen, um sich zu beraten. Dann geben sie den Soldaten viel Geld, damit sie in der Stadt die Nachricht verbreiten, Jesu Jünger hätten in der Nacht den Leichnam gestohlen. Die Soldaten nehmen das Geld und erfüllen ihren Auftrag. Matthäus schließt seine Erzählung mit dem Hinweis, dass sich das Gerücht bei den Juden bis auf den heutigen Tag verbreitet habe.

Der Auferstandene erscheint seinen Anhängern und verabschiedet sich

15 › Auch die weiteren Ereignisse erzählen die vier Evangelisten wieder in vier verschiedenen Versionen. Bei Markus geht alles sehr schnell. Da erscheint Jesus der Frau, die wahrscheinlich seine Lieblingsjüngerin war, aber in der von Männern geschriebenen Bibel nicht ein einziges Mal so genannt wird: Maria Magdalena, die Frau, der er sieben Dämonen ausgetrieben hatte, die Frau, die ihm treu zur Seite gestanden hatte bis zuletzt, als die Jünger sich schon längst in ihre Verstecke verkrochen hatten. Maria Magdalena, eine Frau, ist der Mensch, der als Erste von der Auferstehung Jesu erfährt und die Botschaft davon als Erste verbreitet. Nun ist sie auch die Erste, vor der Jesus als Auferstandener erscheint. Ihrer Erzählung von dem Ereignis wurde zunächst nicht geglaubt.

› Danach offenbarte sich der Auferstandene in, wie es bei Markus heißt, »anderer Gestalt« zwei weiteren Anhängern, deren Namen nicht genannt werden. Auch sie erzählten allen Leuten davon. Auch ihnen wurde nicht geglaubt.

› Zuletzt erscheint Jesus den elf Jüngern – Judas ist ja nicht mehr dabei –, als sie zu Tisch sitzen, und schimpft mit ihnen, weil sie den Erzählungen der Frauen nicht geglaubt hatten. Dennoch hält er ihnen die Treue und gibt ihnen den Missionsbefehl: Sie sollen nun aller Welt erzählen, was sie gesehen und erlebt haben.

› Als er das gesagt hatte, wurde er vor den Augen seiner Jünger aufgehoben in den Himmel und setzte sich zur Rechten Gottes.

› Noch schneller beendet Matthäus sein Evangelium. Er, der gerade eben noch die Vorgänge um das leere Grab in dramatischen Szenen geschildert hatte, kommt in einer letzten Sequenz sofort zum Missionsbefehl, nachdem er mitgeteilt hat, dass die Jünger nach Galiläa gingen auf einen Berg, den Jesus ihnen genannt hatte. Dort treffen sie ihn und fallen vor ihm nieder, während einige immer noch zweifeln.

› Doch damit hält sich Jesus nun nicht mehr auf, sondern kommt sofort zur Sache und sagt: *»Mir ist gegeben alle Gewalt im Himmel und auf Erden. Darum gehet hin und lehret alle Völker. Taufet sie auf den Namen des Vaters und des Sohnes und des Heiligen Geistes und lehret sie halten alles, was ich euch befohlen habe. Und siehe, ich bin bei euch alle Tage bis an der Welt Ende.«*

› Was nach dieser Rede passierte, lässt Matthäus offen. Von einer Himmelfahrt weiß er offensichtlich nichts. Auch bei Johannes gibt es keine Himmelfahrt, sondern eine Erscheinung Jesu im Kreis der Jünger. Die hatten sich versammelt und aus Furcht vor den Juden die Türen verschlossen. Aber plötzlich erscheint da wie aus dem Nichts der Auferstandene und zeigt ihnen seine Wundmale.

› Einer der Jünger, Thomas, war nicht dabei. Als die anderen ihm später davon erzählen, sagt er:

»Glaube ich nicht. Ich muss das sehen. Wenn ich nicht meinen Finger in die Wundmale an seinen Händen und an seiner Seite legen kann, kann ich es nicht glauben.«

› Acht Tage später erscheint Jesus wieder im Kreis der Jünger. Diesmal ist Thomas dabei. Jesus spricht ihn an und sagt: »Komm her, hier sind meine Wunden, leg deinen Finger darauf.«

› Jetzt glaubte Thomas. Aber Jesus sagte tadelnd: »Du glaubst, weil du mich gesehen hast? *Selig sind, die nicht sehen und doch glauben!*«

› Danach geht es merkwürdig weiter bei Johannes. Jesus erscheint jetzt seinen Jüngern in Tiberias am See Gennesaret in Galiläa. Die Ereignisse der letzten Tage hatten sich allesamt in Jerusalem abgespielt. Wieso sind jetzt alle plötzlich wieder in Galiläa?

› Kein Evangelist erklärt das. Man kann eigentlich nur vermuten, dass die Jünger nach der Nacht in Getsemani nicht nach Jerusalem zurückgekehrt, sondern in ihre alte Heimat nach Galiläa geflohen sind, vielleicht, um dort wieder in ihre alten Berufe zurückzukehren. Das würde halbwegs zu der merkwürdigen Anweisung des Engels am Grab passen, der den Frauen sagte, sie sollen nach Galiläa gehen, Jesus gehe bereits vor ihnen her. Passt aber nicht zu den anderen Aussagen, dass die Frauen zu den Jüngern liefen, um ihnen vom leeren Grab zu berichten. Also müssen sie noch in Jerusalem gewesen sein.

› Es ist müßig, den Versuch zu unternehmen, hier Klarheit reinzubringen. Die Erzählungen der Evangelisten sind nun mal voller Widersprüche, was Orte, Zeiten, Ereignisse betrifft. Und nur die wenigsten wurden in diesem Buch angesprochen, weil es nicht von Ungereimtheiten der biblischen Geschichten, sondern die Geschichten selbst erzählen will.

› Die Geschichte von der Erscheinung in Tiberias ist nun mal eine eigenständige Geschichte, wenn auch eine andere als die vom ungläubigen Thomas und Jesu Erscheinungen in Jerusalem. Die Widersprüche aufzuklären, mühen sich die Theologen bis zum heutigen Tag, und nicht immer sind sie dabei erfolgreich.

Die Emmaus-Jünger

16 › Erzählt werden muss noch, wie Lukas sein Evangelium beendet. Er erzählt von einer weiteren Christus-Erscheinung, von der die anderen drei Evangelisten nichts wissen: Zwei Jünger, Namen werden zunächst nicht genannt, sind unterwegs zu einem Dorf namens Emmaus in der Nähe von Jerusalem. Sie reden über die Ereignisse der letzten Tage.

› Zu ihnen gesellt sich nach einiger Zeit ein Dritter: Jesus. Aber er wird von den beiden nicht erkannt. Er hört ihnen eine Weile zu und fragt schließlich: »Was sind das für Sachen, die ihr da einander erzählt?«

› Da bleiben sie traurig stehen und einer fragt erstaunt zurück: »Hast du denn gar nicht mitbekommen, was sich in Jerusalem ereignet hat? Alle Welt redet doch davon.«

› Und Jesus antwortet: »Nein, was denn?«

› Sie beginnen zu erklären: »Na, diese Geschichte von Jesus aus Nazaret, der ein Prophet war und so erstaunliche Dinge gesagt und getan hat, dass die Obersten ihn zum Tod verurteilt und gekreuzigt haben. Wir hoffen aber, dass er Israel irgendwann noch erlösen wird. Ist ja erst drei Tage her. Und dann ist da noch die Geschichte mit den Frauen aus unserer Mitte, die behaupten, sie seien am Grab gewesen, hätten es leer vorgefunden, und Engel seien ihnen erschienen, die gesagt haben sollen, Jesus lebe. Einige von uns sind daher auch zum Grab gegangen und haben gesehen, dass es tatsächlich leer ist. Aber von Jesus haben sie nichts gesehen.«

› Jesus fängt nun an, ihnen die Schrift auszulegen von Mose und allen Propheten. Aber die zwei Wanderer fragten sich, was das soll. Sie waren nun auch schon kurz vor Emmaus und Jesus erweckte den Eindruck, dass er weitergehen wolle. Sie aber sagten: *»Ach, bleib doch bei uns, denn es will Abend werden, und der Tag hat sich geneigt.«*

› So bleibt er bei ihnen und geht mit ihnen essen. Als er nun mit ihnen am Tisch sitzt, nimmt er das Brot, dankt, bricht's und gibt's ihnen. Und da, in diesem Moment, erinnern sie sich an das letzte Abendmahl mit Jesus, und nun erkennen sie ihn. Im selben Moment verschwindet er vor ihren Augen.

› Danach fragt der eine den anderen: »Hattest du nicht auch so ein komisches Gefühl, als er mit uns redete und uns dann die Schrift auslegte?« Und jeder gesteht dem anderen: »Ja, es war ganz merkwürdig, so, als ob mein Herz gebrannt hätte.«

› Noch in derselben Stunde stehen sie auf und kehren zurück nach Jerusalem, wo sie die Jünger und noch weitere Anhänger Jesu treffen. Die erzählen ihnen, der Herr sei auferstanden und dem Simon erschienen.

› Die anderen beiden sagen: »Ja, uns ist er auch erschienen, auf dem Weg nach Emmaus und wir hatten ihn zunächst gar nicht erkannt. Erst als er das Brot brach, wussten wir, wen wir vor uns haben.«

Himmelfahrt

17 › Während die Jünger noch so redeten und manche sich womöglich fragten, warum Jesus denn nur einigen erscheine und nicht allen, geschah genau das. Jesus erschien wie aus dem Nichts und war plötzlich in ihrer Mitte. Sie erschrecken fürchterlich, denken, sie sehen einen Geist.

› Er fragt: »Was seid ihr so erschrocken, und warum kommen solche Gedanken in euer Herz?« Dann zeigt er ihnen seine Wundmale, bittet sie, ihn anzufassen, um sich davon zu überzeugen, dass er kein Geist oder ein Gespenst sei und verlangt auch noch etwas zu essen, um das zu unterstreichen.

› Sie geben ihm einen gebratenen Fisch. Er isst ihn vor ihren Augen und sagt sinngemäß: »Was habt ihr? Es läuft doch alles nach Plan, so, wie es geschrieben steht, dass der Christus leiden muss und auferstehen wird von den Toten am dritten Tag. Und ihr seid meine Zeugen, dass sich das alles erfüllt hat. Darum bleibt in der Stadt, bis ihr mit Kraft erfüllt werdet von oben.«

› Das ist schon eine Anspielung auf Pfingsten.

Danach führt er sie hinaus und geht mit ihnen nach Bethanien. Dort hebt er die Hände, segnet sie und fährt auf in den Himmel.

› Die Jünger kehren zurück nach Jerusalem mit großer Freude und preisen Gott im Tempel. Die Angst vor den Oberen war weg.

Zwischenruf: Und wieder die Frage, wer das alles glauben soll?

Drei Tage war Jesus tot, dann ist sein Grab plötzlich leer und er erscheint zuerst den Frauen, dann einzelnen Jüngern, schließlich allen. Er erscheint plötzlich auf geheimnisvolle Weise wie aus dem Nichts in Räumen mit verschlossenen Türen und entschwindet auf die gleiche Weise wieder. Er begegnet seinen Anhängern unterwegs, und die erkennen ihn zunächst nicht, schließlich aber doch. Am Ende fährt er gen Himmel.

Für Menschen des 21. Jahrhunderts erscheint es als intellektuelle Zumutung, so etwas für wahr halten zu sollen. Trotzdem glauben viele Christen daran und sagen: Die Tatsache, dass unser Verstand das nicht fassen kann, ist kein Beweis dafür, dass es nicht doch so oder so ähnlich geschehen ist. Bei Gott ist schließlich nichts unmöglich.

Aber was ist mit denen, die das trotzdem nicht glauben können, auch nicht glauben wollen, weil sie zu viel wissen über die vielen Widersprüche der biblischen Erzählungen, das antike Weltbild, dem die Erzähler anhingen, die Entstehung der Texte, deren Bearbeitungen und nachträglichen Ergänzungen? Können sie noch Christen sein, wenn sie sagen: Das ist alles nur antike Mythologie. In Wahrheit muss es ganz anders gewesen sein?

Sie können. Denn das, was vielleicht wirklich geschehen ist, ohne Wunder, ohne Durchbrechung der Naturgesetze, rein innerweltlich, und das, was danach passiert ist – das ist vielleicht sogar das größere Wunder und bringt uns diese antiken Menschen näher als es ihr Weltbild tut.

Erinnern wir uns an die Getsemani-Szene: In dem Moment, in dem Jesus verhaftet wird, schlagen sich die Jünger in die Büsche, hauen ab und werden nicht mehr gesehen. Die Frauen sind es, die ihre Angst vor der Verhaftung überwinden, bei Jesus bleiben, sich zu ihm bekennen, vor seinem Grab weinen, Kräuter und Öle kaufen, um ihn zu salben, während die Männer sich verkrochen haben oder schon nach Galiläa abgehauen sind. Es muss ihnen nun verrückt erschienen sein, wegen dieses Rabbis ihre wirtschaftliche Existenz aufgegeben zu haben. Vielleicht haben sie sich sogar heimlich vor sich selbst geniert, dass sie mit ihm durch die Gegend gezogen sind und seinen Versprechungen von der Gottesherrschaft geglaubt haben.

Diese Sache mit Jesus schien sich für sie erledigt zu haben. Was dann in seinem Grab geschah, wissen wir nicht und werden wir nie in Erfahrung bringen, denn nicht einmal die Evangelisten machen dazu Angaben. Und wenn wir nicht glauben können, dass sich ein Auferstehungswunder ereignet hat, und denken, dass Jesu Leichnam in seinem Grab verwest ist wie jede andere Leiche, müssen wir aber doch zugeben, dass irgendetwas passiert sein muss.

Denn plötzlich waren die Jünger wieder da. Sie sind beieinandergeblieben. Und haben von da an trotzig seine Botschaft verkündigt. Warum? Wenn man übernatürliche Ereignisse ausschließt, kann man es nur so erklären, dass Jesu Anhänger erst jetzt verstanden haben, was dieser Jesus zeit seines Lebens immer gepredigt hat. Und sie einander dann gesagt haben: Sie konnten zwar Jesus aus der Welt schaffen, aber seine Botschaft werden sie nicht umbringen können, wenn wir es nicht zulassen, wenn wir ab jetzt einfach weitersagen, was er uns beigebracht hat – das Gleichnis vom barmherzigen Samariter, das Gebot der Feindesliebe und der Gewaltlosigkeit, die Goldene Regel, das Entstehen einer neuen Gemeinschaft und einer neuen Gesellschaft, wenn wir aufhören, übereinander herrschen zu wollen und anfangen, einander zu dienen.

Die Verblüffung darüber, erst jetzt verstanden zu haben, was Jesus eigentlich gemeint hatte, und wie weltumstürzend das ist, dazu das Glück, dass es anscheinend alle zur gleichen Zeit begriffen und tatsächlich alle dasselbe verstanden hatten, war dann, als ob ihr Herr und Meister wieder mitten unter ihnen sei und nie wirklich weg gewesen war. Daraus leitete sich der gemeinsame Wille ab, seine revolutionäre Botschaft weiterzusagen. Die damit verbundene Begeisterung und die Gewissheit, dass es nicht vorbei ist, sondern jetzt erst richtig losgeht, das muss dann für seine Anhänger so etwas gewesen sein wie Auferstehung, Himmelfahrt und Pfingsten in einem.

Das eigentliche Wunder besteht daher darin, dass die geflohene, verängstigte, versprengte »Losertruppe« zurückgekommen ist nach Jerusalem an ihre Versammlungsorte, und dort so viel neuen Mut schöpfte, dass sie kraftvoll öffentlich auftraten und die Botschaft ihres Meisters verkündigen konnten. Und keine Angst mehr hatten vor den Oberen, vor Verfolgung und vor Hohn und Spott.

JESUS IST WEG, SEINE GESCHICHTE GEHT WEITER – DIE APOSTELGESCHICHTE DES LUKAS UND DIE BRIEFE DES PAULUS

Das vergebliche Warten auf die Rückkehr Jesu aus dem Himmel

1 › Jesus ist plötzlich nicht mehr da. Seine Anhänger, vielleicht nur einige Hundert, allesamt in Jerusalem ansässig, sind nun allein auf sich gestellt und werden in ihrer Stadt nicht selten beschimpft, ausgelacht, verspottet, gehasst. Es ficht sie nicht an. Aus diesem Häuflein einfacher jüdischer Fischer, Bauern, Handwerker, Zöllner, alleinstehender Frauen, Witwen und verheirateter Frauen entsteht nun die Keimzelle einer neuen Weltreligion.

› Was hielt sie zusammen? Was ließ sie wachsen? Viel Kraft bezogen sie natürlich aus ihrer Überzeugung, dass ihr Herr und Meister nicht tot, sondern auferstanden und zu seinem Vater im Himmel gezogen ist. Und vielleicht noch mehr Kraft zogen sie aus der Erwartung, ihn bald wiederzusehen. Dann begänne die neue Zeit. Dann würden die Römer vertrieben. Und überhaupt würden alle Mächtigen von ihren Thronen gestürzt, denn ihr Gott würde nun herrschen, und sie, die auf diesen Tag gewartet hatten, würden an seiner Seite sein.

› Jesus hatte ihnen gesagt, dass dieser Tag bald kommen würde und dass sie es noch erleben werden.

› Dann starben die Ersten, und es geschah: nichts. Jesus blieb weg. Wie gingen die noch Lebenden damit um, dass sich eine wichtige Prophezeiung ihres Meisters nicht erfüllte? Wie und warum fanden sie trotzdem immer mehr Sympathisanten, die sich taufen ließen auf den Namen dieses Jesus Christus, der entgegen seiner Versprechungen nicht auf die Erde zurückkam? Warum ist dieser kleinen jüdisch-christlichen Sekte nicht das Schicksal der meisten Sekten widerfahren, ihr allmähliches Verschwinden aus der Weltgeschichte? Stattdessen hat sich aus ihr eine Kraft entwickelt, die drei Jahrhunderte später begann, in den Lauf der Weltgeschichte einzugreifen und diese für immer zu verändern bis zum heutigen Tag.

› Eine erste Antwort – bei Weitem nicht die einzige, aber eine wichtige – erhalten wir in jenem Buch, das im Neuen Testament nach den vier Evangelien kommt: die Apostelgeschichte des Lukas.

Lukas erzählt, wie es nach der Himmelfahrt Jesu weiterging

2 › Jesus war weg und kam nicht zurück. Paulus, Petrus, Johannes, Jakobus und die anderen Jünger setzten das Werk ihres Meisters fort, indem sie aller Welt von ihm erzählten. Besonders Paulus machte die erstaunliche Geschichte dieses Jesus und seines jüdischen Gottes in der ganzen heidnischen Welt zwischen Rom und Jerusalem bekannt.

› Aber auch diese erste Generation nach Jesus – seine Anhänger und Jünger, einschließlich Paulus – starb, ohne dass Jesus zurückkam. Dennoch musste es irgendwie weitergehen. Und es ging weiter, indem die von den Jüngern, besonders von Paulus, gegründeten Gemeinden die Botschaft von Jesus weitersagten und versuchten, nach seinen Regeln zu leben.

› Aber wie ging es dabei zu? Was erlebte Paulus auf seinen Missionsreisen? Wie war dessen Verhältnis zu den Jüngern in Jerusalem?

› Dies erfahren wir in der Apostelgeschichte des Lukas. Darin bezeichnet er sich als den, der auch das Lukas-Evangelium geschrieben hat. Lange Zeit hat man das beim Wort genommen und geglaubt, dass es sich tatsächlich um den Evangelisten Lukas handelt. Es wurde weiter angenommen, dass dieser Lukas ein getaufter Heide war, der Paulus auf einigen seiner Reisen begleitet hat, vermutlich auch als Arzt, der die Krankheiten und Gebrechen des Paulus behandelt hatte.

› Manche Theologen nehmen heute noch immer an, dass es so sei, andere jedoch zweifeln erheblich daran. Daher gilt auch für die Apostelgeschichte: Wer sie wann wo geschrieben hat, ist ungewiss.

› Wer immer der Verfasser, der sich Lukas nennt, war – er erzählt von der Zeit nach Jesus, besonders von der Ausbreitung des neuen Glaubens von Jerusalem, also dem Rand des römischen Weltreichs, bis in dessen Zentrum, nach Rom. Zwischen diesem Anfang in Jerusalem und dem Ende in Rom liegen rund drei Jahrzehnte.

› Hauptschauplatz ist daher zunächst Jerusalem, denn dort gründet sich die erste christliche Gemeinde, angeführt von Petrus, Johannes und Jakobus. Bald schon wird sich die eigentliche Hauptperson in den Vordergrund schieben, der »13. Apostel«, ein ehemaliger Christenverfolger: Saulus aus Tarsus, der bei Damaskus ein einschneidendes Erlebnis hatte und sich von da an Paulus nannte. Ohne ihn wäre die Geschichte dieses Jesus sehr wahrscheinlich in Vergessenheit geraten und die Weltgeschichte hätte einen völlig anderen Verlauf genommen. Er ist es, der kreuz und quer durchs Römische Reich reist und den Heiden von den Vorkommnissen in Jerusalem und vom auferstandenen Christus erzählt, um sie zu taufen und zu Anhängern Christi zu machen. Und er hat damit bei den Heiden mehr Erfolg als die Jerusalemer Jünger, die versuchen, ihre jüdischen Zeitgenossen zu bekehren.

Nach der Himmelfahrt: Pfingsten und die Kraft des Heiligen Geistes

3› Der Moment, in dem Jesu Anhänger bei ihren Zusammenkünften plötzlich das Gefühl überkam, erst jetzt verstanden zu haben, wovon Jesus zeit seines Lebens immer geredet hat, muss so etwas wie der Urknall des Christentums gewesen sein. Und er muss sich den Beteiligten tief eingeprägt haben. Plötzlich haben alle einander verstanden, ohne dass viele Worte und Erklärungen nötig gewesen wären. Plötzlich waren sich alle einig, dass sie in die Welt hinausgehen und erzählen müssen, was sie kapiert hatten. Und plötzlich hatte niemand mehr Angst vor den Obrigkeiten, vor Verfolgung und Verspottung.

› Von diesem Moment erzählt Lukas nun. Er erinnert noch einmal an eine Zusage Jesu an seine Jünger: »Ihr werden die Kraft des Heiligen Geistes empfangen.« Auch wieder etwas, was sie nicht verstanden hatten und womit sie nicht viel anfangen konnten, als es gesagt wurde. Jetzt aber, in jenem Moment, in dem es bei allen gleichzeitig »klick« gemacht hatte im Kopf, begriffen sie nicht nur, was gemeint war, sondern haben es am eigenen Leib erfahren. Lukas beschreibt diesen Moment so: Jesu Anhänger waren wieder in Jerusalem versammelt, als plötzlich ein Brausen vom Himmel kam und wie ein gewaltiger Sturm das Haus durchrüttelte, in dem sie saßen. Türen fallen krachend ins Schloss, Flammen flackern in der Luft, teilen sich und züngeln über den Köpfen. Das Brausen, der Sturm, das durchgerüttelte Haus blieben nicht unbemerkt in der Umgebung. Draußen strömt schon das Volk zusammen, um zu sehen, was da los ist.

› Jesu Anhänger gehen hinaus, um zu den Leuten zu sprechen. Nun muss man wissen, dass dieses »Volk« in Jerusalem eine multikulturelle Gesellschaft war. Juden, Griechen, Römer, Araber, Perser lebten in Jerusalem. Die hören nun plötzlich die Jünger in ihren jeweiligen Sprachen predigen. Und staunen. Und sagen zueinander: »Sind das nicht die Galiläer, die da reden? Wie ist es möglich, dass jeder von uns sie in unserer Muttersprache reden hört?« Auch die Jünger selbst waren verblüfft, dass sie plötzlich mehrsprachig waren und sich jedem verständlich machen konnten.

› Manche aus dem Volk sagten: »Die haben getrunken.«

› Da ergreift Petrus das Wort und sagt: »Mitnichten sind wir betrunken. Es ist ja auch noch früh am Tag. Nein, wir haben euch etwas zu sagen. Ihr erinnert euch doch sicher noch an Jesus von Nazaret, der unter euch gelebt, Kranke geheilt, Wunder vollbracht und gepredigt hat. Er ist gekreuzigt worden, gestorben und begraben. Aber Gott hat ihn auferweckt. Er lebt. Gott hat den Gekreuzigten zum Herrn und Christus gemacht.«

› Viele, die das hörten, sind erstaunt, ergriffen, betroffen und fragten: »Was sollen wir tun?«

› »Buße sollt ihr tun«, antwortet Petrus. »Bereut eure Sünden, lasst euch taufen zur Vergebung dieser Sünden, danach beginnt ein neues Leben nach den Regeln, die Jesus uns gegeben hat.« Viele folgten dem Aufruf. Allein an diesem Tag waren es dreitausend Menschen. In Jerusalem entsteht die erste christliche Gemeinde.

Die Gütergemeinschaft der ersten Christen sowie Zeichen und Wunder

4› Schon nach der Pfingsterzählung erwähnt Lukas, wie einmütig und solidarisch sich die frisch Getauften in das neue Leben der Christen einüben. Ein paar Kapitel weiter nähert sich die Jerusalemer christliche Urgemeinde einem kommunistischen Ideal: Ihre Mitglieder waren »ein Herz und eine Seele«. Nicht einer von ihnen pochte auf seinen Besitz. Niemand litt Mangel, denn wer Land oder Häuser hatte, verkaufte sie und legte den Erlös »den Aposteln zu Füßen«, die alles gerecht verteilten.

› Auch im Negativen erinnert diese Urzelle an den Kommunismus, denn wehe, wenn einer weiter seinen Vorteil suchte – dann gab es drakonische Strafen, wie die Geschichte von Hananias und Saphira lehrt. Die beiden hatten ihr Haus verkauft, und Hananias hatte, wie es sich gehörte, den Erlös den Aposteln zu Füßen gelegt, jedoch nicht alles. Mit dem Einverständnis seiner Frau Saphira hatte er einen Teil als »Sicherheit« für sich beiseitegelegt.

› Petrus bemerkte den Betrug. Woher er es wusste, ob vom Heiligen Geist oder von einem »Petzer« aus der Gemeinde, lässt Lukas offen und erzählt nur, dass Petrus den Hananias hart zur Rede stellt: »Du hast nicht Menschen, sondern Gott belogen.« Diese Worte haben eine solche Wucht entfaltet, dass Hananias tot umfällt. Drei Stunden später kommt Saphira, die noch nichts weiß und nichts ahnt. Auch sie stellt Petrus zur Rede. Danach fällt auch sie tot um. Und nun überfiel die ganze Gemeinde und alle, die das hörten, eine große Furcht.

› Zugleich wächst aber auch das Vertrauen der Außenstehenden in die Gemeinde, denn durch die Apostel geschehen viele Zeichen und Wunder. Die Kranken wurden in Betten und auf Bahren zur Straße hinausgetragen, damit sie geheilt würden. Auch aus den umliegenden Städten wurden sie nach Jerusalem gebracht und die Apostel haben sie alle geheilt.

› Solch aufsehenerregende Taten kamen natürlich dem Hohen Rat zu Ohren, und der war nicht erfreut von den Nachrichten, hatte er doch gedacht, das Problem mit diesem Jesus habe sich mit dessen Kreuzigung erledigt. Nun müssen die Hohen Herren zur Kenntnis nehmen: Jesus ist weg, aber seine Anhänger sind wieder da. In großer Zahl. Mit hohem Zulauf. Und sie haben keine Angst mehr von ihnen. Der Hohe

Rat ist ratlos, lässt die Apostel verhaften, vernimmt sie, aber muss sie wieder laufen lassen, denn er hat nichts gegen sie in der Hand, und die Sympathien des Volkes gelten den Aposteln.

Erste Probleme

5 › Wie das so ist, wenn eine neue politisch-religiöse Gruppierung plötzlich viel Zulauf hat: Es gibt Probleme. Eines der ersten Probleme ergibt sich aus dem Umstand, dass die ehemals homogene Gruppe der Jünger bunter wird. Jesu Jünger – Petrus, Johannes, Jakobus und die anderen – sind einheimische Juden, die untereinander aramäisch sprechen und sich als »Hebräer« verstehen und dem einfachen Volk zuzurechnen sind. Dank des hohen Zulaufs finden sich nun auch andere Gruppen in der Urgemeinde, die »Hellenisten« zum Beispiel, die griechisch sprechen und in Jerusalem die Synagogen besuchen, in denen die Schrift auf Griechisch gelesen wird.

› Diese Gruppe der neu hinzugekommenen Hellenisten ist im Durchschnitt weitgereister, gebildeter, beruflich qualifizierter und über die Dinge der Welt besser informiert als die Männer und Frauen der ersten Stunde. Zwischen beiden Gruppen kommt es zum Konflikt.

› Er entzündet sich an etwas ganz Elementarem: am Essen. Die Hellenisten beschweren sich, dass ihre Witwen bei der Versorgung benachteiligt werden, und wahrscheinlich nicht nur die, sondern auch andere alleinstehende Frauen, geschiedene, verlassene, unverheiratete. Diesen Frauen, die wohl kaum zu protestieren wagten, wurde zu wenig Beachtung geschenkt. Das kam vor den Rat der Zwölf, allesamt Hebräer.

› Die nahmen die Sache ernst und erfanden ein neues Amt: den Diakon. Neben Aposteln gab es nun also auch Diakone.

› Gesucht wurden dafür sieben Männer mit gutem Ruf, Weisheit und Verstand. Gewählt wurden schließlich Stephanus, Philippus, Prochorus, Nikanor, Timon, Parmenas und Nikolaus – lauter griechische Namen, weshalb man annimmt, dass es sich bei den sieben Diakonen um Hellenisten handelt.

› Die Gemeinde, die sie gewählt hat, war damit offenbar zufrieden. Und nach außen hin schien das einen guten Eindruck zu machen, denn die Gemeinde wuchs. Sogar einige jüdische Priester haben sich taufen lassen.

Der erste Märtyrer

6 › Einer der sieben Diakone, Stephanus, war anscheinend rhetorisch besonders begabt und charismatisch. Er brillierte in Streitgesprächen mit Vertretern verschiedener jüdischer Lehrmeinungen. So etwas ruft die üblichen Neider, Hetzer, Lügner und Verleumder auf den Plan. Daher schwärzten sie ihn an und behaupteten, er habe Gott und Mose gelästert.

› Stephanus muss sich vor dem Hohen Rat verantworten. In seiner Verteidigungsrede geht er zum Gegenangriff über und klagt die an, die über ihn zu Gericht sitzen und ihn verleumdet haben.

› Da knirschten sie mit den Zähnen vor Wut. Leider blieb es nicht dabei. Seine von Hass und Fanatismus erfüllten Verleumder wollten ihn nicht länger reden lassen, hielten sich die Ohren zu, schrien ihn nieder und stießen ihn zur Stadt hinaus.

› Während Stephanus zum Himmel aufblickend betet, fliegen Steine auf ihn. Unter dem Steinhagel ersterbend betet er, Gott solle ihnen diese Sünde nicht anrechnen.

› Und dann beweist Lukas wieder sein schriftstellerisches Talent. Wie beiläufig führt er die Person ein, der es mit hoher Wahrscheinlichkeit zu verdanken ist, dass aus dem kleinen Häuflein der Christen eine Weltreligion wurde: Die Mörder legten ihre Kleider vor einem jungen Mann ab, der Saulus heißt. Da denkt man sich noch nicht viel dabei.

› Das nächste Kapitel eröffnet Lukas lapidar und auch wieder wie nebenbei mit der Bemerkung, dass Saulus Gefallen hatte an der Steinigung und dem Tod des Stephanus.

› Nun hat Lukas zum zweiten Mal die Aufmerksamkeit auf diesen Saulus gelenkt, und man fängt an, sich zu fragen, ob da jetzt noch mehr kommt. Und Lukas enttäuscht die von ihm geweckte Erwartung nicht. Im nächsten Kapitel machen wir endgültig Bekanntschaft mit diesem Saulus.

Ein Christenhasser namens Saulus

7 › Saulus hatte also Gefallen am Tod von Stephanus. Warum? Saulus aus Tarsus hatte sich in Jerusalem von Pharisäern ausbilden lassen und ist daher selbst zu einem Schriftgelehrten geworden. So musste ihm zutiefst missfallen, was den Pharisäern schon an Jesus missfallen hatte: dessen radikale Interpretation der Heiligen Schriften, dessen Kritik an den Oberen, dessen Angriffe auf die wohlhabenden, mächtigen Instanzen rund um den Jerusalemer Tempel.

› Hatten die Angegriffenen bisher gedacht, das »Problem Jesus« durch dessen Tod erledigt zu haben, so erleben sie nun: Jesus ist zwar tot, aber seine Ideen nicht. Schlimmer noch: Sie werden nun nicht mehr nur von einem, sondern von vielen im ganzen Land und darüber hinaus verbreitet.

› Man muss sie daran hindern, sagten die Pharisäer, man muss die Zusammenkünfte dieser gotteslästerlichen Sekte auflösen, man muss sie ins Gefängnis werfen, denn sie schaden dem Volk. Und so trat ein, was Jesus seinen Jüngern prophezeit hatte: »Wer mir nachfolgt, der nehme sein Kreuz auf sich und stelle sich darauf ein, dass er verfolgt wird und Gewalt erleiden muss.« Genau das widerfährt jetzt den Anhängern von Jesus. Sie werden bedroht von mächtigen Instanzen. Und einer, der sich dabei besonders hervortut, ist Saulus.

› Er zieht von Haus zu Haus, zerrt Frauen und Männer heraus, lässt sie ins Gefängnis werfen und verbreitet so viel Angst und Schrecken, dass viele Gemeindemitglieder aus Jerusalem ins Ausland fliehen. Was aber, so lässt Lukas durchblicken, gut ist, denn nun verbreiten die Christen dort, in verschiedenen Ländern, Jesu Lehre.

› Philippus zum Beispiel, den es nach Samaria verschlagen hat, predigt dort mit großem Erfolg, heilt Besessene, Gelähmte und Verkrüppelte. Sogar ein Kämmerer des Königs von Äthiopien, der zufällig des Weges kommt, lässt sich von Philippus taufen.

› Der dem Judentum zugeneigte Kämmerer war auf Pilgerreise nach Jerusalem und ist jetzt wieder auf dem Heimweg. Philippus sieht ihn auf seinem Wagen sitzen und den Propheten Jesaja lesen. Einer Eingebung folgend fragt Philippus den Kämmerer, ob er versteht, was er da liest. Der antwortet dankbar, »nein, kein Wort.«

› Es war aber auch eine schwierige Textstelle: *»Wie ein Schaf, das zur Schlachtung geführt wird, und wie ein Lamm, das vor seinem Scherer verstummt, so tut er seinen Mund nicht auf …«*

› »Von wem redet der Prophet?«, fragt der Kämmerer. Und Philippus erzählt dem staunenden Äthiopier alles über Jesus und findet damit bei dem Kämmerer so viel Interesse und Aufmerksamkeit, dass er sich von Philippus taufen lässt. So reist das Evangelium von Jesus Christus nun mit diesem Kämmerer ins Königreich Äthiopien.

Das berühmte »Damaskus-Erlebnis« des Saulus Paulus

8 › Man weiß nicht genau, wann Saulus geboren wurde. Theologen schätzen, dass er ungefähr so alt wie Jesus gewesen sein muss. Dass er in Jerusalem war, als Jesus dort predigte und gekreuzigt wurde, ist unwahrscheinlich.

› Jedenfalls ist er Jesus nie begegnet – zumindest nicht im »wirklichen Leben«, also in Jerusalem oder sonst wo, als Jesus noch mit seinen Jüngern durch das Land zog. Später, auf seinem Weg nach Damaskus, hatte er dann schon eine Begegnung, aber das war eine von der anderen Art. Darauf kommen wir gleich.

› Zunächst ist Saulus in Jerusalem nach Jesu Tod auf dessen Anhänger aufmerksam geworden. Und da er als jüdischer Schriftgelehrter die Welt durch die Brille der jüdischen Autoritäten sah, kamen ihm die Anhänger Jesu abscheulich vor. Anstatt sich für den schändlichen Kreuzestod ihres Meisters zu schämen, bekannten sie sich stolz dazu. Schlimmer noch: Sie behaupteten, drei Tage nach seinem Tod sei er auferstanden und habe mit ihnen wieder geredet, gegessen, getrunken.

› Gotteslästerung sei das, urteilte Saulus empört und sah daher mit Befriedigung, wie einer ihrer Anhänger, Stephanus, gesteinigt wurde. Danach wollte er selber aufräumen mit dem Ketzer-Gesindel.

› Er überwachte die Häuser, von denen bekannt war, dass in ihnen diese Gotteslästerer verkehrten. Er drohte den Christen in Jerusalem und mordete, aber das reichte ihm nicht. Er wollte sie überall verfolgen, im ganzen Land, wo immer sie sich schon ausgebreitet hatten. Daher ging er zum Hohepriester und forderte ihn auf, durch Briefe an alle Synagogen von Damaskus sein Kommen anzukündigen, damit man ihm dort helfe, Christen aufzuspüren und sie gefesselt nach Jerusalem zu bringen.

› Die Bitte wurde ihm gewährt, und so macht sich Saulus auf nach Damaskus, und dort, nahe bei der Stadt, passiert es: Ein gleißendes Licht blendet ihn plötzlich. Eine unsichtbare Kraft wirft ihn vom Pferd. Und er hört eine Stimme rufen: »Saul! Saul! Ich bin der, den du verfolgst. Warum tust du das?«

› Die Gefährten, die mit ihm unterwegs waren, stehen sprachlos da. Sie hatten zwar auch die Stimme gehört, aber nichts gesehen, sind auch nicht geblendet worden.

› Saulus aber war plötzlich blind. So führen sie ihn nach Damaskus in ein ihm unbekanntes Haus, wo er drei Tage nichts sehen konnte, nichts aß und nichts trank und voller Angst war.

› In Damaskus hatte unterdessen ein Christ namens Hananias eine Vision, in der er von Gott beauftragt wird, in eine bestimmte Straße zu gehen und dort nach dem blinden Saulus von Tarsus zu fragen. Dem soll er die Hände auflegen, damit er wieder sehen kann.

› Hananias antwortete entsetzt: »Was? Ausgerechnet diesem Mann, über den ich schon so viel Böses gehört habe, soll ich zu Hilfe kommen? Seine Schandtaten, die er in Jerusalem vollbracht hat, haben sich bis nach Damaskus herumgesprochen, und nun ist er hier, um sein Satanswerk fortzusetzen.«

› Gott antwortete: »Geh trotzdem hin und tue, was ich dir gesagt habe. Ich will ihn zu meinem Werkzeug machen.«

› Saulus in seiner Angst und Blindheit hört nach drei Tagen, dass sich die Tür öffnet und jemand hereintritt. Sind es diese Ketzer? Dann werden sie mich jetzt wohl töten, denkt er.

› Es ist Hananias. Er legt Saulus die Hand auf und sagt: »Lieber Bruder Saul, Jesus, der dir erschienen ist, schickt mich. Er will, dass du wieder sehen kannst.«

› Da fiel es Saulus wie Schuppen von den Augen, und er konnte tatsächlich wieder sehen. Und wusste, was das zu bedeuten hat. Er stand auf, ließ sich taufen, aß wieder, trank wieder, stärkte sich – und, so heißt es in einer populären Redewendung, hatte sich vom Saulus zu Paulus gewandelt.

› Davon jedoch weiß Lukas nichts. Er nennt ihn weiterhin Saulus, und erst vier Kapitel später, da sind seit Damaskus schon schätzungsweise 15 Jahre vergangen, schreibt Lukas plötzlich: *»Saulus aber, der auch Paulus heißt, voll Heiligen Geistes, …«*

› Von da an nennt Lukas ihn nur noch Paulus, ohne diesen Namenswechsel näher zu begründen. War auch nicht nötig, denn in der zweisprachigen Umwelt dieses Apostels war es üblich, Doppelnamen zu führen, also etwa Saulus Paulus. Saulus ist der hebräische Name, Paulus der griechische.

› Paulus hieß also schon immer Paulus und Saulus zugleich. Und da er nun den Griechen predigte, hat sich Lukas vielleicht entschieden, ihn jetzt nur noch Paulus zu nennen. Der Apostel selbst unterschrieb seine Briefe immer mit Paulus und behauptete nirgends, dass er sich erst seit seinem Damaskus-Erlebnis Paulus nenne.

› Wegen dieser Briefe ist uns »Paulus« geläufiger als »Saulus«, daher werden wir ihn jetzt ab sofort auch nur noch Paulus nennen, denn der Wechsel ist in gewisser Weise hilfreich, weil er tatsächlich den Persönlichkeitswandel vom Christenverfolger zum Christusverkünder zum Ausdruck bringt.

› Warum aber fühlt er sich nun berufen, zu missionieren? Es hätte doch genügt, wenn er einfach seinen Frieden mit den Christen gemacht und aufgehört hätte, sie zu verfolgen. Gut, sein Damaskus-Erlebnis war im wahrsten Sinne des Wortes ein umwerfendes. Daher könnte man verstehen, dass er sich bekehren und taufen lässt. Danach hätte er sich einer örtlichen Gemeinde anschließen und dort seinen Beruf als Zeltmacher ausüben können.

› Paulus aber fällt von einem Extrem ins andere, vom fanatischen Christenverfolger zum begeisterten Christusverkünder und Missionar. Offenbar hat dieses gleißende Licht, das ihn geblendet hat, die blitzartige Erkenntnis hervorgerufen, dass es wirklich wahr sei, was die von ihm verfolgten Christen behaupteten. Vielleicht hatte er das auch schon während der ganzen Zeit geahnt, es aber nicht wahrhaben und sich selbst nicht eingestehen wollen. Aber nun, nach diesem Erlebnis, glaubte, nein, wusste er: Es stimmt. Diese neue Gewissheit drehte ihn, sein Herz und seine gesamte Person um 180 Grad.

› Der so gewendete Paulus wusste nun auch, was er zu tun hatte: Der Welt davon erzählen, denn dieser Jesus lehrte, wie man leben muss, damit das Leben aller gelingt. Also müssen alle davon hören. Nur dann, wenn alle davon gehört haben, kann sich auch diese hoffnungslos verirrte Welt um 180 Grad drehen und das Leben auf ihr zum Besseren wenden.

› Mit dem gleichen Eifer, mit dem er in der Vergangenheit die Christen bekämpft hatte, missioniert er jetzt für Christus. Den Menschen dessen gute Nachricht zu bringen, erschien Paulus nun plötzlich als die natürlichste Sache der Welt. Und was das Beste war: Er musste nicht, wie Jesus und dessen Jünger, betteln gehen, sondern konnte sich selbst ernähren, denn seinen Beruf als Zeltmacher konnte er überall ausüben.

Europas erster Missionar

9› Möglicherweise wären all die Erzählungen über Jesus für immer eine innerjüdische Angelegenheit geblieben und vielleicht im Lauf der Zeit in Vergessenheit geraten – wenn nicht Paulus gekommen wäre. Er war nicht dabei, als Jesus seinen Jüngern den Missionsbefehl gab, in alle Welt zu gehen. Aber er ist es, der den Befehl ausführt.

› Die Jünger um Petrus und Jakobus hatten ihren Wirkungskreis weitgehend auf Jerusalem und Umgebung beschränkt. Sie haben sich auch weiterhin als Juden verstanden, wenn auch vielleicht als Reformjuden. Aber sie lebten weiter nach dem jüdischen Gesetz, hielten sich an die Beschneidungs-, Reinheits- und Speisegebote und haben von denen, die sie tauften, erwartet, dass sie sich auch daran halten. Sie waren also im Grunde eine von der Welt wenig beachtete kleine jüdische Sekte innerhalb eines kleinen jüdischen Umfelds – bis Paulus kam.

› Er ist es, der die Geschichte des Juden Jesus und damit aber auch die ganze Geschichte des Volkes der Juden mit ihrem Gott im römischen Weltreich verbreitet hat. Paulus erzählt zwar von Jesus, aber weil dieser ohne Bezug zur jüdischen Bibel gar nicht verständlich gemacht werden kann, muss er auch von den alten jüdischen Schriften erzählen. So erfährt die heidnische, an viele Götter glaubende Welt von dem einen Gott der Juden, der angeblich der Gott aller Menschen sei.

› Nach seinem Damaskus-Erlebnis, schätzungsweise so ab dem Jahr 50, reist Paulus kreuz und quer durch Kleinasien, Griechenland und Südeuropa und landet zuletzt in Rom. Dabei geht er immer auf die gleiche Weise vor: Er predigt das Evangelium den Juden, macht es also wie Jesus. Deshalb sucht er stets zuerst die Synagogen in den Städten auf, in die er kommt. Erst wenn er dort, wie meistens üblich, auf Ablehnung oder Desinteresse stößt, erzählt er den Heiden, was er weiß und macht die Erfahrung: Die sind aufgeschlossener.

› In den Synagogen war es üblich, dass nach der gewohnten Lesung aus dem Gesetz und den Propheten der Synagogenvorsteher fragt, ob jemand das Wort ergreifen möchte. Dabei haben die neu Dazugekommenen den Vortritt. Also steht Paulus auf, ein Rabbi aus Tarsus, keine imposante Erscheinung, ärmlich gekleidet, klein, kahlköpfig, aber mit einer tiefen, kräftigen Stimme. Mit der holt er die Zuhörer dort ab, wo sie sind: Israels Gott hat sich ein Volk erwählt. Uns. Er hat es aus Ägypten in die Freiheit geführt in ein Land, wo Milch und Honig fließen ...

› Er erzählt die ganze Geschichte bis zu David, den Propheten und Jesaja. Man hört ihm nur mit einem Ohr zu. Die Geschichte ist ja allen bekannt. Aber dass er sie kennt, erweckt Vertrauen bei den Zuhörern.

› Noch nicken alle, als er sagt, dass laut den Propheten dem Volk Gottes ein Kind verheißen wurde, das zum Messias heranwachsen werde. Aber dann sagt er etwas Neues. Etwas für die Ohren Ungeheuerliches: Dieser Messias ist gekommen. Er ist da, schon seit etlichen Jahren. Und er hat einen Namen: Jesus.

› Dann wird's noch ungeheuerlicher: Dieser Jesus ist gekreuzigt worden.

› Jetzt sind alle hellwach. Was behauptet dieser Kerl da? Der Messias war schon da? Und ist dann am Kreuz, also in größter Schande, gestorben? Der Mann muss verrückt sein.

› Jetzt hat Paulus die volle Aufmerksamkeit. Und so fährt er fort: Er ist einsam gestorben. Er hatte zahlreiche Anhänger, aber die haben sich verkrochen. Nur ganz wenige Getreue waren bei ihm und haben ihn vom Kreuz genommen und begraben.

› Aber nach drei Tagen, ist er, wie es ja in der Schrift steht, die ihr kennt, auferstanden. Zuerst ist er den Frauen erschienen, die bis zuletzt bei ihm gewesen sind, dann seinen zwölf engsten Gefährten, danach noch vielen anderen. Die meisten leben noch. Sie bezeugen es. Auch ich kann es bezeugen, denn mir, dem Geringsten unter allen, ist er zuletzt erschienen.

› Deshalb bin ich hier. Um euch das zu erzählen. Die Verheißungen der Schrift haben sich erfüllt. Gott hat diesen Jesus auferstehen lassen, und er wird auch uns auferstehen lassen. Bald schon. Ihr werdet es noch erleben.

› Dann passiert, was Jesus schon vorhergesehen hat. Es scheiden sich die Geister. Nach einem Moment der Stille und der Bestürzung schreien alle wild durcheinander, die einen begeistert, die anderen empört. So wird es nun immer sein, wenn Paulus in eine neue Stadt kommt und in der Synagoge das Wort ergreift. Und es zeichnet sich ab: Die hebräischen Juden glauben ihm nicht. Die hellenistischen Juden zeigen sich offen. Am offensten erweisen sich die Heiden.

› Ungefähr zwölf Jahre lang – man weiß es nicht so genau, denn seine Spuren verlieren sich in Rom, wo er vermutlich getötet wurde – bereist Paulus die Welt zwischen Jerusalem und Rom, predigt, gründet Gemeinden, schreibt ihnen Briefe, und diese Gemeinden wachsen, auch ohne ihn. Auch nach seinem Tod.

› Ihm vor allem ist es zu verdanken, dass wir noch heute die Bibel lesen, auch die der Juden. Im Grunde war er der Gründer der christlichen Weltreligion und ihr erster Theologe.

Die Briefe des Paulus – die ältesten und authentischsten Texte des Neuen Testaments

10› Es war von Anfang an nicht einfach zwischen dem ehemaligen Verfolger und den ehemaligen Verfolgten. Als Paulus noch in Damaskus damit begann, Jesus als Gottes Sohn zu verkünden, schlug ihm Misstrauen entgegen, sowohl von den Juden wie von den Christen. Letztere hatten nicht vergessen, was Paulus für einer war. Seine früheren Förderer wiederum begannen, den »Überläufer« so zu hassen, dass sie Mordpläne schmiedeten.

› Paulus und seinen neuen Freunden blieb das nicht verborgen. Daher halfen sie ihm, aus der Stadt zu entkommen. Nachts ließen sie ihn in einem Korb von der Stadtmauer hinab ins Freie. Von dort machte er sich auf nach Jerusalem zu den Jüngern Jesu, also zu denen, die er kurz zuvor noch gequält und in Angst und Schrecken versetzt hatte.

› Auch dort fürchteten sich viele vor ihm. Auch die Jerusalemer Christen misstrauten ihm und dachten, er führe nur Böses im Schilde.

› Einer jedoch glaubte ihm. Einer war bereit, ihm zu vergeben und sich mit ihm zu versöhnen: Barnabas. Er überzeugte die Gemeinde, dass Paulus es ernst meine und man ihm vertrauen soll. Das nützte nicht viel. Paulus merkte, dass es in Jerusalem nichts zu tun gab, da herrschten bereits Petrus und Jakobus, und auf einen wie Paulus hatten sie nicht gewartet.

› Daher zog er weiter, zunächst nach Cäsarea, dann nach Tarsus in seine Heimatstadt, die heute in der Türkei liegt. Und weiter nach Antiochien, Zypern, Galatien, Philippi in Makedonien. Dort, auf europäischem Boden, tauft er Lydia, die erste Europäerin, die den christlichen Glauben annimmt und später ihr Haus als Ort für Gemeindeversammlungen und durchreisende Christen öffnet.

› Weiter geht's unter anderem nach Thessaloniki, Athen, Korinth, Ephesus und wieder nach Cäsarea, Jerusalem, Antiochia und so fort, bis sich seine Spur in Rom verliert. Rund zwölf Jahre, vielleicht auch 13 oder 14, reist Paulus kreuz und quer durch Europa und Kleinasien und verkündet das Evangelium von Jesus Christus. Er wird verhaftet, ins Gefängnis geworfen, gefoltert, wieder freigelassen, erleidet Schiffbrüche, übersteht Krankheiten, Schlangenbisse, eine Steinigung.

› Von unterwegs schreibt er seine berühmten Briefe an die von ihm gegründeten Gemeinden, die Teil des Neuen Testaments sind, und zwar der älteste Teil. Lange vor den Evangelien und vor der Apostelgeschichte sind diese Briefe geschrieben worden. Von ihm selbst. Sie sind die einzigen Schriften, deren Urheber gesichert ist.

› Während man bei den Evangelien nie weiß, ob es wirklich Jesus ist, der zu uns spricht, und nicht vielleicht doch eine der späteren Gemeinden, weiß man von immerhin sieben Briefen ziemlich sicher: Die sind von Paulus. Hier erfahren wir von ihm selbst, was er gesagt, gedacht, getan hat.

› Seine Briefe sind bei den Zusammenkünften der ersten Christen regelmäßig vorgelesen worden. Die Gemeinden haben diese Briefe aufbewahrt, Abschriften angefertigt und verteilt.

› Dank ihrer wissen wir von den Problemen, Gedanken, Sorgen nicht nur des Paulus, sondern auch der Christen. Wir können uns ein Bild machen von ihrem Alltag, ihrer Organisation und auch von ihren Streitigkeiten.

Zwischenruf: Ein Herz und eine Seele? Von wegen!

Die Ohren der Heiden waren offener für die Botschaft des Paulus als die Ohren der Juden. Daher gab es nach dem Tod des Paulus im Römischen Reich schon deutlich mehr Heidenchristen als Judenchristen. Und Konflikte zwischen den beiden Gruppen, heftige Konflikte.

Aber hatte Lukas nicht geschrieben, sie seien »ein Herz und eine Seele« gewesen? Ja, vielleicht ganz am Anfang. Vielleicht hatte er aber auch einfach übertrieben, sich gezwungen gefühlt zu übertreiben, denn wenn man seine Apostelgeschichte im Ganzen liest, blitzt schon hier und da durch, dass es Streit gegeben hat. Natürlich menschelte es auch in der Urgemeinde, so, wie es schon unter den Jüngern gemenschelt hat.

Lukas bemüht sich redlich um Diskretion, kann sie aber dort nicht durchhalten, wo es nicht um Persönliches geht, sondern um die Sache, zum Beispiel um die Frage nach der richtigen christlichen Lebensweise. Da waren Konflikte unausweichlich, weil überhaupt nicht geklärt war, was es heißt, 24 Stunden am Tag, sieben Tage in der Woche Christ zu sein. Man darf nicht vergessen: Es gab noch nichts Schriftliches. Die Evangelien waren noch nicht geschrieben, der erste Paulusbrief ließ noch auf sich warten, die Kommunikation zwischen den weit auseinanderliegenden Gemeinden war schwierig, da hatten schon zahlreiche Christen und Gemeinden viele Fragen: Muss sich ein Christ beschneiden lassen? Muss er sich an die jüdischen Speise- und Reinheitsgebote halten? Darf ein Christ Soldat werden, Stadtrat, Schauspieler? Soll er heiraten oder ehelos bleiben? Soll, darf er Kinder kriegen? Durfte man vom Fleisch heidnischer Opferfeste essen oder nicht? Wie ist die Stellung der Frau in der Gemeinde oder die des Sklaven?

Hier kann Lukas nicht verschweigen, dass Paulus und Petrus oft verschiedener Meinung waren und Petrus den Paulus spüren ließ: Ich war dabei, du nicht. Die Spannungen zwischen Paulus und Petrus übertrugen sich auch auf die Gemeinden. Der Streit entlud sich dann besonders an den Fragen, die mit den Unterschieden zwischen den getauften Juden – Judenchristen wie Petrus, Jakobus – und den getauften Heiden zu tun hatten, Heidenchristen genannt.

Letztere sahen nicht ein, dass sie sich beschneiden lassen und an die jüdischen Speisegebote halten sollten, denn sie wollten ja Christen werden und nicht Juden. Die getauften Juden jedoch waren der Ansicht, dass für Christen das Gesetz der hebräischen Bibel weiterhin galt.

Der Streit führte dazu, dass Judenchristen es ablehnten, in die Häuser der Heidenchristen zu gehen und dort mit ihnen zu essen. Darüber musste Paulus nachdenken und eine einvernehmliche Lösung mit der Jerusalemer Judenchristen-Gemeinde herbeiführen. So wurde er nicht nur zum ersten christlichen Missionar, sondern auch zum ersten christlichen Theologen.

Anfangs hatte Paulus versucht, in diesen Konflikten eine vermittelnde Stellung einzunehmen. Als er aber sah, dass das nicht ging, kam es zum ersten Apostelkonzil der offiziell noch gar nicht gegründeten Kirche.

Bei diesem Konzil in Jerusalem wurde dann verbindlich anerkannt, dass Heiden sich nicht beschneiden lassen müssen. Spannungen blieben trotzdem bestehen, was schon daraus ersichtlich ist, dass man eine Gebietsaufteilung vornahm. Paulus und dessen Mitarbeiter sollten den Heiden das Evangelium predigen. Unausgesprochen wurde ihnen damit von Petrus, Jakobus und der judenchristlichen Jerusalemer Gemeinde bedeutet: Aus unserem Gebiet aber haltet euch raus.

Dass der Konflikt damit nicht wirklich bereinigt war, wird dann an solchen Begebenheiten deutlich, bei denen Juden- und Heidenchristen einander begegneten. Beim gemeinsamen Mahl sonderten sich die Judenchristen plötzlich ab und aßen für sich, womit sie den anderen signalisierten: Letztlich können wir eure Lebensweise nicht billigen.

Sie konnten sich damit aber nicht mehr durchsetzen, denn die heidenchristlichen Gemeinden des Paulus wuchsen schnell, die judenchristlichen langsam, und allmählich verschwanden sie aus der Geschichte. Es kam zur Trennung von Christen- und Judentum.

Paulus und seine große Leistung als erster Lehrer und Theologe der Christenheit

11 › Der Streit zwischen Juden- und Heidenchristen, zum Beispiel der übers Essen, wäre möglicherweise leichter zu schlichten gewesen, wenn Paulus schon das Matthäusevangelium gehabt hätte und damit die Geschichte über den Streit Jesu mit den Pharisäern über die Reinheits- und Speisegebote. Laut dieser Geschichte hatten die Pharisäer Jesus immer Vorhaltungen gemacht, weil seine Jünger diese Gebote übertraten. Die Vorwürfe konterte Jesus mit dem berühmten Wort: *»Nicht das, was durch den Mund in einen Menschen hineinkommt, verunreinigt ihn, sondern das, was aus ihm herauskommt.«*

› Die große Frage aber ist: Hat Jesus das wirklich gesagt, was die Evangelisten berichten? Bis heute streiten sich die Theologen bei fast jedem »Jesuswort«, ob es sich um ein »echtes Jesuswort« handelt oder nur um eine »Gemeindebildung«, also um ein Wort, das Jesus in den Mund gelegt wurde. Vielleicht steckt in so manch berichtetem Jesuswort in Wahrheit ein Pauluswort, und zwar einfach deshalb, weil Paulus schneller war als die Evangelisten.

› Paulus war der Mann, der das wenige, das er von Jesus wusste, nach bestem Wissen und Gewissen interpretierte und auf praktische Lebensfragen anwandte. Er war der Lehrer, er war die Autorität, die entschied, was Jesus gesagt haben könnte oder gesagt haben würde, wenn er noch lebte. Auf Paulus beriefen sich die Gemeindeversammlungen, wenn sie wichtige Fragen zu klären hatten.

› Die Evangelisten wiederum, die später kamen, schrieben auf, was sie in den Gemeinden hörten, welche Geschichten dort in Umlauf waren, und was man sich dort über Jesus erzählte. Das heißt aber: Die Erzählungen waren bereits von dem beeinflusst, der die Gemeinden gegründet, gelehrt, ermahnt und unterrichtet hat: von Paulus.

› Die Evangelien sind Gemeinde-Literatur. In den Evangelien steht, was in den Gemeinden mündlich erzählt, gesammelt, bruchstückhaft aufgeschrieben worden war, bevor sich die Evangelisten daranmachten, aus dem ihnen zur Verfügung stehenden Material ihre Evangelien zu schreiben. Könnte also gut sein, dass die Geschichte über den Streit Jesu mit den Pharisäern wegen der Reinheitsgebote so gar nicht stattgefunden hat, sondern erst im Streit zwischen Juden- und Heidenchristen in den heidenchristlichen Gemeinden entstanden ist.

› Weil Paulus schneller war als die Evangelisten, hatten seine Entscheidungen weitreichende Folgen. Wenn er beispielsweise lehrte: Getaufte, egal ob Jude oder Heide, sind nach der Taufe nicht mehr Jude oder Heide, sondern Mitglied des neuen Volkes Gottes, und als solche vom jüdischen Gesetz befreit, dann wissen wir nicht, ob Jesus das auch so gesagt hätte. Da man ihn nicht mehr fragen konnte, entschied Paulus, was Jesus gesagt haben würde, wenn er noch lebte.

› Und Paulus entschied: Natürlich ist nichts dagegen einzuwenden, wenn getaufte Juden sich weiterhin auch ans Gesetz der hebräischen Bibel halten. Aber von getauften Heiden können die Judenchristen das nicht verlangen. Selbstverständlich sollen diese ihre Söhne weiterhin beschneiden und auch die Speisegebote befolgen, wenn ihnen das wichtig ist, aber von Heidenchristen zu fordern, dass sie das auch tun, geht zu weit.

› Seinen getauften Heiden sagte Paulus: Ihr müsst euch nicht beschneiden lassen, dürft essen, was ihr wollt, dürft die Häuser ungetaufter Heiden betreten und mit diesen gemeinsam am Tisch sitzen, denn mit der Taufe lässt jeder seine Herkunft, seinen Rang und seine soziale Stellung hinter sich und tritt in eine neue Familie ein, ins neue internationale Volk Gottes. Für alle Getauften, egal ob Jude, Heide, Grieche, Römer, Mann, Frau gilt daher nur noch das eine Gesetz, das über allen anderen steht: »Liebt einander!«

› Eine ungeheure Weite hat Jesu Botschaft dadurch bekommen. Eine ungeheure Freiheit tat sich da plötzlich auf. »Alles ist erlaubt«, schreibt Paulus an die Korinther. Und wenn er das große Wort im nächsten Satz auch gleich wieder einschränkt – *»aber nicht alles dient zum Guten, nicht alles baut auf«* – bleibt trotzdem mehr Freiheit übrig, als jemals da war.

› Speisevorschriften, Gebote zum Fasten, religiöse Riten, kultische Handlungen – von all diesen Beschränkungen des Lebens darf sich frei machen, wer das eine Gebot befolgt: Liebe deinen Nächsten. Denn wer seinen Nächsten liebt, wird alles unterlassen, was ihn kränken könnte, wird generell unterlassen, was nicht dem Guten dient. Wer einfach nur liebt, braucht nicht hundert Gesetze samt zehntausend Ausführungsbestimmungen, die sowieso nie so lückenlos sein werden, dass der Betrüger kein Schlupfloch findet.

› Damit hatte Paulus die Botschaft Jesu für die Heiden und damit für die Welt geöffnet. Der Glaube an den einen Gott, bisher nur dem kleinen Volk der Juden bekannt, wurde jetzt in der Welt bekannt und interessant.

› Ein Gott, eine Botschaft, ein Volk von Gleichen, geeint in Liebe – daraus besteht das Fundament, aus dem dann wurde, was wir heute Europa oder christliches Abendland nennen. Nach der Lehre des Paulus – natürlich auch oft missverstanden, missbraucht, verraten, korrigiert, erneut missbraucht – wurde ein ganzer Kontinent namens Europa mehr als tausend Jahre lang gestaltet. Und das wirkt sich aus auf die ganze Welt bis zum heutigen Tag.

Die neue Gesellschaft entsteht, wird verfolgt und drückt der Welt ihren Stempel auf

12 › Die meisten Griechen und Römer fanden die Juden merkwürdig, die Christen unheimlich, aber doch auch wieder interessant. Griechen und Römer verehrten zwar noch ihre Götter, opferten ihnen, besuchten ihre Standbilder, aber mehr aus Tradition, ungefähr so, wie sich heute noch manche Jugendliche aus Tradition konfirmieren lassen und danach die Kirche nicht mehr betreten.

› Griechen und Römern – von Juden und Christen immer nur Heiden genannt – war meist gar nicht bewusst, dass sie in deren Augen Heiden waren. Und wenn, war es ihnen auch egal. Ihr Götterglaube bedeutete ihnen nicht viel.

› Daher staunten sie über die Juden und Christen, die sie anfänglich gar nicht so richtig zu unterscheiden wussten, hingen doch beide einem Ein-Gott-Glauben an, der beiden viel, ja alles bedeutete. Sie fragten sich auch, ob Juden und Christen nicht recht haben mit diesem einen, für alles zuständigen, überall anwesenden Gott und seinen hohen Ansprüchen an die Gläubigen. Genau genommen leuchtete ihnen die Ein-Gott-Lehre mehr ein als die alten Götter-Mythen.

› Im Lauf der Zeit lernten sie aber zu unterscheiden zwischen Christen und Juden, staunten über den zwischenmenschlichen Umgang besonders in den christlichen Gemeinden. Sahen, wie unbefangen Frauen, Männer, Reiche, Arme, Sklaven, Freie miteinander verhandelten, so, als ob es keine Unterschiede gäbe zwischen ihnen. Sie bewunderten, wie sie für die Armen und Kranken sorgten.

› Mit einem Wort: Die Juden fielen auf, die Christen noch mehr. Sie hoben sich ab von der normalen Welt, bildeten eine Kontrastgesellschaft. Das hat viele angezogen. Das sorgte für Zulauf und offene Ohren für die christliche Verkündigung, weckte die Bereitschaft, sich taufen zu lassen.

› Andere jedoch haben die Juden, besonders aber die Christen gehasst. Sie hassten deren Eifer für ihren Gott und deren Intoleranz gegenüber anderen Göttern. Griechen und Römer hatten keinerlei Probleme, die Götter der anderen anzuerkennen. Nie wären sie auf die Idee gekommen, den anderen zu sagen, deren Götter seien gar keine Götter, sondern nur Götzen, Statuen, Holzschnitzereien, getöpferte Figuren, die nichts können, nichts sind als tote menschliche Machwerke.

› Die Christen aber behaupteten so etwas, beleidigten alle mit ihren taktlosen, abwertenden Bemerkungen über die Götter der anderen. Und werteten darüber hinaus alles ab, was »normalen« Menschen wichtig, ja heilig war: Ehre, Ansehen, Status, Rang, Wohlstand, Macht, Kraft, Stärke.

› Und dann diese seltsamen Vorstellungen von einem Messias und Welterlöser am Kreuz, diesem Schandmal, und die Behauptung, nach drei Tagen habe er wieder gelebt. Als anstößig, ärgerlich, befremdlich empfanden sie auch, wie sich diese Christen absonderten, städtische Feste mieden, in ihren Häusern die Köpfe zusammensteckten, seltsame Rituale ausübten – angeblich essen sie den Leib ihres Messias und trinken dessen Blut.

› Außerdem verhielten sie sich widerspenstig gegenüber staatlichen Funktionären. Verweigerten den Wehrdienst. Störten die Geschäfte. Überall, wo Christen die falschen Götter verspotteten, ging der Absatz von Götterstatuen, Altären, heidnisch-religiösen Gegenständen zurück. Kunsthandwerker, Bildhauer, Edelmetallhändler erlitten Geschäftseinbußen und begannen, Stimmung zu machen gegen die Christen.

› In Ikonion (heute in der Türkei) wären Paulus und die Seinen beinahe gesteinigt worden, ebenso in Lystra, in der Römerkolonie Philippi wurden Paulus und sein Begleiter Silas ausgepeitscht und ins Gefängnis geworfen. Der Grund war eine Sklavin, die sich aufs Wahrsagen verstand und damit ihren Herren hohe Gewinne einfuhr. Paulus trieb ihr den Wahrsagegeist aus und vermasselte damit den Herren das Geschäft. Die denunzierten Paulus und Silas vor Gericht und brachten das Volk gegen sie auf. So landeten sie im Gefängnis und kassierten Schläge. Sie kamen wieder frei, weil Paulus nachweisen konnte, dass er römischer Staatsbürger ist.

› Einen großen Erfolg hatten sie aber auch zu verzeichnen in Philippi. Lydia, eine reiche Purpurhändlerin ließ sich von Paulus bekehren und wurde so zu ersten Christin in Europa. Mit ihr bekehrte sich die ganze Dienerschaft, und so wurde Lydias Villa zur Keimzelle der neuen Christengemeinde von Philippi.

› Dieses Wechselspiel von Erfolg und Misserfolg, Ablehnung und Zustimmung, Anfeindungen und Bekehrungen wiederholte sich regelmäßig auf den Missionsreisen des Paulus und in den Orten, in denen er Gemeinden gründete. Nicht nur die Juden brachten die Christen gegen sich auf, sondern oft auch die Heiden, und nicht selten führten die Auseinandersetzungen zu Unruhen, sodass die römische Justiz eingreifen musste. Dadurch wurden die Christen im Lauf der Zeit zu einem berühmt-berüchtigten Phänomen im Römischen Reich.

› Anfangs sind die Christen über längere Zeit vom römischen Staat als jüdische Sekte betrachtet und wie die Juden behandelt worden. Dass die Juden die römischen Götter nicht anerkannten, wurde vom Staat toleriert, solange sie die Bilder- und Götzenkulte ihrer Umgebung nicht angriffen. Es war ein Religionsfrieden nach dem Motto: Ihr lasst unsere Götter in Ruhe, dafür lassen wir euch mit eurem Gott in Ruhe.

› Mit den Christen hat das dann nicht mehr geklappt. Die dachten nicht daran, die römischen Götter in Ruhe zu lassen. Auch den römischen Staatssymbolen verweigerten sie ihre Anerkennung. Und von den neu getauften Mitgliedern verlangten sie, sich von ihren Tempeln, Riten, Götterbildern und allem Heidnischen zu trennen.

› So machten die Christen sich nicht nur Teile des Volks und der Juden zu Feinden, sondern irgendwann auch den Staat. So begannen die Verfolgungen. Eine der bekanntesten ist die unter Kaiser Nero. In Rom hatte es gebrannt. Nero machte die Christen dafür verantwortlich, ließ sie massenweise verhaften und grausam bestrafen. In Tierfelle gesteckt, wurden sie von Hunden zerfleischt. Andere wurden gekreuzigt, wieder andere angezündet, um als lebende Fackeln den Garten des Kaisers zu beleuchten.

› Paulus soll sich zu jener Zeit in Rom aufgehalten haben. Ob er das noch erlebte oder schon vorher tot war, bleibt ein Geheimnis, denn die Apostelgeschichte des Lukas endet eigenartig abrupt mit einem unbestimmten Ausgang: Paulus sei noch zwei volle Jahre in seiner Wohnung geblieben und hätte alle aufgenommen, die zu ihm gekommen waren. Dann heißt es noch, er habe über das Reich Gottes gepredigt und ungehindert und mit allem Freimut Jesus Christus verkündet. Und Schluss.

› Warum schreibt Lukas nicht, wie es nach diesen zwei Jahren weiterging, was Paulus danach machte, wie er eines Tages starb? Wusste er es nicht?

› Es gibt zwei Hypothesen. Die erste lautet: Es hat ein Ende des Buches gegeben, aber es ist verschollen, irgendwann irgendwo verloren gegangen.

› Die zweite: Es gibt keinen verschollenen Text. Dieser Schluss ist von Lukas so gewollt. Paulus, so hat Lukas damit sagen wollen, ist bis ins Zentrum der Welt vorgestoßen. Krönung seiner Laufbahn als Apostel. Mehr geht nicht. Mehr kann man nicht wollen. Ziel erreicht. Ende gut, alles gut.

› Niemand weiß, welche dieser beiden Hypothesen stimmt und ob es nicht vielleicht noch eine dritte Möglichkeit gibt, an die niemand denkt. Außerdem führt die Frage nach dem Ende des Paulus fast zwangsläufig zur nächsten Frage: Wie, wo und wann starb denn eigentlich Petrus?

› Auch darauf findet sich weder in der Apostelgeschichte, noch sonst wo in der Bibel ein Hinweis. Aber es gibt eine ältere, nichtbiblische, christliche Überlieferung, also vermutlich eine Legende aus dem zweiten Jahrhundert, als deren Urheber der Bischof von Korinth genannt wird. Er soll gesagt haben: Auch Petrus war in Rom. Auch er ist dort umgekommen.

› Paulus sei, weil er römischer Bürger war, geköpft worden, Petrus dagegen habe darum gefleht, mit dem Kopf nach unten gekreuzigt zu werden, weil er sich für unwürdig hielt, dieselbe Qual zu erleiden wie Jesus. Die beiden Rivalen im Martyrium vereint in Rom – das wäre ein schöner Schluss gewesen, den sich Lukas bestimmt nicht hätte entgehen lassen, wenn er ihn gekannt hätte.

› Wir aber werden damit leben müssen, dass wir es nicht wissen.

Die Briefe

13› Auf die Apostelgeschichte folgen im Neuen Testament die Briefe des Paulus und anderer Autoren. Man kann diese Briefe nicht erzählen wie eine Geschichte, eben weil sie keine Geschichten sind, sondern eben: Briefe. Sie richten sich meistens an christliche Gemeinden, manchmal auch an einzelne Personen, die Leitungsfunktionen ausüben in einer Gemeinde. Die Briefe belehren, unterweisen, trösten, kritisieren, warnen, richten auf, machen Mut. In ihrer Summe sind sie die Anfänge der Theologie, der christlichen Glaubenslehre, der christlichen Lebenspraxis und Ethik, also das Fundament des ganzen Christentums.

› Es sind insgesamt 21 Schreiben. Der wichtigste Briefeschreiber ist Paulus.

› 13 davon nennen ihn als Verfasser, aber nur bei sieben ist sich die Forschung sicher, dass sie wirklich von Paulus stammen. Diese sieben sind der 1. Brief an die Thessalonicher, der 1. und 2. Brief an die Korinther, der Brief an die Galater, die Römer, die Philipper und der Brief an Philemon, geschrieben ungefähr zwischen 48 und 61 nach Christus. Der Brief an Philemon ist ein Privatbrief des Paulus.

› Ob Paulus auch den Brief an die Kolosser, Epheser und den 2. Brief an die Thessalonicher geschrieben hat, ist umstritten. Sie könnten auch von seinen Schülern verfasst worden sein. Völlig unklar ist, wer den Brief an die Hebräer verfasst hat. Hinter dem 1. und 2. Brief an Timotheus wie auch an Titus vermutet man wieder einen Paulus-Schüler.

› Weitere Briefe sind:

› Jakobusbrief, vermutlich verfasst um das Jahr 100. Wer ihn geschrieben hat, ist unklar.

› 1. und 2. Petrusbrief. Dass wirklich Petrus sie geschrieben haben könnte, gilt als unwahrscheinlich. Sie stammen vermutlich aus dem Jahr 90.

› 1., 2. und 3. Johannesbrief, angeblich geschrieben vom Evangelisten Johannes, aber bezweifelt von zahlreichen Theologen, die vermuten, dass seine Schüler dahinterstecken. Auch bei der Datierung herrscht keine Einigkeit. Der Zeitraum reicht vom Jahr 90 bis ins Jahr 130.

› Judasbrief. Man kennt nicht nur den Verfasser nicht, sondern nicht einmal die Empfänger. Genauso unsicher sind die Datierungsversuche, die von 50 bis 120 reichen.

› Einer der wichtigsten von all diesen Briefen, vielleicht der wichtigste, ist der Römerbrief. In ihm schreibt Paulus über das Verhältnis des Menschen zu Gott, das Verhältnis von Juden und Christen, das Verhältnis von Christen zum Staat.

› Im Brief an die Römer entwickelt Paulus auch das christliche Bild vom Menschen als eines geborenen Sünders, der sich aus diesem Sündersein nicht aus eigener Kraft befreien kann. Weder durch gute Werke noch durch strikte Einhaltung des Gesetzes der hebräischen Bibel, noch durch ein gottwohlgefälliges Leben kann sich der Mensch aus seiner Verstrickung in Sünde und Schuld befreien. Was immer er auch versucht, stets wird er die Erfahrung machen: *Ich tue nicht das Gute, das ich eigentlich will, sondern das Böse, das ich nicht will.* Herausholen kann ihn da nur die erlösende Gnade Gottes. Die wird ihm zuteil, wenn er den Glauben an Jesus Christus annimmt.

› Anderthalb Jahrtausende später wird das ein unbekannter Mönch aus Wittenberg lesen und wie vom Donner gerührt sein, denn diese paulinische Lehre, dass allein der Glaube den Menschen erretten und erlösen kann, ist das, was dieser Mönch die ganze Zeit gesucht hat.

› Sein ganzes Leben zitterte er davor, einst vor dem Richterstuhl Gottes zu stehen und von diesem verdammt zu werden, denn der Mönch war immer ehrlich zu sich gewesen. Weil er es war, erkannte er, dass es tatsächlich so ist, wie Paulus schrieb: Ich denke und tue nicht das Gute, das ich eigentlich will, sondern das Gegenteil, weil ich nicht anders kann, sosehr ich mich auch anstrenge. Darum wird mich Gott, der gerecht ist, verdammen.

› Dann las er bei Paulus: Das wird Gott nicht tun. Denn er weiß, dass du nicht anders kannst. Eben deshalb hat er seinen Sohn am Kreuz sterben lassen, damit du von deinen Sünden erlöst wirst. Und wenn du das glaubst, wenn du das für dich als die Wahrheit annimmst, dann wirst du erlöst sein. Mehr musst du nicht tun.

› Der Mönch, der das las, hieß Martin Luther. Was er da las, ist als »reformatorische Entdeckung« in die Geschichte eingegangen und hat eine den ganzen Kontinent erschütternde Kulturrevolution ausgelöst: die Reformation.

› Das ist nur einer der Gründe, warum dieser Brief an die Römer so wichtig ist. Er hat eine enorme Wirkungsgeschichte entfaltet. Die Reformation war nur eine Folge dieses Briefes, wenn auch vielleicht die größte.

› Nicht minder wichtig ist jenes schon erwähnte Wort aus dem Brief an die Galater: *Da ist nicht Jude noch Grieche, da ist nicht Sklave noch Freier, da ist nicht Mann und Weib; denn ihr alle seid einer in Christo Jesu.* Die neue, die klassenlose Gesellschaft, hier scheint sie auf.

› Am wichtigsten aber, ergreifend und schön, bis heute und für immer gültig ist das »Hohelied der Liebe« im ersten Brief des Paulus an die Korinther, wo er schreibt, was das eigentlich ist, die Liebe, von der Jesus immer gesprochen hat, und warum sie das Allerwichtigste ist:

› *Wenn ich mit Menschen- und mit Engelzungen redete und hätte die Liebe nicht, so wäre ich ein tönendes Erz oder eine klingende Schelle. Und wenn ich prophetisch reden könnte und wüsste alle Geheimnisse und alle Erkenntnis und hätte allen Glauben, sodass ich Berge versetzen könnte, und hätte die Liebe nicht, so wäre ich nichts.*

› Und wenn ich alle meine Habe den Armen gäbe oder gar mein Leben opferte, und hätte die Liebe nicht, so würde es nichts nützen. Die Liebe ist langmütig und gütig, die Liebe eifert und beneidet nicht, die Liebe prahlt nicht, sie bläht sich nicht auf, sie handelt nicht ungehörig, sie sucht nicht ihren Vorteil, sie lässt sich nicht zum Zorn reizen, trägt das Böse nicht nach, freut sich nicht an der Ungerechtigkeit, sie freut sich aber an der Wahrheit. Die Liebe erträgt alles, glaubt alles, hofft alles, erduldet alles.

› Das Kapitel endet mit dem berühmten Wort: *Nun aber bleiben Glaube, Hoffnung, Liebe, diese drei; die größte aber von diesen ist die Liebe.*

DIE OFFENBARUNG DES JOHANNES, AUCH »APOKALYPSE« GENANNT

Vom Ende der Welt

1 › Ein Christ auf der kleinen griechischen Insel Patmos geht dort eines Sonntags spazieren und wird plötzlich, wie er schreibt, vom Geist ergriffen. Er hört eine dröhnende Stimme, laut wie eine Posaune, die zu ihm spricht: »Schreib auf, was du siehst, schreibe es in ein Buch, dann sende es an die sieben Gemeinden.«

› Der Mann, er heißt Johannes, dreht sich um und sieht sieben goldene Leuchter und mitten unter den Leuchtern eine seltsame Gestalt in einem langen Gewand, mit Haaren wie Wolle, weiß wie Schnee, die Augen wie eine Feuerflamme, die Füße wie Gold, die Stimme wie großes Wasserrauschen. Johannes meint, die Gestalt gleiche dem »Menschensohn«, sagt aber nicht, woher er weiß, wie der »Menschensohn« aussieht.

› Diese Menschensohngestalt hat sieben Sterne in der rechten Hand, und aus seinem Munde ragt ein scharfes, zweischneidiges Schwert. Sein Gesicht leuchtet wie die Sonne. Und das alles erschreckt Johannes so sehr, dass er umfällt wie tot.

› Dann aber spürt er eine Hand auf sich, sieht eine Erscheinung über sich, und die sagt: »Hab keine Angst. Ich bin der Erste und der Letzte und der Lebendige. Ich war tot, und jetzt bin ich lebendig von Ewigkeit zu Ewigkeit. Und ich besitze die Schlüssel des Todes und der Hölle.«

› Dann bekommt Johannes erklärt, was es mit den Sternen und Engeln auf sich hat: Die sieben Sterne sind Engel der sieben Gemeinden, und die sieben Leuchter sind die sieben Gemeinden.

› Genauso schreibt Johannes es auf. Der Aufschreiber ist nicht der Evangelist, nicht der Jünger Jesu, nicht der Briefschreiber Johannes, sondern irgendein Johannes, wie es in Griechenland viele davon gibt.

› Er schreibt es auf für die sieben Gemeinden, die ihm die Stimme genannt hat, nämlich Ephesus, Smyrna, Pergamon, Thyatira, Sardes, Philadelphia und Laodizea. An sie schreibt er nun, was er gesehen hat, und dass es schrecklich war, furchterregend, aber auch hoffnungsvoll, tröstend und Mut machend. Eine Offenbarung sei das gewesen. Jesus Christus selbst habe ihm eröffnet, dass die letzten Tage der Menschheit nun bevorstehen, und habe ihm zugleich minutiös geschildert, wie es dabei zugehen wird.

› Die Geschichte, die Johannes nun erzählt, ist das logische Ende der Bibel. Sie beginnt ja mit der Geschichte von der Erschaffung der kosmischen Welt und muss nun enden mit der Geschichte vom spektakulären Untergang dieser Welt. So wird dieses letzte Buch der Bibel zum Urbild und zur Erstvorlage für alle weiteren Untergangsszenarien in der Literatur, der Kunst, der Wissenschaft, der Musik und des Kinos.

› Daher kommt uns vieles bekannt vor: Das A und O, das Alpha und das Omega, sieben Siegel, sieben Posaunen, drei Zeichen, sieben Schalen, das Buch des Lebens, die vier apokalyptischen Reiter, die Schlacht von Harmagedon, die große Hure Babylon, das Tausendjährige Reich, das neue Jerusalem. All diese aus anderen Zusammenhängen bekannten Versatzstücke haben ihren Ursprung im letzten Buch der Bibel.

› Dabei hat Johannes seine Fantasie gar nicht besonders anstrengen müssen, denn vieles von dem, was er da aufmarschieren lässt, hat schon das Daniel-Buch im Alten Testament aufgeboten. Der Jenaer Theologe Karl-Wilhelm Niebuhr hat nachgezählt: Rund 150 Mal spielt Johannes, »ohne auch nur ein einziges als solches gekennzeichnetes Zitat zu bieten«, auf Schriften des Alten Testaments an.

Warum das letzte Buch der Bibel zugleich das umstrittenste ist

2 › Wer die Johannes-Apokalypse liest, meint, in ein wirres Computerspiel hineingeraten zu sein, in eine Mystery-Serie, einen Roman von Dan Brown oder in das Machwerk einer Sekte von Verschwörungstheoretikern. Man könnte daher etliche Gründe ins Feld führen, um zu sagen: Gehört eigentlich nicht rein in die Bibel. Hätte draußen bleiben sollen.

› Tatsächlich waren sich schon jene Theologen uneinig, die im vierten Jahrhundert nach Christus entschieden, welche Schriften für immer und unveränderlich zur Heiligen Schrift gebündelt werden sollten. Die Ostkirche hatte Probleme mit der Johannes-Offenbarung und wollte sie eigentlich nicht drin haben. Die Westkirche wollte sie drinhaben und setzte sich durch damit.

› Aber bis heute wird sie in den orthodoxen Kirchen nie im Gottesdienst verlesen. Die syrisch-orthodoxe Kirche erkennt das Buch überhaupt nicht an. Darum ist es kein Teil ihrer Bibel.

› Auch Martin Luther hatte Probleme mit diesem Schlusskapitel der Bibel. Ihm »mangelt an diesem Buch verschiedenes; so dass ich's weder für apostolisch noch für prophetisch halte«. Apostel sollten lieber in klaren, dürren Worten verständlich sagen, was sie wissen, meinen und was zu sagen ist, statt mit geheimnisvollen »Gesichten« zu prahlen, kritisierte Luther in seiner Vorrede zur Johannes-Offenbarung. Luther war in dem Punkt wohl ein wenig wie Helmut Schmidt, der einmal gesagt hat, wer Visionen hat – das ist gemeint mit »Gesichten« – soll zum Arzt gehen.

› Luther störte sich daran, dass diese Johannes-Offenbarung ein Text ist für Eingeweihte, die in jeder genannten Zahl, jedem Namen, jedem Ortsnamen, jedem Tier mehrdeutige Symbole erkennen, welche die richtigen Gedanken in Gang setzen und zu einem für Außenstehende undurchdringlichen Assoziations- und Deutungsgeflecht verweben.

› Das ermöglicht es Menschen aus ganz verschiedenen Epochen, immer wieder neue Bedeutungen hinein- und herauszulesen. Um nur ein Beispiel zu nennen: In Kapitel 13 erzählt der Seher von zwei schrecklichen Tieren, die aus dem Meer aufsteigen. Das erste Tier hat zehn Hörner und sieben Häupter und auf jedem Horn zehn Kronen und ist mit lästerlichen Namen beschrieben. Es gleich einem Panther, hat aber Füße wie ein Bär und einen Rachen wie ein Löwe. Einer seiner sieben Köpfe ist tödlich verwundet, aber diese Wunde heilt wie von selbst. Darüber wunderte sich die ganze Welt so sehr, dass sie den siebenköpfigen Drachen anbeteten.

› Schon in die Beschreibung dieses wundersamen Tiers könnte man in jede Einzelheit viel Geheimnis hineininterpretieren, aber nun wartet der Seher auch noch mit einem zweiten Tier auf, das nicht aus dem Meer, sondern aus der Erde kommt, zwei Hörner hat und einem Lamm gleicht, aber redet wie ein Drache. Dieses zweite Tier vollbringt noch viel wundersamere Dinge als das erste, große Zeichen, mit verführerischer Kraft. Es lässt Feuer vom Himmel auf die Erde fallen, tötet alle, die sich weigern, es anzubeten und zwingt unterschiedslos alle Menschen, die etwas kaufen oder verkaufen wollen, sich ein Zeichen zu machen an ihre rechte Hand oder an ihre Stirn. Ohne dieses Zeichen werden sie weder laufen noch verkaufen können.

› Und was ist das für ein Zeichen? Es ist der Name des Tieres oder die Zahl seines Namens, nämlich die Zahl eines Menschen, die Zahl 666.

Das große Rätsel um die Zahl 666

3› *»Hier ist die Weisheit. Wer Ver ständnis hat, berechne die Zahl des Tieres; denn es ist eines Menschen Zahl; und seine Zahl ist sechshundertsechsundsechzig.«* So lautet der geheimnisvolle Satz des Sehers Johannes, und damit hat er den Ehrgeiz aller Zahlenmystiker von damals bis heute geweckt.

› Mystiker, Okkultisten, Sektierer, Sterndeuter, Verschwörungstheoretiker aller Zeiten, später sogar Mathematiker und Zahlentheoretiker haben sich auf die Zahl gestürzt und ihr immer neue Bedeutungen zugeschrieben und neue Entdeckungen entwunden. Dazu muss man wissen: In der Antike kannten Griechen, Römer und Juden noch nicht die arabischen Ziffern. Zählen und Rechnen mussten sie aber trotzdem. Sie behalfen sich so ähnlich wie wir heute, nur spiegelverkehrt. Sie drückten Zahlen mit Buchstaben aus. Wir kennen das noch heute von den römischen

Jahreszahlen: MMXX zum Beispiel steht für das Jahr 2020, MCMXCIX für 1999.

› Heute, in der digitalen Welt, machen wir's andersherum. Wir ordnen Buchstaben binäre Zahlen zu, damit die Computer damit rechnen können.

› Wie die kundigen Zeitgenossen des Johannes von Patmos das Rätsel gelöst haben, wissen wir nicht, aber vermuten: Es ist der römische Kaiser Nero, der Sadist, der Christen als lebende Fackeln in seinen Garten gestellt hatte, der mit der Zahl 666 chiffriert wurde. Er ist das Tier, er, Neron Kaisar (Nero Kaiser), hebräisch umschrieben mit den Buchstaben nrwn qsr, ergibt in Ziffern 50+200+6+50+100+60+200 = 666.

Aber so ganz eindeutig ist diese Gleichsetzung von Kaiser Nero mit der Zahl 666 nicht. Andere haben aus ihr den Kaiser Domitian herausgelesen oder auch Hadrian.

› Es könnte aber auch sein, dass der Verfasser der Johannes-Offenbarung ein mathematisch gebildeter Zahlenmystiker war, der Spaß hatte an Zahlenrätseln und deshalb einfach nur auf die mathematischen Besonderheiten der Zahl 666 anspielen wollte. So ergibt die Summe der Zahlen von 1 bis 36 die Zahl 666. Ebenso ergibt die Summe der Quadrate der ersten sieben Primzahlen 666. Und auf diese Zahl kommt man auch, wenn man die Summe der ersten 144 (= $(6+6)^2$) Dezimalziffern der Kreiszahl Pi errechnet.

› Das sind bei Weitem noch nicht alle Besonderheiten, die sich anführen ließen, hier aber nicht alle aufgezählt werden müssen. Auch die Deutungen, die sich aus 666 herauslesen lassen, sind zahlreich. Für heutige Zeitgenossen böte sich das World Wide Web an, denn die 6 steht im Hebräischen Alphabet für das W, also 666 = WWW.

› Sogar das Corona-Virus lässt sich auf die Zahl 666 bringen. Aus 6 Buchstaben besteht das Wort »Corona«. Hängt man an diese 6 die Summe der Zahlenwerte für diese Buchstaben c, o, r, o, n und a, erhält man 3+15+18+15+14+1 = 66, ergibt mit der ersten 6 also 666.

Bloßer Zeitvertreib sind solche Buchstaben- und Zahlenspielereien nicht immer. Manchmal können sie in ernste Wissenschaft, ja sogar Theologie münden.

So hatte man lange Zeit angenommen, dass die Johannes-Offenbarung um das Jahr 95 n. Chr. entstanden sein muss. Im Jahr 2016 haben aber Wiener Historiker herausgefunden, dass aus der Zahl 666 auch Kaiser Trajan herausgelesen werden kann, wenn man aus seinem vollen Namen Marcus Ulpius Traianus den Familiennamen Ulpius verwendet. Sollte tatsächlich Trajan gemeint gewesen sein, wäre das Jahr 95 als Entstehungszeit für die Johannes-Offenbarung nicht mehr zu halten, denn Trajan regierte erst ab dem Jahr 98 bis 117.

Man sieht daran: Solch scheinbare Spielereien können die Wissenschaft voranbringen.

Die Welt muss untergehen, aber danach wird alles gut

4 › Ob nun Nero oder Trajan oder Domitian, der auch häufig mit der Zahl 666 identifiziert wurde: Wenn man sich von der Fixierung auf das Zahlenrätsel löst und die Johannes-Apokalypse als Ganzes zu verstehen versucht, kann man sie als christlichen Angriff auf Rom und seine Kaiser deuten. Wir erkennen darin einen Großangriff auf die politische Macht und deren Missbrauch, auf die Grausamkeit der römischen Herrscher, auf die Fress- und Saufgelage, die Sexorgien und die Anbetung heidnischer Götter. Rom, das ist die »große Hure Babylon«, und der wird der baldige Untergang vorausgesagt. Die Vision des Johannes ist also so etwas wie das verbale und vorweggenommene Strafgericht über Rom, über jede weltliche Macht überhaupt.

› Geschrieben worden ist sie vermutlich als tröstender, Mut machender, Hoffnung weckender Aufruf für verfolgte, in Katakomben versteckte, mit Folter und Tod bedrohte Christen. Aber bei dieser rachsüchtigen Untergangsprophezeiung bleibt es nicht, auch nicht bei den tröstenden Durchhalteparolen für verfolgte Christen.

› Vielmehr mündet die ganze Geschichte in eine versöhnliche, Hoffnung für alle spendende Friedensvision: Alles Leiden wir bald ein Ende haben. Es wird so ähnlich zugehen wie damals in Ägypten, als das Volk Israel unter den Pharaonen Sklaven- und Frondienste verrichten musste, zu seinem Gott schrie und erhört wurde. Viele Plagen – Krankheiten, Frösche, Heuschrecken, Stechmücken, zuletzt der Tod jeder Erstgeburt – sind der Befreiung vorausgegangen. So ähnlich wird es nun bald wieder zugehen.

› Dann aber, wenn alles vorbei ist, wenn der Teufel für immer besiegt sein wird, wird der kommen, auf den wir alle gewartet haben. Er wird auf einem großen weißen Thron sitzen, alle Toten werden auferstehen und vor seinen Thron treten, damit er sie richte, ein jeder nach dem, was er während seines Lebens getan hat.

› Das Alte wird vergehen, etwas ganz Neues kommen. Es wird keine Erde mehr geben und auch kein Meer. Aber ein neuer Himmel und eine neue Erde werden entstehen, und das neue Jerusalem wird von Gott aus dem Himmel herabkommen, schön und geschmückt wie eine Braut für ihren Mann.

› Gott wird alle Tränen abwischen, es wird keinen Tod geben, kein Leid, kein Geschrei, keinen Schmerz.

› Gott wird jetzt bei den Menschen wohnen. Sonne und Mond wird es nicht mehr brauchen, Tag und Nacht nicht mehr geben, denn Gottes Herrlichkeit wird die Welt erleuchten.

ACHT BOTSCHAFTEN DER BIBEL UND EIN PERSÖNLICHES BEKENNTNIS ZUM SCHLUSS

Dieses Buch ist einigermaßen objektiv nur dort, wo es sich darauf beschränkt, die Geschichten der Bibel nachzuerzählen. Aber schon bei dieser reinen Vermittlung des Inhalts der Bibel fließt Subjektives ein durch die Wahl der eigenen Worte. Noch subjektiver wird es überall dort, wo eine Geschichte historisch eingeordnet, erläutert oder sogar interpretiert wird. Daher gehört es zur Ehrlichkeit eines Autors, wenn er klarmacht, von welch subjektivem Standpunkt er sich hat leiten lassen beim Schreiben.

Gerade bei einem Gegenstand wie der Bibel ist das nötig, denn dieses Buch ruft jeden, der es liest, zur Entscheidung auf, zu einem »Ich glaube« oder »Ich glaube nicht«. Daher haben die Leserinnen und Leser ein Recht zu wissen: Was glaubst denn du, der Autor?

Der Autor antwortet: Ich bin ein »protestantischer Agnostiker«. Heißt: Ich bin protestantisch sozialisiert, also evangelisch getauft und konfirmiert und noch heute Mitglied der evangelischen Kirche, also »irgendwie« Christ.

Warum dann aber »Agnostiker«? Weil ich ehrlicherweise oft sagen muss: Ich weiß es nicht. Da, wo überzeugte Christen beispielsweise glühend bekennen, »ich glaube an die Auferstehung Jesu und an die der Toten am Jüngsten Tag«, kann ich nur sagen: Ich weiß nicht, was mit Jesus im Grab passiert ist, und ich weiß auch nicht, was nach meinem Tod sein wird. Und bin überzeugt: Niemand kann es wissen. Dass in der Bibel steht, Jesus sei auferstanden, ist kein Beweis.

Aber auch die Atheisten, die mit der Bibel längst abgeschlossen haben und das ganze Buch für ein Märchenbuch halten, haben keinen Beweis. Sie meinen zwar, mit diesem Buch für immer fertig zu sein, weil ihnen der Glaube an so etwas wie Jungfrauengeburt, Auferstehung, Himmelfahrt als intellektuelle Zumutung erscheint. Sie teilen die Meinung des Theologen Gerd Lüdemann, der einmal behauptet hatte, Jesus sei in seinem Grab verwest wie jede andere Leiche.

Damit hatte jedoch auch er mehr behauptet, als er wissen

kann. Immerhin kommt er aber zu einem anderen Schluss als die Atheisten. Er fragt sich nämlich, ob Christen noch Christen sein könnten, wenn seine Behauptung stimmt. Und sagt: Ja, Christen können Christen bleiben, auch wenn sie »nicht an die Wiederbelebung eines Leichnams glauben«. Dem Christen helfe, »wenn er fortan vom Wenigen lebt, was er wirklich glaubt, nicht vom Vielen, was zu glauben er sich abmühen musste«.

Dieses wenige lässt sich zusammenfassen in mindestens acht Botschaften, die hinter den biblischen Mythen, Märchen, Sagen und Legenden stehen. Bei genauerem Hinsehen wird man dann erkennen: So wenig ist das ja gar nicht. Tatsächlich ist es ungeheuer viel, und es bleibt ungeheuer wertvoll, denn gerade jetzt, in unserer Zeit, könnte es sogar das Rettende bedeuten.

Ein weiterer, nicht zu unterschätzender Vorzug kommt hinzu: Von diesen acht Botschaften bleiben sieben übrig, die einen Kern bilden, auf den sich eigentlich alle einigen können müssten, Juden, Christen und Muslime genauso wie Atheisten und Agnostiker. Für Europas multikulturelle Gesellschaften wäre es von unschätzbarem Wert, wenn es tatsächlich zu solch einer Einigung käme.

Diese sieben Botschaften aber bilden längst das Urgestein unserer modernen, aufgeklärten, humanistischen westlichen Demokratien. Aus diesem Gestein sind unser Grundgesetz und unsere staatliche Ordnung erbaut.

Wenn es da etwa im Grundgesetz heißt, die Bundesrepublik Deutschland sei ein sozialer Rechtsstaat, dann lebt darin die erste dieser sieben Botschaften weiter:

Gerechtigkeit soll herrschen. Es darf keinen Armen unter euch geben.

»Mein Vater war ein heimatloser Aramäer, dem Umkommen nahe« – so fängt die Geschichte an, die sich die Juden seit Jahrtausenden bis heute immer wieder erzählen. Und sie geht weiter mit der Beschreibung des elenden Lebens, zu dem ihre Vorfahren in Ägypten verdammt waren. Vor einer Hungersnot sind Jakob und dessen Söhne einst nach Ägypten geflohen und dort dank ihres Familienmitglieds Josef gut behandelt worden. Danach sind sie im Verlauf von Jahrhunderten zu einem großen Volk geworden, so groß, dass ein Pharao begann, sie zu fürchten und ihnen deshalb ihre Privilegien zu nehmen. Er ließ ihre neugeborenen Söhne in den Nil werfen und versklavte das Volk. Gott befreite es und bediente sich dazu seines Werkzeugs Mose.

Seitdem, seit diesem Urereignis, der Befreiung aus der Sklaverei, erzählen sich die Befreiten und deren Nachkommen bis heute: Die Ägypter behandelten uns schlecht, machten uns rechtlos und legten uns harte Fronarbeit auf. Bis Gott sie aus dem Sklavenhaus Ägypten in die Freiheit und in den Wohlstand führte, in ein Land, »in dem Milch und Honig fließen«. In dieser jüdisch-christlichen Urerzählung ist alles schon da: der Protest gegen Armut, Unfreiheit, Unterdrückung und die Sehnsucht nach Freiheit und Wohlstand für alle durch die gerechte Verteilung der Güter.

Als das erzählt und aufgeschrieben wurde, war das eine erstaunliche Provokation für die Völker der damaligen Welt. Hunger und Not waren zwar allgegenwärtig damals, aber kein Thema in den Erzählungen und Literaturen der antiken Völker. Literatur wurde auch nur für die lesekundige Oberschicht geschrieben, die Sklaven für sich arbeiten ließen und von Sklaven bedient wurden. Deren Leben interessierte weder die reichen Großgrundbesitzer noch die Könige noch die Götter.

Die Sklaven selbst wären nie auf die Idee gekommen, ihr unwürdiges Leben zum Thema zu machen und ihren Unterdrückern eigene Sklavengeschichten entgegenzusetzen. So etwas wie Protest gegen die Sklaverei lag außerhalb jeder Denkmöglichkeit – bis es dann doch, reichlich spät, eine Sklavengruppe gewagt hat, die Welt aus ihrem Blickwinkel zu beschreiben. Das waren die ehemaligen Fronarbeiter in den Steinbrüchen Ägyptens, wo das Volk Gottes entstand.

Dieses Volk eröffnete nun eine ganz andere Sicht auf die Gesellschaft der Antike. Der Blick änderte sich schlagartig mit den ersten Texten der Bibel. Plötzlich wurden Not, Armut, Unrecht und das Leid der kleinen Leute zum Thema. Und blieben ein Thema in den Schriften der Propheten, blieben es auch im Neuen Testament, wo es heißt: Es war kein Platz in der Herberge für Josef und Maria. Maria musste in einem Stall gebären. Arme Hirten waren die ersten, die von Jesu Geburt erfuhren. Arme Fischer wurden dessen erste Jünger. Armut war keine Schande und kein Makel mehr, sondern die Spaltung in Arm und Reich war es.

Und das am häufigsten erzählte Wunder, die Geschichte von der Speisung der 5.000, lehrt: Miteinander teilen, was man hat, führt dazu, dass plötzlich genug für alle da ist. Ein Staat, der das beherzigt und nie vergisst, ist ein besserer Staat als einer, der darauf pfeift – dem können sich bis heute auch viele anschließen, die nicht gläubig sind. Aber diese Zustimmung kann abnehmen, wenn solche Geschichten nicht mehr erzählt werden, keine Rolle mehr spielen, vergessen werden.

Wo solche Geschichten vergessen werden, verliert auch eine weitere Botschaft der Bibel ihre Kraft, nämlich die Botschaft:

Flüchtlingen muss geholfen werden

Nicht nur was Hunger und Not heißt, wird in der Bibel von Anfang an reflektiert, sondern auch, was es heißt, fliehen zu müssen, sei es aus Armut oder aus Unterdrückung. Ob Abraham oder Jakob. Immer wieder erfahren Einzelne oder das Volk als Ganzes, was eine Flüchtlingsexistenz ausmacht.

Deshalb lesen wir im 5. Buch Mose (10,18), dass Gott die Fremden liebe und man ihnen daher Nahrung und Kleidung geben soll, denn: »Ihr seid auch Fremde in Ägypten gewesen.« Auf diesen Satz beziehen sich heute viele, die Flüchtlingsarbeit leisten.

Sogar das Asylrecht steht schon im Alten Testament. Bei Jesaja (16, 2-4) lesen wir vom Volk der Moabiter, das unter einem Krieg leidet. Verfolgte aus Moab fliehen ins benachbarte Israel. Dort soll man die Flüchtlinge nicht verjagen, nicht verraten, sondern vor ihren Verfolgern verstecken. Das wird sogar Gesetz: »Du sollst einen fremden Untertan, der vor seinem Herrn bei dir Schutz sucht, nicht ausliefern.« Vielmehr soll er »bei dir wohnen dürfen, an einem Ort, wo es ihm gefällt.«

Das ist etwas für die damalige Zeit ganz und gar Ungewöhnliches, das Gegenteil des Üblichen. Denn fast überall war es Gesetz, dass einer, der einen geflohenen Sklaven bei sich aufnimmt und versteckt, mit dem Tod bestraft wird.

Das kleine Volk Israel hebelt dieses Gesetz der Reichen und Mächtigen einfach aus. Darin steckt eine weitere provokante Botschaft:

Mächtige dürfen kritisiert werden

Glamour, Glanz, Macht und Pracht waren dem Volk Gottes kein Anlass mehr für Bewunderung, sondern für kritische Fragen. Vom Glanz der ägyptischen Hochkultur ließ sich das Volk nicht blenden, weil es erkannte: Es war ihr Blut, es waren ihre Knochen, es waren ihre geschundenen Körper, aus denen die Pracht erwuchs. Darum sollte Israel keinen König haben. Nur Gott sollte über sie herrschen, kein Mensch.

Dann aber wollte das Volk irgendwann doch auch einen König. Samuel will es verhindern. Daher erklärt er dem Volk, was es heißt, sich von einem König regieren zu lassen. Ihr seid nicht mehr frei. Er bestimmt über euch. Er nimmt euer Vieh, eure Äcker, eure Söhne für sein Heer. Und eure Töchter wird er sich nehmen, dass sie kochen, backen und Salben herstellen.

Die kritische Sicht auf Herrschaft, die illusionslose Beschreibung der Mächtigen, ihr Missbrauch der Macht, die Gier derer, die schon alles haben und nach noch mehr Macht, Geld und Sex streben, die Rücksichtslosigkeit, mit der sie sich nehmen, was ihnen vermeintlich zusteht – das alles zieht sich durchs ganze Alte Testament und setzt sich fort im Neuen: Der opportunistische König Herodes, der sich von der römischen Besatzungsmacht aushalten lässt, die jüdische Oberschicht, die ihre Privilegien verteidigt, die Brutalität der Römer – Jesus und Paulus bringen es zur Sprache.

Was im Alten Testament schon angelegt ist, wird im Neuen Testament radikal vollendet. Die Kritik an den Mächtigen mündet nun in die Forderung:

Die Herrschaft von Menschen über Menschen soll aufhören, denn vor Gott zählt jeder gleich viel

Die Letzten werden die Ersten sein und die Ersten die Letzten, lehrte Jesus und schärfte daher seinen Jüngern ein: Wer unter euch der Erste sein will, der soll der Diener aller sein. Hört auf mit diesem ewigen übereinander Herrschenwollen. Gewöhnt euch dieses Hierarchiedenken ab. Fangt an, einander gegenseitig zu dienen. Und Jesus machte es ihnen vor, demonstrierte, wie er das meint, und wie das geht, als er, der Meister, sich eine Schürze umband, und seinen Jüngern die Füße wusch.

Daraus entwickelte sich das Gesetz der Gleichheit, das ebenfalls schon im Alten Testament angelegt war: Der Ziegenhirt in seinen Lumpen zählt vor Gott genauso viel wie der Pharao in seiner Pracht.

Wir sind alle gleich. Keiner steht über dem anderen. Nur Gott steht über allen. Paulus goss diese Lehre von der Gleichheit aller Menschen in den Satz: »Da ist nicht Jude noch Grieche, da ist nicht Sklave noch Freier, da ist nicht Mann und Weib; denn ihr alle seid einer in Christus.« Es ist zugleich die Absage an jede Form von Nationalismus, Rassismus und Sexismus.

Weil das so ist, gilt auch:

Nicht ohne die Frauen

Die Erzählungen der vier Evangelisten über die Auferstehung unterscheiden sich stark voneinander. In einem Punkt aber stimmen alle vier überein: Es waren die Frauen, denen der Auferstandene zuerst erschienen ist. Es waren die Frauen, die als Erste die Osterbotschaft den Männern verkündeten, die sich verkrochen hatten. Und dann wollten die ihnen zunächst nicht glauben.

Welche Frauen es waren, darin weichen die Schilderungen auch wieder voneinander ab, aber eine wird von allen vier Evangelisten genannt: Maria Magdalena. Maria also und andere Frauen haben als Erste jene Freudenbotschaft verbreitet, die die Existenz des Christentums begründet hat.

Die Frauen waren es auch, die das Leiden und Sterben des Gekreuzigten bis zuletzt begleiteten. Sie waren es, die wussten, wo das Grab ist. Sie waren es, die als Erste hingingen.

Und das ist weder ein Zufall noch ein Einzelfall. In der ganzen Bibel, schon im Alten Testament, lesen wir Geschichten von eigenständigen, selbstbewussten, mutigen Frauen – und das, obwohl sämtliche Texte Männerwerk sind. Man sieht diesen Texten an, wie die Männer immer wieder versucht hatten, die Bedeutung der Frauen aus dem Zentrum an den Rand zu rücken.

Dass das nicht immer gelang, ist ein Indiz dafür, wie wichtig und stark manche Frauen für das Schicksal des Volkes Gottes gewesen waren. Es führte kein Weg an ihnen vorbei. Totschweigen ließen sie sich nicht, auch wenn viele Männer sie vielleicht lieber aus der Geschichte eliminiert hätten. Aber das ging nicht.

Versucht wird es immer noch. Bis heute hält die katholische Kirche Frauen für ungeeignet, das Priesteramt wahrzunehmen. Bis heute reklamieren die Männer der katholischen Kirche die ganze Macht für sich.

Es stimmt zwar, dass alle Apostel Männer waren. Es stimmt auch, dass es ein Mann war, Paulus, der die Geschichte vom Volk Gottes aus dem Judentum in die Welt hinausgetragen und den Heiden verkündet hat. Und auf ihn geht jenes »Das Weib schweige in der Gemeinde« zurück, aber das alles ändert nichts an der Tatsache, dass es ohne die starken Frauen der Bibel keine Kirche gäbe.

Dass sie, vor allem die katholische, bis heute eine Männerkirche ist, und dass bis heute die Männer in der katholischen und auch in den orthodoxen Kirchen die Macht für sich allein beanspruchen, mag mit dem Buchstaben der Bibel übereinstimmen, aber ganz gewiss nicht mit dem Geist der Bibel.

Es war nicht der Heilige Geist, sondern der über Jahrtausende herrschende patriarchalische Zeitgeist, der in die Bibel hineingeschrieben hat, dass die Frau dem Manne untertan sein solle. Es ist höchste Zeit, sich davon zu verabschieden.

Not soll beseitigt werden

Im Gleichnis vom barmherzigen Samariter macht Jesus klar: Jedem, der in Not gerät, bist du der Nächste. Es ist deine Pflicht, ihm zu helfen, und zwar unabhängig davon, ob der oder die Hilfsbedürftige ein Ausländer oder einer aus deinem eigenen Volk ist. Egal ob Mann oder Frau, Christ, Jude, Muslim oder Atheist, schwarz oder weiß, jung oder alt – immer gilt: Hilf ihm, hilf ihr.

Und im Gleichnis vom Weltgericht sagt Jesus: Gebt den Hungernden zu essen und den Durstigen zu trinken. Kleidet die Nackten, nehmt die Fremden bei euch auf, besucht die Kranken, besucht die Gefangenen.

Das Ganze kulminiert in der Golden Regel. Gereimt lautet sie: »Was du nicht willst, das man dir tu, das füg auch keinem anderen zu.« Positiv formuliert heißt das bei Matthäus: Alles, was ihr von anderen erwartet, das tut ihnen. Ähnlich steht es bei Lukas.

Auch diese Goldene Regel ist noch steigerungsfähig und kann noch weiter vereinfacht und zugleich radikalisiert werden. Es ist ein einziger Satz, der die gesamte Botschaft der Bibel enthält:

Liebe deinen Nächsten wie dich selbst

Zur Verdeutlichung wird noch ausgeführt: Auch deine Feinde sollst du lieben – ein Gebot, das ebenfalls schon im Alten Testament angelegt ist und von Jesus nur radikalisiert wird.

Und Paulus prägt seinen Gemeinden und der gesamten Kirche für alle Zeiten ein: Glaube, Hoffnung, Liebe, diese drei sind es, auf die es ankommt. Aber am größten unter ihnen ist die Liebe.

Heil kann die Welt nur durch den Glauben werden

Die sieben unmythischen Botschaften der Bibel bilden so etwas wie die Wurzeln des Humanismus und der Demokratie, dieses »Gartens des Menschlichen« (C.F. v. Weizsäcker). Aber Jesus verkündete nicht das Reich der Demokratie und des Humanismus, sondern das Reich Gottes.

Daher muss nun ehrlicherweise gesagt werden: Auf Demokratie und Humanismus kann man die Botschaft der Bibel nicht reduzieren, auch nicht auf bloße Ethik. Der Unterschied zwischen beiden Reichen ist fundamental. Im Mittelpunkt des Reiches Gottes steht Gott, im Mittelpunkt des Humanismus der Mensch.

Fromme Christen erliegen daher häufig der Versuchung, denjenigen Glaubensbrüdern und -schwestern das Christsein abzusprechen, die ihren Glauben auf diese sieben unmythischen Botschaften »eindampfen«. Die Frommen sagen: Für das bisschen Ethik und Humanismus braucht ihr keine Bibel und keinen Gott. Da reicht auch die menschliche Vernunft.

In diesem Punkt treffen sich die Frommen mit den Atheisten. Die sagen ebenfalls: Wozu Gott, wozu die Bibel? Aufklärung genügt.

Ich dagegen bin überzeugt: Beide irren. Der Baum des Humanismus, dessen älteste Wurzeln man kappt, wird verdorren. Eine humane Gesellschaft, die vergisst, woher ihr Humanismus kommt, wird bald nicht mehr human sein. Eben deshalb muss die Erinnerung an die alten Geschichten lebendig bleiben.

Ich kann das nicht beweisen. Das ist einfach nur meine Überzeugung, mein Glaube, in diesem Punkt bin ich Christ und lasse mir dieses Christsein von keinem Frommen absprechen.

Dennoch räume ich gegenüber den Frommen ein: Wahrhaft christlicher Glaube ist mehr als nur die Wertschätzung der alten Geschichten. All diese Geschichten erzählen nämlich von einer persönlichen Beziehung Gottes zu seinem Volk. Aus dieser Beziehung leitet sich alles andere ab, auch das Verhältnis von Gott zu jedem Einzelnen.

Daher wollte Gott von Anfang an mehr als nur ein vernünftiges Verfahren für das friedliche Austragen von Konflikten unter Menschen – und mehr als das ist die Demokratie nicht. Sie ist nicht einmal wirklich ein gewaltfreies Verfahren, denn es ist der demokratische Staat, der über ein Gewaltmonopol verfügt und Recht und Ordnung notfalls mithilfe von Polizei, Richtern, Staatsanwälten und Gefängnissen durchsetzt. Und zur Verteidigung des Territoriums braucht es Soldaten, Gewehre, Panzer, Raketen.

Das heißt: Auch dann, wenn man die Demokratie unter größtmöglichen Anstrengungen sozial und menschlich ausgestaltet, entsteht nicht jenes Reich Gottes, das Jesus verkündet hat. Auch die beste Demokratie kann die Welt nicht heil machen.

Das aber, eine geheilte Welt, die ohne Polizei und Soldaten auskommt, war der Plan Gottes von Anfang an. Deshalb braucht er ein Volk, das der Welt zeigt, wie man leben kann und soll, damit das Leben aller gelingt und jeder selig wird. Das aber gelingt nicht ohne Gott, sondern nur mit ihm.

Die ganze Bibel erzählt davon, wie dieser Plan immer wieder scheitert, immer wieder neu versucht wird und abermals misslingt. Und rätselt, warum es so ist. Sie entwickelt Antworten, verwirft sie wieder, entwickelt bessere Antworten, verwirft auch die, bis Jesus kommt und eine Antwort gibt, die seitdem nicht mehr weiterverbessert werden kann.

Die Antwort, die Jesus gibt, ist zunächst die, die sich Gott selbst schon gegeben hat vor der Sintflut und noch einmal danach: »Das Dichten und Trachten des menschlichen

Herzens ist böse von Jugend auf.« Deshalb, so dachten die biblischen Erzähler, habe Gott seinem Volk das Gesetz gegeben. Wenn es sich daran hielte, würde alles gut. Vieles wurde dadurch auch tatsächlich besser, nur halt nicht: gut. Nicht heil.

Das beste Gesetz kann nicht verhindern, dass ein böses Herz Schlupflöcher findet, durch die es huschen kann. Oder die Prioritäten verschiebt. An unwichtige, leicht zu befolgende Gesetze hält man sich, die schwierigeren umgeht man. Deshalb, so folgerte nun Jesus, und das ist jetzt das Neue, kann das Gesetz nicht die Lösung der Probleme sein. Die Lösung muss tiefer ansetzen. Im menschlichen Herzen. Dieses muss um 180 Grad gewendet werden. Das ist gemeint mit »Buße und Umkehr«.

Das Problem jedoch ist: Wir schaffen diese 180-Grad-Wende nicht aus eigener Kraft. Es gelingt uns nicht, unseren Nächsten und sogar unseren Feind zu lieben, wie man sich selber liebt. Was uns allenfalls gelingen könnte, wäre, uns zur Einsicht durchzuringen, dass es nötig ist. Das entspräche dem, was Jesus Reue und Buße nennt.

Schon das fällt den meisten schwer. Ehrlich sich selbst zu sehen, wie man wirklich ist, in seine eigenen inneren Abgründe blicken, ohne die Augen zu verschließen, und dann über das Gesehene zutiefst erschrecken – das gelingt nur wenigen. Das würde ja erfordern, die hohe Meinung, die man von sich selbst hat, abzulegen, und wie der Zöllner im Tempel zu bitten: »Gott, sei mir Sünder gnädig.« Will man nicht.

Die Wörter Sünde und Sünder sind verschrien in unseren Zeiten. Wir wollen glauben, dass wir von Natur aus gut sind, und wenn wir ausnahmsweise doch einmal böse sind, ist das die Schuld der Mutter, des Vaters, der anderen, des Systems.

Noch schwieriger, ja eigentlich unmöglich ist dann die Umkehr, die 180-Grad-Wende des eigenen Herzens. Die schafft niemand aus eigener Kraft. Das kann nur Gott.

Wie macht er das? Durch seinen Geist, der in der Gemeinde wirkt durch Gemeinschaft. Aber es muss eine echte Gemeinschaft von Gläubigen sein, in der sich die Gemeindemitglieder nicht nur punktuell und zeitlich befristet treffen und sonst wenig miteinander zu tun haben. Dort kann man vielleicht manchmal erahnen, wie es zugehen könnte im Reich Gottes, und wie es eigentlich gedacht war. Aber wirklich zu erleben ist das nur in einer Gemeinschaft von Menschen, deren Leben so eng miteinander verbunden ist, wie einst in den neutestamentlichen Urgemeinden. In so einer Gemeinschaft kann einer dann die Erfahrung machen, dass er bedingungslos angenommen wird. Wer solch eine Erfahrung einmal gemacht hat, wird auch andere bedingungslos annehmen können, so wie sie sind, mit all ihren Fehlern und unangenehmen Eigenschaften.

Die nächste Erfahrung, die so jemand dann machen kann, ist: All diese hässlichen Eigenschaften des Menschen bleiben zwar erhalten, sie verschwinden nicht aus der Welt und aus den Menschen, entfalten aber keine zerstörerische Wirkung mehr, werden ausgeglichen, aufgehoben, auch korrigiert durch die Gemeinschaft der Gläubigen. Die Welt kann tatsächlich heil werden in so einer Gemeinschaft von Gläubigen. Erfahren wird es nur, wer sich darauf einlässt.

Das nennt man: Glauben. Davon erzählt die Bibel.

Ein Wort zur verwendeten Literatur

Zuallererst habe ich natürlich die Bibel selbst gelesen. Hauptsächlich habe ich dafür die Lutherbibel 2017 herangezogen, die Jubiläumsausgabe der Bibel zu 500 Jahren Reformation. Neben dieser Ausgabe sah ich bei schwierigen Textstellen auch in anderen Übersetzungen nach, wie etwa der »Zürcher Bibel« von 1993 und der »Schlachter Bibel 2000« (dritte Revision). Wo es ums Alte Testament ging, zog ich manchmal auch die Übersetzung von Martin Buber und Franz Rosenzweig zurate mit dem Titel: »Die Schrift«.

Für die Erläuterungen, Interpretationen, Ergänzungen und Fakten zum Stand der theologischen Forschung habe ich mich hauptsächlich auf folgende Bücher gestützt. Bücher, die ich all denen ans Herz lege, die es jetzt, nach der Lektüre dieses Buches, vielleicht doch noch genauer wissen wollen.

Jan Assmann: Exodus. Die Revolution der Alten Welt, München 2015

Armin D. Baum: Einleitung in das Neue Testament, Gießen 2017

Michael Brenner: Kleine jüdische Geschichte, München 2009

Rudolf Bultmann: Jesus Christus und die Mythologie. Das Neue Testament im Licht der Bibelkritik, Hamburg 1964

Rudolf Bultmann: Das Urchristentum, München 1993

Emmanuel Carrère: Das Reich Gottes, Berlin 2016

Johann Hinrich Claussen: Das Buch der Flucht. Die Bibel in 40 Stationen, München 2018

Israel Finkelstein, Neil A. Silbermann: Keine Posaunen vor Jericho. Die archäologische Wahrheit über die Bibel, München 2006

Christian Frevel (Hrsg.): Einleitung in das Alte Testament, Stuttgart 2016

Stephen Greenblatt: Die Geschichte von Adam und Eva. Der mächtigste Mythos der Menschheit, München 2018

Klaus Haacker: Die Apostelgeschichte, Stuttgart 2019

Adalbert Hamman: Die ersten Christen, Stuttgart 1985

Peter Höffken: Jesaja. Der Stand der theologischen Diskussion, Darmstadt 2004

Joachim Jeremias: Die Gleichnisse Jesu, Göttingen 1998

Bernhard Koch, Arnold Stötzel, Ludwig Weimer (Hg): Wie Gott zu einem Volk kam. Biblische Geschichten neu gelesen von Abraham bis Rut, Urfeld 2003

Bernhard Lang: Die 101 wichtigsten Fragen – Die Bibel, München 2013

Hartmut Leppin: Die frühen Christen. Von den Anfängen bis Konstantin, München 2018

Christoph Levin: Das Alte Testament, München 2001

Gerhard Lohfink: Jesus von Nazaret. Was er wollte. Wer er war, Freiburg 2011

Gerhard Lohfink: Der letzte Tag Jesu. Was bei der Passion wirklich geschah, Urfeld 2018

Gerhard Lohfink: Der christliche Glaube erklärt in 50 Briefen, Freiburg 2018

Gerhard Lohfink: Das Geheimnis des Galiläers, Freiburg 2019

Gerhard Lohfink: Die vierzig Gleichnisse Jesu, Freiburg 2020

Jack Miles: Jesus. Der Selbstmord des Gottessohns, München 2001

David Nirenberg: Anti-Judaismus, München 2015

Elaine Pagels: Apokalypse. Das letzte Buch der Bibel wird entschlüsselt, München 2013

Gerhard von Rad: Theologie des Alten Testaments. Die Theologie der prophetischen Überlieferungen Israels, Gütersloh 1993

Konrad Schmid: Literaturgeschichte des Alten Testaments, Darmstadt 2014

Konrad Schmid/Jens Schröter: Die Entstehung der Bibel. Von den ersten Texten zu den heiligen Schriften, München 2019

Udo Schnelle: Das Evangelium nach Johannes, Leipzig 2009

Udo Schnelle: Paulus: Leben und Denken, Berlin 2014

Albert Schweitzer: Geschichte der Leben-Jesu-Forschung, Tübingen 1984
Ekkehard W. Stegemann, Wolfgang Stegemann: Urchristliche Sozialgeschichte. Die Anfänge im Judentum und die Christusgemeinden in der mediterranen Welt, Stuttgart 1995
Gerd Theißen, Annette Merz: Der historische Jesus, Göttingen 2011
Gerd Theißen: Die Religion der ersten Christen. Eine Theorie des Urchristentums, Gütersloh 2000
Martin Urban: Die Bibel. Eine Biografie, Berlin 2009
Peter Weimar, Erich Zenger: Exodus. Geschichten und Geschichte der Befreiung Israels, Stuttgart 1979
Erich Zenger: Am Fuß des Sinai. Gottesbilder des Ersten Testaments, Düsseldorf 1998
Erich Zenger: Einleitung in das Alte Testament, Stuttgart 2004

Nürnberger, Christian:
Keine Bibel
ISBN 978 3 522 30541 9

Gesamtgestaltung, Innenlayout und -typografie:
Eva Jung, Florian Beddig, gobasil GmbH, Hamburg
Satz: Bettina Wahl
Reproduktion: DIGIZWO Kessler + Kienzle, GbR, Stuttgart
Druck und Bindung: CPI Books GmbH

FSC www.fsc.org MIX Papier | Fördert gute Waldnutzung FSC® C083411

Dieses Werk wurde vermittelt durch
die Montasser Medienagentur, München
6. Auflage 2024

Die Schreibung der Orts- und Personennamen folgt
weitgehend den Loccumer Richtlinien, in Einzelfällen haben wir
uns für die evangelische Schreibweise entschieden.
Die Zitate (kursiv gesetzt) stammen aus der Lutherbibel
von 2017 und 1984, revidierte Ausgabe,
Deutsche Bibelgesellschaft Stuttgart.